Susanne Mierau

Mutter. Sein.

Susanne Mierau

Mutter. Sein.

Von der Last eines
Ideals und dem Glück
des eigenen Weges

BELTZ

Dieses Buch ist erhältlich als:
ISBN 978-3-407-86563-2 Print
ISBN 978-3-407-86593-9 E-Book (EPUB)

1. Auflage 2019

© 2019 im Beltz Verlag
in der Verlagsgruppe Beltz • Weinheim Basel
Werderstraße 10, 69469 Weinheim
Alle Rechte vorbehalten

Lektorat: Katharina Theml, Büro Z
Umschlaggestaltung: Vietmeier Design, München
Bildnachweis: Jenny Chang, Mathias Vietmeier

Herstellung: Sonja Frank
Satz: Publikations Atelier, Dreieich
Druck und Bindung: Beltz Grafische Betriebe, Bad Langensalza
Printed in Germany

Weitere Informationen zu unseren Autor_innen und Titeln finden Sie unter:
www.beltz.de

Inhalt

 # Vorwort

Wenn wir Mutter werden, haben die meisten unter uns das Bedürfnis, eine »gute Mutter« zu werden. Und auch in den späteren Jahren des Elternseins wird dieser Gedanke uns immer wieder beschäftigen. Aber was genau das bedeutet, »gut« oder »Mutter« zu sein, ist uns häufig nicht klar und auch nicht, ob wir nun eine gute Mutter sind oder wie wir es werden. Mutterschaft wird oft als der Beginn eines neuen Weges bezeichnet. Eigentlich aber ist es die hochkomplexe Aufgabe, zugleich voran- und rückwärtszugehen. Während wir nämlich vorwärtsgehen in der Begleitung des kleinen Menschen, der nun in unser Leben getreten ist, und den für unsere Familie individuell richtigen Weg suchen, befinden wir uns zeitgleich auf einer Reise zurück: Denn der Weg, den wir für unsere gemeinsame Zukunft suchen, führt uns immer wieder in die Auseinandersetzung mit der Vergangenheit. Mutterschaft zu leben bedeutet, sich mit den Anforderungen für die Zukunft und den Einflüssen der Vergangenheit auf die Gegenwart auseinanderzusetzen – jeden Tag.

Ständig sind wir mit Bildern und Erwartungen an Mütter konfrontiert. Sei es durch Werbung, Ratgeber, durch das »Vorbildverhalten« von prominenten Müttern, durch Traditionen und Empfehlungen für die Erziehung von Kindern. Es sind Sätze von Familienmitgliedern, Freund*innen, Tipps von Pädagog*innen und Ärzt*innen oder auch nur Blicke von Fremden an öffentlichen Orten, die über uns richten, Wohlwollen oder Ablehnung bekunden. Durch den Dschungel all dieser Einflüsse versuchen wir, unseren Weg zu finden, und fragen uns nicht selten: Ist das hier eigentlich mein Weg, oder gehe ich nur nach, was von mir erwartet wird? Und was ist das eigentlich, was erwartet wird, und warum? Mutterschaft ist nämlich nicht, wie wir es so oft hören und lesen, eine individuelle Entscheidung, und wir sind nicht per se frei darin, wie wir sie leben. Kein Mutterbild ist naturgegeben, es ist keine feststehende und natürliche Komponente des Lebens. Es ist kulturell geformt, angepasst an die jeweilige Gesellschaft und die darin gewachsenen Strukturen.

Zudem ist jedes Mutterbild geprägt von unseren ganz persönlichen Erfahrungen: Ein Kind im Aufwachsen zu begleiten ist auch eine Reise zurück in die eigene Kindheit und Kultur und zu der Frage danach, welche Erfahrungen und Werte heute in unser Leben einfließen dürfen und sollen und welche nicht – und wie wir den überflüssigen Ballast überhaupt loswerden können, um wirklich unseren eigenen Weg zu finden. Das eigene Vorankommen kann durch diesen Blick zurück, durch das Band der Vergangenheit, behindert werden. Sosehr wir in unseren Gedanken neue Rollenbilder leben wollen, so schwer ist es manchmal, dieses Voranschreiten auch zu gestalten. Wir werden in die eine oder andere Richtung gedrängt und stellen uns jedes Mal die Frage: Bin ich eine gute Mutter?

Nicht selten kommt es in dieser Lebensphase zu einer Art Identitätskrise: Während wir denken und erfahren, dass wir heute freie und autonome Erwachsene sind, bringt das Kind nicht nur seine Bedürfnisse in unser Leben mit ein, die mit unseren eigenen Wünschen in Einklang gebracht werden müssen, sondern wir stoßen an Rahmenbedingungen, gesellschaftliche oder familiäre Vorstellungen und innere Zweifel, die unseren Glauben an Autonomie ins Wanken bringen – und nicht selten umstürzen. Unsere bisher gelebte Individualität kollidiert auf einmal mit einer ganzen Reihe von Anforderungen, Empfehlungen und Druck. Zum Glück des Kinderhabens gesellen sich nicht selten das Leid aus Überforderung und die Unsicherheit, ob der scheinbar selbst gewählte Weg richtig ist oder ob er die kindliche, persönliche oder gar beide Entwicklungen nicht doch eher negativ beeinflusst. Mutterschaft ist komplex. In ihr bilden sich die aktuellen Themen unserer Gesellschaft geballt ab: Vereinbarkeit von Mutterschaft und Erwerbstätigkeit, Rollenverteilung und Familienmodelle, Gleichstellung, Fortpflanzung, Sexualität, Mode, Körperbewusstsein, Pflege und Freizeit(stress).

In diesem Buch wollen wir all diesen Themen nachgehen. Zunächst einmal wollen wir erkunden, warum das »richtige Bemuttern« uns heute so wichtig ist: Woher kommt dieser Gedanke? Ist Mutterliebe angeboren und können Frauen daher ihre Kinder besser und richtig umsorgen? Wenn wir herausgefunden haben, wie sich das Mutterbild ausgebildet hat, können wir im nächsten Schritt betrachten, wie sich die gesellschaftliche Vorstellung der guten Mutter direkt in unseren Köpfen verankert hat und wie uns diese Vorstellungen (unbewusst) leiten. Selbst wir Frauen im 21. Jahrhundert sind weniger frei, als wir oft denken oder gesagt bekommen. Aber mit diesem Wissen fällt es uns leichter, mit den aktuellen Herausforderungen umzugehen: Ob Geburt, Körperbild, Sexualität, außerfamiliäre Kinderbetreuung oder Druck durch soziale Medien – wenn wir die Hintergründe unseres persönlichen Mutterbildes kennen, können wir entspannt eigene Wege gehen, weil wir wissen, dass es keine pauschale Definition von Mutterschaft gibt. Wir können loslassen, durchatmen und uns auf unseren eigenen Weg einlassen.

Die Herausforderungen von Mutterschaft habe ich in den vielen Jahren meiner Arbeit als Familienbegleiterin bei vielen Müttern miterlebt und ihre individuellen Wege begleitet. Einige Frauen, die mir ihre Erfahrungen nach Aufrufen auf Instagram und Twitter haben zukommen lassen, kommen in diesem Buch zu Wort. Und auch ich selbst habe meine Erfahrungen mit Mutterschaft gemacht.

Bevor mein erstes Kind geboren wurde, wusste auch ich bereits, dass Mutterschaft nicht nur rosarot ist, kein ausschließlich einfacher Weg, sondern auch Anstrengungen und Herausforderungen mit sich bringen würde. Ich war scheinbar auf alles vorbereitet, hatte Kurse besucht, war ausgebildete Pädagogin, hatte schon in der Elternarbeit gearbeitet. Und dennoch wusste ich nicht wirklich, was es bedeuten würde, Mutter zu sein. Ich wusste nicht wirklich, welche komplexen Anforderungen mein zukünftiges Leben für mich bereithalten würde, welche Anspannungen, welche Erschöpfung und welche Last es manchmal bedeutet, Mutter zu sein – neben der unbändigen Liebe. Mir war nicht klar gewesen, dass Mutterschaft nicht nur eine Reise vorwärts in ein neues Leben sein würde, sondern auch eine Reise rückwärts in meine eigene Geschichte, in meine Kindheit und in unser aller Geschichte. Ich habe nicht geahnt, wie es sich anfühlt, auf einmal die Stimme der eigenen Mutter, die ich doch gar nicht sein wollte, aus mir sprechen zu hören. Oder den Druck zu spüren, nach schlaflosen Nächten dennoch erfolgreich meine Arbeit zu erledigen. Ich hatte nicht gewusst, welch abschätzige Blicke so manches Mal auf mir lasten würden – sei es wegen meiner Figur, des Umgangs mit meinen Kindern oder des immerwährenden Vorwurfs, es nicht richtig zu machen. Mutterschaft, so erfuhr ich in den letzten zehn Jahren noch einmal am eigenen Leib und an der eigenen Psyche, ist wirklich nicht einfach.

In diesem Buch werden wir uns auf eine Reise durch alle Facetten der Mutterschaft begeben. Ich bin fest davon überzeugt, dass es uns leichter fällt, uns von dem Druck und der Last zu befreien, die die Anforderungen des Mutterseins heute und hier mit sich bringen, wenn wir das in uns verwurzelte Mutterbild kennen, seinen Ursprung nachvollziehen können. Auch wenn Sie und mich vielleicht einige Jahre trennen, können wir diesen Weg zusammen gehen. Es ist für jede von uns ein ganz persönlicher Weg, der uns hineinführt in unsere Vergangenheit, unsere inneren Stimmen und Bilder. Sie können neue Wege finden, die sich für Sie und Ihre Familie nicht nur richtig anfühlen, sondern die richtig sind, weil sie individuell zu Ihnen und Ihrem Familienleben passen. Oder Sie gehen einen bereits gewählten Weg voller Vertrauen und selbstbewusst weiter, weil Sie nicht nur fühlen, sondern wissen, dass er genau so richtig ist – egal, was die anderen sagen.

1 Auf der Suche nach dem eigenen Mutterbild

Ich erinnere mich noch gut an den Moment vor zehn Jahren, als ich mit meinem ersten Kind schwanger war, mein Mann und ich uns gegenübersaßen und wir gemeinsam über die Elternzeit sprachen. Er lächelte mich schief an und fragte, wissend, dass mein Job alles andere als familienfreundlich war: »Und nach dem einen Jahr gehst du dann in deinen alten Job zurück?« Für mich lag, anders als für ihn, der Schwerpunkt der Frage aber nicht bei meinem »alten Job«, sondern bei der Zeit, die er da nannte: »Wie jetzt, ein Jahr?« Verständnislos schauten wir uns an. Während ich nämlich im Westberlin der 1980er-Jahre aufgewachsen bin, mit einer Mutter, die die ersten fünfzehn Jahre meines Lebens bis auf kleine Putztätigkeiten in anderen Haushalten zu Hause blieb, ist er auf der anderen Seite der Mauer groß geworden, in Ostberlin, mit vollzeiterwerbstätiger Mutter, Krippe und Wohnungsschlüssel ab dem sechsten Lebensjahr. Das war der Moment, an dem unsere Mutterbilder kollidierten und wir uns fragten: Welcher Weg ist eigentlich der richtige gewesen? Wie viel Mutter brauchen Kinder? Und wie soll das bei uns laufen?

Doch dies war erst der Anfang einer langen Liste von Erwartungen und Fragen zum Thema Mutterschaft, dazu, wie Mutterschaft gelebt werden solle und wie ich sie leben wollen würde. Es war der Anfang, mich mit dem »wie *man* das macht« im Vergleich zu dem »wie *ich* das machen will« auseinanderzusetzen, und der Anfang davon, auf das Gefühl zu stoßen, es vielleicht irgendwie falsch zu machen. Wobei mir gar nicht so recht klar war, *was* eigentlich erwartet wird und was ich von mir selbst erwarte. Denn, so merkte ich schon bald: Die Liste der Erwartungen war groß und nicht selten widersprüchlich: Neben dem Umstand, alles richtig machen zu wollen – und das hieß für mich, lange zu Hause zu bleiben –, gab es die Erwartungen an mich als Frau und zukünftige Mutter, meine gerade erst begonnene Karriere nicht hinzuwerfen: »Mach dich nicht abhängig von Kindern und Ehe!«, erklärte mir mein Vater. »Dir steht eine wissenschaftliche Karriere bevor, da darfst du nicht zu lange aussetzen!«, erklärte mir mein Chef. Es gab Richtlinien, wie viel ich zunehmen dürfe, ohne »aus dem Leim« zu gehen, und Empfehlungen, wie ich mich gesund ernähre; Gebote, welche Untersuchungen ich machen müsse; welche Kurse ich besuchen solle und welche Musik für die Entwicklung des Kindes empfehlenswerte sei. Und es gab den eigenen inneren Druck, es unbedingt anders machen zu wollen als meine eigenen Eltern – denn aus pädagogischer Sicht wissen wir schließlich, welche Erziehungsmethoden der früheren Generationen den Kindern schaden –, ohne jedoch so richtig zu wissen, wie das ohne Vorbilder gehen sollte. Über all diesen Fragen, Anregungen und Richtlinien hing auf einmal das Damoklesschwert der »guten Mutter«: Wenn du dieses und jenes tust, bist du eine gute Mutter. Wenn du dieses und jenes nicht tust, bist du es nicht. Nur wurde von verschiedenen Personen und Gruppen ganz unterschiedlich bewertet, was eigentlich »gut« sei. Ich fand einen Dschungel an Muttermythen und Muttermärchen vor, durch den es einen Weg zu finden galt. Es gab ausgesprochene, gefühlte und aus dem Inneren kommende Ermahnungen und Wegweiser und die Fragen: Was muss ich tun, um »gut« zu sein, was bedeutet »gut« sein überhaupt, und warum hängt die Verantwortung für die kindliche Entwicklung eigentlich ganz besonders an mir als Mutter? Und warum ist mein Mann so viel entspannter als ich und scheint nicht unter einem solchen Druck zu leiden? Woher kommen all die Tipps und Richtlinien, und welchen Wahrheitsgehalt haben sie? Mit diesen Fragen im Gepäck, die in den vergangenen zehn Jahren und drei Geburten immer wieder auftauchten, begab ich mich auf die Suche nach dem Ursprung der Muttermythen und nach dem, was Kinder und Familie wirklich brauchen. Um zunächst meinen eigenen Weg zu finden und dann andere dazu zu ermutigen, auch ihren jeweils ganz eigenen Weg zu gehen.

Wenn Frauen Mutter werden

Wenn wir Mutter werden, stellen wir auf einmal fest, dass es in unserer Gesellschaft eine ziemlich konkrete Vorstellung davon gibt, was Muttersein bedeutet und wie es gelebt wird. Und wir merken, dass unsere eigene Vorstellung vielleicht gar nicht dazu passt oder dass wir unter ihr leiden, weil sie uns in ein Korsett zwängt, von dem wir Atemnot bekommen. Die Beschäftigung mit dem Mutterbild in unserer Gesellschaft ist nicht einfach. Vereinfacht ausgedrückt, kann man aber sagen: Frausein, Muttersein, Mutterliebe und Kinderversorgung nebst Haushalt gehören natürlicherweise zusammen. Es scheint selbstverständlich, dass ich als Frau Mutter werde und dann ganz selbstverständlich meine Kinder (alle gleich) liebe und meinen Lebensschwerpunkt auf diese Mutterschaft ausrichte. Das bringt viele Erwartungen an unser Verhalten und unsere Gefühlswelt mit sich. Nathalie beschreibt ihr Mutterwerden so:

»Natürlich habe ich auch gelesen, wie schwer, anstrengend und verändernd das Muttersein werden wird. Ich habe gedacht,: meine Tochter kommt auf die Welt, und ich weiß, wie es läuft. Oh, wie hart bin ich auf den Boden der Tatsachen aufgeschlagen. Viele Tränen, verzweifelte Anrufe bei meiner Hebamme, Sorgen und Ängste später bin ich nun nach drei Monaten im Muttersein angekommen. Was mir die ersten Monate so schwer gemacht hat war, dass einem niemand sagt, WIE schlimm und schwer und verändernd alles sein würde. Und damit meine ich nicht die Veränderung der Ehe. Sondern in einem selbst. Selbstzweifel, Ängste und Sorgen. Bekommt mein Kind genug Liebe?! Bin ich achtsam genug? Habe ich eine gute und gesunde Bindung zu meinem Kind? Wird mein Baby satt? Fühlt es sich gut? Bin ich genug da? Am liebsten hätte ich ein Rezept für meine Tochter gehabt. Eine To-do-Liste, an die ich mich halten kann. Leider musste ich auf die tränenreiche Tour lernen, dass es so etwas einfach nicht gibt. Denn ich als Mutter erstelle mir meine eigene Liste, mein eigenes Rezept.«

Diese Gedanken kennen wahrscheinlich viele Mütter. Selbstzweifel, Angst und das Gefühl, dass es irgendwie doch gar nicht so einfach ist wie gedacht. Aber es ist doch alles in uns angelegt, denken wir. Wir müssen es doch »einfach« richtig machen können, weil das für uns die passende Aufgabe ist. Warum ist es jetzt so schwer, Mutter zu sein?

Erlauben wir uns ein Gedankenexperiment: Was, wenn Mutterschaft weniger natürlich in uns angelegt ist als gedacht? Woher käme die Mutterliebe, wenn sie nicht naturgegeben sein sollte? Jahrzehntelang wuchsen wir mit der Vorstellung auf, dass Mutterliebe, Kinderversorgung und Mutterschaft ein Kern des Selbst von zu Müttern gewordenen Frauen ist und wir deswegen unser Leben darauf ausrichten sollen, anstatt Mutterschaft, wenn sie eintritt, in unser bereits bestehendes Leben einzubetten. 1904 umschrieb der

Arzt Joseph Gérard die Rolle der Mutter folgendermaßen: »Wenn eine Henne ein Ei bebrütet, bildet sie sich deshalb nicht ein, Mutter zu sein. Brüten bedeutet gar nichts … Das Verdienst der Henne beginnt jedoch, wenn sie mit Bewusstsein brütet, wenn sie ihre teure Freiheit aufgibt … Kurz, wenn sie ihre Pflichten als Mutter erfüllt, hat sie diesen Namen wahrhaft verdient.«[1] Oder in den Worten des *BILD*-Journalisten Franz Josef Wagner zum Frauentag 2019: »Für mich ist eine Frau eine Mutter.«[2] Frausein ist in den Gedanken vieler Menschen in unserer Gesellschaft auch heute noch mit Mutterschaft und der Begleitung von Kindern verknüpft. Wenn aber »Mutterliebe« gar keine natürliche Gegebenheit ist, was bestimmt dann unseren Wert als Frau und Mutter? Was bedeutet es für uns, wenn diese natürliche Bestimmung auf einmal wegfällt? Und wenn Muttersein gar nicht so natürlich ist, wie können wir es dann eigentlich »gut« machen? Gibt es ein absolutes »gut« überhaupt?

Schmerzhaft kann die Auseinandersetzung mit dem Mutterbild auch dann werden, wenn sie uns nicht nur zu uns und unserer eigenen Mutterschaft führt, sondern auch unsere Kindheit in Erinnerung ruft. Wir alle wünschen uns, von unseren Eltern geliebt und angenommen zu werden, so wie wir sind. Doch die Frage nach dem Mutterbild und der Mutterliebe führt uns auch zur Auseinandersetzung damit, ob wir selbst als Kind geliebt wurden. Wenn Mutterliebe nicht in allen Müttern per se angelegt ist, dann war das auch nicht in unserer Familie zwangsweise so. Wie hat sich Liebe in unserer eigenen Kindheit geäußert – und hat sie das? Wurde ich geliebt und wenn ja, wie?

Wenn wir uns in diese Auseinandersetzung mit dem zeitgeschichtlichen und persönlichen Mutterbild hineinbewegen, werden wir mitunter auf Widerstände in uns stoßen. Diese Widerstände und auch das Gefühl der Ablehnung sind in Ordnung, denn das Aufspüren der Geschichte(n) um Mutterliebe und Mutterschaft kann unser Weltbild und die in unserem Gehirn angelegten inneren Bilder ins Wanken bringen – bevor sich neue Wege eröffnen.

Bin ich eine gute Mutter?

Wer Kinder geboren hat und/oder im Wachsen begleitet, wird an dieser Frage kaum vorbeikommen – und dies ganz besonders nicht heute, in einer Zeit, in der wir einen großen Wert auf das richtige Aufwachsen unserer Kinder legen. Wir wägen ab, planen, treffen schon in Bezug auf Schwangerschaft und Geburt sorgsam Entscheidungen, um unseren Kindern einen guten Start in ein glückliches und erfolgreiches Leben zu ermöglichen. Wir sind verantwortliche Mütter und Eltern, denn wir wissen um die Bedeutung der frühen Jahre für die kindliche Entwicklung und deren Einfluss auf das Erwachsenenleben. Kein Zeitfenster soll übersehen werden, keine Chance ungenutzt bleiben. Sosehr wir uns auch vor Augen führen, dass wir uns (und andere) nicht bewerten wollen, tun wir es doch immer wieder. Zumindest in unseren Köpfen stellen wir uns von Zeit zu Zeit die Frage, vor allem in den schwierigen Momenten des Familienlebens: Bin ich eine gute Mutter für mein(e) Kind(er)?

Doch woran sollen wir messen, ob wir gut sind? Welches »Ergebnis« wollen wir am Ende sehen? Ob unsere Kinder vorzeigbare Karrieren haben? Ob sie gesund aufgewachsen sind? Ob sie selbst Familien gegründet haben? Oder ob sie glücklich sind? Und was bedeutet individuelles Glück – heute und in der Zukunft? Wenn wir diese möglichen Zukunftsprognosen unserer Kinder betrachten, fällt auf: Alle diese Ergebnisse sind nicht allein durch uns beeinflussbar. Wie fühlen wir uns, wenn trotz aller persönlichen Bemühungen der Arbeitsmarkt keine Karriere hergibt, das Kind keine Familie gründen möchte oder kann oder die Kinder im Laufe des Lebens

Einflüssen ausgesetzt waren, die ihre psychische Gesundheit so beeinträchtigt haben, dass sie vielleicht nicht in dem Maße glücklich sind, in dem wir es uns gewünscht hätten? Haben wir dann als Mutter versagt? Nein, ich denke, das haben wir nicht. Das Ziel einer guten Mutterschaft am späteren Leben des Kindes auszurichten ist keine sinnvolle Idee. Wir können nicht festlegen, was individuell für unsere Kinder richtig ist und welches Ziel sie in der Zukunft erreicht haben sollten.

Was aber gibt uns dann das Gefühl, es »gut« und richtig zu machen? Diese Frage wird heute eher mit der Erfüllung der kindlichen Bedürfnisse in der unmittelbaren Gegenwart beantwortet. Wie alle Menschen haben auch Kinder Grundbedürfnisse, die erfüllt werden wollen: das Bedürfnis nach Schutz, nach Nähe, Nahrung, Schlaf, Pflege, emotionaler Nähe und Verbundenheit, Wertschätzung und Selbstverwirklichung. Die Befriedigung dieser Grundbedürfnisse gilt als Voraussetzung dafür, dass Kinder sich körperlich, geistig und seelisch gut entwickeln können. Wir machen unsere Sache gut, wenn wir unseren Teil dazu beitragen, dass unsere Kinder gute Startchancen haben. Machen wir zu wenig (zumindest in den Augen anderer), sind wir keine gute, sondern eine Rabenmutter. Machen wir zu viel, sind wir eine Glucke.

Die kindlichen Bedürfnisse zu erfüllen, das klingt eigentlich recht einfach, kann in der konkreten Umsetzung aber auch schwierig werden. Die Gründe dafür können vielfältig sein: Es fällt uns mitunter schwer, bestimmte Bedürfnisse zu erfüllen, weil die gesellschaftlichen Rahmenbedingungen vielleicht nicht gut genug sind und es an Unterstützung oder Information fehlt. Wenn das Baby Hunger hat, schämen wir uns vielleicht, in der Öffentlichkeit zu stillen. Und Mütter, die nicht stillen, schämen sich, die Flasche zu geben, weil sie von anderen genau deswegen kritisch beäugt werden. So stehen wir im Café eher auf, tragen das weinende Baby umher und hoffen auf Beruhigung oder gehen ganz hinaus, stillen oder füttern auf dem Klo oder irgendwo anders, machen uns unsichtbar. Im schlimmsten Fall meiden wir öffentliche Orte, um nicht in die Situation des Stillens oder Fläschchengebens kommen zu müssen. Die Erfüllung der Bedürfnisse des Kindes ist plötzlich alles andere als einfach.

Es kann auch sein, dass es uns an Erfahrung mangelt oder dass eigene negative Erfahrungen uns daran hindern, auf die kindlichen Wünsche angemessen eingehen zu können. Zudem steht das Wohlergehen unseres Kindes auch in Verbindung mit unserem eigenen. Wenn das Baby nur bewegt in Körperkontakt – zum Beispiel auf dem Arm –, schläft, wird das auf Dauer unseren eigenen Schlaf beeinflussen. Der fehlende Schlaf wirkt sich wiederum auf unsere Reaktion auf die kindlichen Bedürfnisse aus. Wir sind müde, überfordert, lustlos, wollen unsere Ruhe. Kinderbedürfnisse können nicht ohne Berücksichtigung der Eltern- und Mutterbedürfnisse betrachtet und erfüllt werden. Und schon kommen wir an unsere Grenzen, was das Gutsein nach dieser Definition betrifft.

Wenn eine Mutter erkennt, dass sie die Bedürfnisse des Kindes nicht durchgängig befriedigen kann oder will und die Fürsorge für das Kind zeitweise an eine andere Person abgibt, die diese Bedürfnisse erfüllen kann: Ist sie dann nicht auch eine gute Mutter, weil sie sich um deren Erfüllung gekümmert hat, auch wenn nicht sie selbst die Erfüllerin ist? Sind Mütter, die ihre Kinder bewusst in die Obhut anderer geben, nicht genauso gute Mütter, weil sie die Bedürfnisse des Kindes erkannt haben und eine passende Lösung suchen? Und was ist mit Müttern, die nicht lieben können, aber Menschen finden, die ihren Kindern Liebe geben? Wenn wir die Bedürfnisbefriedigung der Kinder als Grundlage nehmen, dann handeln auch sie verantwortungsvoll. Aber wenn das Kind später spürt, dass es doch gerne von der eigenen Mutter geliebt und angenommen worden wäre und die Reflexion des Verlustes Schmerzen hinterlässt, ist auch das wieder hinfällig. Wir sehen: Auch wenn wir uns beständig fragen, ob wir es »gut« machen, gibt es für dieses »gut« gar keine richtige Definition.

Gehört das Kind zur Mutter?

Um zu verstehen, warum es Müttern wie Nathalie oder mir so schwerfiel, sich in die Mutterrolle einzufinden, müssen wir das »Gutsein« nicht nur aus der individuellen Sicht des Kindes betrachten, sondern auch die Erwartungen der Gesellschaft mit dem abgleichen, was wir tun und fühlen. Denn die Gedanken »Bin ich achtsam genug?«, »Habe ich eine gute und gesunde Bindung zu meinem Kind?«, »Wird mein Baby satt?«, »Bin ich genug da?« kommen nicht von irgendwoher, sondern speisen sich aus den Vorstellungen, die wir über Mutterschaft haben.

Sehen wir also genauer hin: Mutter und Kind, diese Worte hängen per Definition bereits zusammen: Laut Duden ist »Mutter« die »Frau, die ein oder mehrere Kinder geboren hat« und auch die »Frau, die in der Rolle einer Mutter ein oder mehrere Kinder versorgt, erzieht«.[3] Mutter beinhaltet also nicht zwangsläufig das Gebären, sondern bezieht sich vor allem auf die Beziehung zum Kind, auf die Rolle der Versorgung und Erziehung: Damit Kinder gut wachsen und sich entwickeln können, sind sie viele Jahre auf Beziehung und Versorgung durch andere angewiesen: Schließlich kommen unsere Kinder weder als Nestflüchter noch als Nesthocker zu uns, sondern als sogenannte Traglinge: Sie fordern Nähe und Zuwendung beständig ein. Hierfür brauchen sie Menschen, die diesem Bedürfnis entgegenkommen. In unserer Gesellschaft wird dieses Umsorgen denjenigen zugeschrieben, die als Mutter und/oder Vater dem Kind zugeordnet sind, ganz besonders aber den Müttern, denn dafür scheinen sie bestimmt zu sein: Das Bild der Mutter geht nicht selten mit Assoziationen wie »naturgegeben«, »natürlich« oder »vorherbestimmt« einher. Mutterschaft, so wird suggeriert, sei etwas, das die Natur so eingerichtet habe. Der weibliche Körper sei qua seiner Funktionen dafür vorgesehen, Kinder zu bekommen, zu nähren, und als logische Konsequenz daraus müssten wir Mütter auch sonst hormonell und durch die sogenannten weiblichen Persönlichkeitseigenschaften dafür bestimmt sein, Kinder zu betreuen und beim Aufwachsen zu unterstützen. Dieses Konzept der »Mutterliebe« herrscht laut Bundesinstitut für Bevölkerungsforschung besonders in den alten Bundesländern vor.[4]

Mutterschaft kann aber nicht nur biologisch, sondern auch sozial gegeben sein – losgelöst vom Gebären oder von weiblichen Geschlechtsorganen. Es gibt eine Vielzahl möglicher Arten von Mutterschaft: biologische Mütter, soziale Mütter im Sinne von Stiefmüttern, Pflegemüttern oder Adpotivmüttern, es gibt Transgender-Mütter und intersexuelle Mütter. Es gibt traditionelle Familien, Patchworkfamilien oder polyamouröse Familienkonstellationen mit mehreren Müttern. Mutter ist, wer sich als Mutter fühlt und/oder geboren hat: Mutterschaft ist nicht eine rein körperliche Tatsache, sondern (auch) eine Art Funktion, eine zwischenmenschliche Beziehung mit besonderen Eigenschaften der Fürsorge – wenn diese übernommen werden.

Sprechen wir mit (werdenden) Eltern über die Planungen der Elternzeit, so ist es normal, dass die meisten Mütter erst einmal zu Hause bleiben[5] – es ist eine Erwartung, die kein großes »Ah« oder »Oh« hervorruft. Teilen hingegen Männer mit, dass sie in Elternzeit gehen und dies vielleicht sogar mehr als die in der Mehrheit in Anspruch genommenen zwei »Vätermonate«, ruft das nicht selten Verwunderung, ja sogar Beifall hervor. Vielleicht haben Sie es selbst schon erlebt, wie positiv väterliches Engagement kommentiert und bewertet wird und wie dasselbe Verhalten von Müttern als ganz natürlich, zumindest selbstverständlich, betrachtet wird: Ein Vater, der sein Baby auf der Straße im Tragetuch trägt? Zauberhaft. Ein Vater, der sein Baby öffentlich wickelt? Sehr engagiert. Eine Mutter, die diese Verhaltensweisen zeigt, wird nicht besonders beachtet, denn es erscheint uns normal. Daniel Eich, der Mann der Astronautin Dr. Insa Thiele-Eich, bekam 2019 den mit 5000 Euro dotierten Preis »Spitzenvater des Jahres«, weil er ein Jahr Elternzeit nahm, um sich um die drei Kinder zu kümmern, während die Astronautin ihrer Arbeit nachging.[6] Warum gibt es für die gegenteilige Aufteilung von Elternzeit und Erwerbstätigkeit keine Preise?

Mutterschaft ist mit Geborgenheit, Häuslichkeit, Liebe und Fürsorge verbunden – in unseren Köpfen, aber auch in den Repräsentationen von Mutterschaft in unserem Alltag, die für die Aufrechterhaltung und Ergänzung dieses bestehenden inneren Bildes weiter sorgen, wie wir später noch sehen werden: Die glückliche, entspannte und gleichzeitig schöne Mutter lächelt uns von Werbetafeln mit Spülmittel in der Hand entgegen, sie umarmt die frisch gewaschenen Kinder, hält Familienmomente mit dem Handy fest und bestellt per App Fotoalben, um ihr Glück zu konservieren. Die Mutter als Hausfrau und »Familienmanagerin« hat sich nicht zuletzt durch den bekannten Werbespot des Haushaltsprodukteherstellers Vorwerk aus dem Jahr 2014 etabliert: »Oder sind Sie nur …?« beginnt der Spot mit der Frage des Personalverantwortlichen nach der vormaligen Hausfrauentätigkeit der Bewerberin, die sogleich durch die Auflistung der vielen einzelnen Tätigkeiten, die die sich bewerbende Mutter im Alltag ausführt und die scheinbar zu verschiedenen Qualifikationen führen, unterbrochen wird.[7] Damit wird die Mutter als einzige verantwortliche Person für den Haushalt und die »Nachwuchsförderung« gezeigt. Dabei ist sie natürlich gepflegt und entspricht dem gängigen Schönheitsideal. Ein Werbespot, der den aktuellen Blick auf Mütter in 21 Sekunden zusammenfasst.

Dieses Bild der umsorgenden Mutter ist tief in uns verankert: Passend zu der mütterlichen Nachwuchsförderung der Vorwerk-Mutter gibt es eine Studie zu Familienleitbildern aus dem Jahr 2012: 77 Prozent der Befragten finden, dass Mütter nachmittags Zeit haben sollten, um ihren Kindern beim Lernen zu helfen, und 87 Prozent der Befragten glauben, dass das eine allgemeine gesellschaftliche Annahme ist.[8] Mütter »bemuttern« eben – ein vergleichbares Verb für andere Familienangehörige gibt es in unserer Sprache erstaunlicherweise nicht. Und wenn wir Mütter es ein wenig übertreiben, dann »beglucken« wir unsere Kinder. Vermutlich ist es kein Zufall, dass der Frauenfernsehsender Sixx mit der Kernzielgruppe 20- bis 39-jähriger Frauen ein Huhn als Testimonial hat. Auch ein anderes Forschungsergebnis zeigt, dass Frauen prinzipiell eher Erziehungskompetenz zugeschrieben bekommen: Das Internationale Social Survey Program zeigt in einer Umfrage, dass eher zwei Frauen als zwei Männer im Vergleich zu heterosexuellen Elternpaaren als gleich »gute« Eltern betrachtet werden.[9] Und auch die Tatsache, dass das Bürgerliche Gesetzbuch (BGB) die »Mutter« als erste Bezugsperson vor dem Vater betrachtet und in nicht verheirateten Elternschaftsverhältnissen der Mutter von Geburt an das alleinige Sorgerecht zuteilt, unterstützt die These, dass Mutterschaft mit Kindererziehung stärker verbunden ist als Vaterschaft.

Sind Mütter also die besseren Kinderversorgerinnen? Wie wir oben gesehen haben, gehen viele Menschen davon aus, dass Kinder von Müttern intuitiver und besser versorgt werden können. Aber auch wenn wir das von allen Seiten erfahren und von klein auf gelernt haben, stimmt das so pauschal nicht. Natürlich können wir Mütter uns unter passenden Rahmenbedingungen um unsere Kinder kümmern, sie umsorgen, lieben und für sie da sein. Aber deswegen sind wir nicht per se die besseren Versorgerinnen, und es ist auch nicht unsere alleinige, naturgegebene Aufgabe. Auch Sabrina musste sich mit Erwartungen an Mutterschaft und Mutterbilder auseinandersetzen: Sie arbeitet als Pastorin und hat keine Elternzeit genommen, sondern sich mit ihrem Mann eine Stelle geteilt und dementsprechend auch die Kinderbegleitung aufgeteilt.

> »Einer Mutter sagte ich einmal, es sei für mich so schwer, zu arbeiten, weil ich innerlich doch diesen Wahrheitssatz in mir habe, ein Kind gehöre zu seiner Mutter. ›Ist ja auch so‹, sagte sie nur. Das finde ich eigentlich das Schwerste. Das ewige schlechte Gewissen, nicht genug für mein Kind da zu sein, als würde ich es ›abgeben‹, wenn ich es bei seinem Vater lasse. Allein die Formulierung! Eigentlich lasse ich es nirgendwo. Es ist einfach beim Vater. Fertig. Aber diese Sätze sitzen tief. Ein Kind gehört zu seiner Mutter. Eine gute Hausfrau saugt jede Woche Staub. Eine gute Mutter geht jeden Tag mit ihren Kindern raus. Und auf jeden Fall ist eine gute Mutter die ganze Zeit bei den Kindern und geht nicht egoistischerweise arbeiten.«

Die international bekannte Expertin für Bindung und Beziehung, Professor Lieselotte Ahnert, findet in ihrem Buch *Wieviel Mutter braucht ein Kind* eine sehr deutliche Antwort auf die Frage, ob Mütter generell besser seien für ihre Kinder: »Mit Ausnahme des Stillens gibt es kaum Hinweise, dass Frauen darauf vorbereitet sind, der befähigtere Elternteil zu werden.«[10] Schreit ein Baby, steigen bei Frauen und Männern Herzschlag, Blutdruck und Hauttemperatur an, so Ahnert weiter. »Mütter wie Väter verfügen auch über ein annähernd gleiches intuitives (unbewusstes) Handlungswissen für den Umgang mit Säuglingen.« Die Anthropologin Sarah Blaffer-Hrdy hat ergänzend festgestellt: »Wissenschaftler müssen die hormonellen Veränderungen bei beiden Geschlechtern mit Hilfe unterschiedlicher Bezugswerte bestimmen, und anders als Frauen können Männer nicht auf mit der Schwangerschaft und dem Geburtsvorgang verbundene innere Stimuli reagieren, sondern sind vielmehr auf bislang noch nicht identifizierte sensorische Signale der Mutter oder des Babys angewiesen. Darüber hinaus sind die Schwellen für Reaktionen auf das Wimmern eines Kleinkinds bei frischgebackenen Müttern niedriger als bei den entsprechenden Vätern. Dennoch zeigt sich immer deutlicher, dass eine biologische Anlage für fürsorgliche Verhaltensweisen bei einigen, wenn nicht bei allen Männern vorhanden ist.«[11]

Wovon Kinder profitieren, sind unterschiedliche Arten der Fürsorge von Eltern: eine Person reguliert mehr die innere Gefühlswelt, die andere mehr das Explorationsverhalten: Ein Elternteil nimmt das Kind bevorzugt hoch, tröstet, streichelt, begleitet durch Wutanfälle, der andere Elternteil regt mehr zum Entdecken an, zur Entfaltung und zum Ausleben der Neugierde. In Studien wird das an Müttern und Vätern festgemacht: Das Bindungshormon Oxytocin wird in gleichem Maße bei Vätern und Müttern ausgeschüttet, es wird nur durch unterschiedliche Interaktionen hervorgerufen: Bei Mutter-Kind-Interaktionen insbesondere durch die Motherese-Sprache, im Augenkontakt und bei positiven Berührungen, bei Vater-Kind-Interaktionen beispielsweise durch körperbetontes Spiel.[12] Ob dies aber wirklich am Geschlecht festgemacht werden kann und nicht vielmehr an der kulturellen Prägung, die wir zeit unseres Lebens erfahren, kann bezweifelt werden: »Väter sind weder schlechtere noch bessere Mütter. Sie gehen einfach anders mit ihren Kindern um«, weiß Ahnert dementsprechend. Sie bestätigt damit, was Sabrina – und viele andere Mütter, deren Partner Elternzeit genommen haben – selbst erfahren hat: Väter machen Dinge anders, aber sie sind deswegen keine schlechteren Bezugspersonen.

Betrachten wir die Definition des Vaters, sehen wir, dass auch er den fürsorgenden Anteil der Beziehung zum Kind in sich trägt: »Mann, der in der Rolle eines Vaters ein oder mehrere Kinder versorgt, erzieht.«[13] Warum aber werden Männer nicht auch in einer solchen Symbiose mit dem Kind gedacht, wie es bei Müttern der Fall ist? Nur weil sie nicht schwanger sein, nicht gebären und nicht stillen können?

Dennoch kennen wir wahrscheinlich alle auch jenes Szenario: Das Kind ist untröstlich, weil es sich verletzt hat und von der Mutter getröstet werden will. Oder es möchte abends ausschließlich von der Mutter ins Bett gebracht werden und akzeptiert den Vater nicht als Einschlafbegleitung. Schnell könnten wir nun denken: »Ja, Mama ist eben doch nicht ersetzbar«, oder: »Die Mutter hat natürlicherweise bessere Fähigkeiten, das Kind zu beruhigen.« Dieser Gedanke lässt viele Eltern verzweifeln und Gedanken an das Mamakind aufkommen. Die Ursache für das Verhalten liegt aber nicht bei der jeweiligen Mutter- oder Vaterrolle, sondern darin, dass das Kind mit der Zeit eine Vorliebe für diejenige Bindungsperson ausbildet, die die Bedürfnisse besonders häufig und prompt erfüllt – nach dieser Person verlangt es dann insbesondere in schwierigen Situationen und lässt sich weniger leicht von anderen beruhigen.

Wir können die Bevorzugung von Personen in unserer Kultur wie in einer »Bindungspyramide« betrachten: An der Spitze steht die Person, die besonders häufig und zuverlässig tröstet und umsorgt. Hierzulande ist das zumeist die Mutter, aber es kann auch eine andere Person sein, wenn sie sich von Anfang an intensiv eingebracht hat. Hat das Kind Angst oder Stress, fordert es zunächst diese Hauptbindungsperson ein, aber auch andere »rangniedrigere« Bindungspersonen können trösten, wenn sie eine Beziehung zum Kind aufgebaut haben und die Hauptperson nicht anwesend ist.[14]

Was bedeutet das also in Bezug auf die Frage, ob »nur Mama

trösten kann«? Es bedeutet vor allem, dass es wichtig ist, dass der Vater (oder jede andere Elternperson) von Anfang an eine enge Beziehung zum Kind aufbaut, anwesend sein sollte und das Kind auch umsorgt. Es bedeutet auch, dass das Kind vielleicht – verständlicherweise und nachvollziehbar – nach der Mutter verlangt, wenn diese sonst vorwiegend tröstet, dass aber der Vater das Kind auch beruhigen kann – auch wenn es vielleicht anders funktioniert oder länger dauert. Das ist in Ordnung, und wir sollten den Ausbau dieser Trostkompetenz durch den anderen Elternteil voller Vertrauen unterstützen. Letztlich entlastet uns diese Fähigkeit.

Wie bereits erwähnt, ist die Befriedigung der Grundbedürfnisse von Kindern die Voraussetzung dafür, dass sie sich körperlich, geistig und seelisch gut entwickeln können. Es gibt aber kein Grundbedürfnis nach *mütterlichem* Schutz, nach *mütterlicher* Nahrung, nach *mütterlich* unterstütztem Schlaf. Die Erfüllung der Grundbedürfnisse ist von großer Bedeutung, aber sie hängt nicht allein und per se am Geschlecht oder der Rolle der Bezugsperson. Wie es scheint, sind wir Mütter also *nicht* natürlicherweise die besseren Versorger*innen unserer Kinder. Was nicht bedeutet, dass wir nicht auch gut und wichtig für sie wären oder uns gerne um sie kümmern *können*. Doch dass wir uns um sie kümmern *müssen*, nur weil wir Mütter sind oder es unserer Natur oder dem Kern unserer Selbst entspricht, ist wohl ein Mythos, dem wir hier weiter auf die Spur kommen wollen.

Das Mutterbild in uns

»Geboren wird nicht nur das Kind durch die Mutter, sondern auch die Mutter durch das Kind«, schrieb die deutsche Schriftstellerin Gertrud von le Fort so romantisch über den Beginn der Mutterschaft. Ein Zitat, das uns auch heute noch oft begegnet auf Glückwunschkarten zur Geburt, als Quote geteilt auf Facebook oder Instagram. Der Kern dieser Aussage ist nicht ganz falsch, denn erst mit dem Kind erleben wir die Verantwortung, den Alltag, die Umstellung von einem Tag auf den anderen. Aber die Mutter verbirgt sich auch schon vor dem Kind in uns: Es ist ein Bild von Mutterschaft, das im Laufe der eigenen Kindheit, in der späteren Auseinandersetzung mit uns umgebenden Müttern und durch den Einfluss von gesellschaftlichen Leitbildern in uns entstanden ist. Ein Bild, das wir, auch ohne zu gebären, in uns tragen, unabhängig davon, ob wir ein Kind im Wachsen begleiten oder nicht. Dieses innere Bild von Mutterschaft ist nicht an ein Geschlecht gebunden und auch nicht an einen bestimmten Familienstatus. Es sagt uns, wie wir uns eine Mutter vorstellen, und begleitet den eigenen Weg, wenn wir Mutter werden oder sind. Es kann den Wunsch, Mutter zu werden, bestärken oder abschwächen. Es generiert Erwartungen an uns selbst oder an andere Mütter.

Um unser eigenes Mutterbild zu verstehen und gegebenenfalls sogar zu überarbeiten, ist es zunächst wichtig, zu verstehen, wie es sich überhaupt entwickelt hat. Denn wie auch immer sich die Mutterbilder zwischen uns unterscheiden mögen, gibt es doch Gemeinsamkeiten.

2 Die Steinzeitmutter: Geschichte falsch interpretiert

Was Virginia Woolf schon 1938 anmahnte, findet sich durch neuere Studien bestätigt: »Wissenschaft, so scheint es, ist nicht geschlechtslos; sie ist ein Mann, ein Vater und auch infiziert.«[1] Sie meinte damit, dass Wissenschaft nicht unbedingt objektiv ist, sondern beeinflusst von den Forschenden, die eben lange Zeit vorwiegend Männer waren und aus einem männlichen Weltverständnis ihrer Zeit Funde und Ergebnisse interpretiert haben. Wie sehr das auch auf das Mutterbild zutrifft, werden wir in diesem Kapitel sehen.

Die These, die wir immer wieder vernehmen, lautet: Als Mütter verfügen wir über einen angeborenen Mutterinstinkt, der uns nicht nur befähigt, individuell richtig auf das Baby zu reagieren, sondern der ein allgemeines mütterliches Umsorgen auslöst, eine bedingungslose Hingabe an das Kind. Wie wir schon gesehen haben, unterscheiden sich mütterliches und väterliches Verhalten aber nicht besonders voneinander. Dazu kommt außerdem, dass wir über die Kulturen hinweg kein typisches, allgemeines Mutterverhalten sehen: Wir lecken unsere Babys nicht nach der Geburt ab, verspeisen nicht instinktiv die Plazenta oder zeigen ein anderes über alle Kulturen gleiches Pflegeverhalten. Im Gegenteil: Wir sind individuell, manche freuen sich, manche sind ekstatisch, andere zurückhaltend, und einige brauchen wirklich Zeit, um in ihrem neuen Leben anzukommen und eine Beziehung zu dem kleinen neuen Menschen aufzubauen.

Und dennoch denken wir bei Mutterschaft an Steinzeitfrauen, die mit ihren Babys in Höhlen leben, während ihre Männer auf die Jagd gehen, als wären diese Rollen schon immer vorgegeben. Wir alle kennen die Höhlenszenen in Museen oder Büchern, in denen Frauen mit Kindern um das Feuer sitzen. Nicht zuletzt im Millionen-Bestseller *Warum Männer nicht zuhören und Frauen schlecht einparken* von Allan und Barbara Pease werden die männlichen und weiblichen Rollen an unseren Steinzeitvorbildern festgemacht. Verschiedene Ausstellungen und wissenschaftliche Veröffentlichungen[2] haben aber mittlerweile belegt, dass es in der Steinzeit weder feste Rollenzuschreibungen gab, noch dass Frauen mit Kindern von der Jagd und anderen körperlichen Tätigkeiten ausgeschlossen waren. Selbst die lange nur Männern zugeschriebenen Höhlenmalereien wurden von beiden Geschlechtern und sogar vor allem von Frauen[3] angefertigt. Erst kürzlich stellte sich heraus, dass es sich bei der Grabstätte eines berühmten Wikingerkriegers nicht um das Grab eines Mannes handelte, sondern um das einer mit Schwertern, Pfeilspitzen und geopferten Pferden beigesetzten Kriegerin.[4] Auch ein Blick auf jene Naturvölker, die heute noch unter frühzeitlichen Bedingungen leben, gibt uns Aufschluss: Mütter sind von Jagd und Nahrungssuche nicht ausgeschlossen, sondern nehmen oft ganz selbstverständlich daran teil.

Das Umsorgen von Kindern in verschiedenen Kulturen

Anthropologische Vergleiche zeigen: Es gibt nicht die ursprüngliche Form der Kinderversorgung, sondern die Umsorgung von Kindern steht immer im Zusammenhang mit der Kultur, den Anforderungen des Gemeinschaftslebens und den konkreten Herausforderungen der Umwelt. Die Anthropologin Sarah Blaffer-Hrdy umschreibt dies folgendermaßen: »Es gibt vermutlich kein Säugetier, bei dem sich die mütterliche Hingabe nicht Schritt für Schritt und in Abhängigkeit von äußeren Impulsen herausbildet. Die Aufzucht eines Babys muss aus der Mutter herausgekitzelt, bekräftigt und aufrechterhalten werden. Das Hegen und Pflegen bedarf selbst der Pflege.«[5] Mutterschaft und das Kümmern um Kinder – wie auch das Ausmaß dieses Kümmerns – sind unterschiedlich und abhängig von gesellschaftlichen Rahmenbedingungen, unter anderem der Unterstützung durch andere. Kinder wachsen in einer Gemeinschaft auf und werden von ihr umsorgt, sowohl um schlicht zu überleben, als auch um eine Aufgabe in der Gemeinschaft zu erfüllen.

So kommt es, dass selbst in Jäger-und-Sammler-Gemeinschaften, die in der bindungsorientierten Elternschaftscommunity so oft als Vorbild bezeichnet werden, ursprünglich eine Bandbreite an Betreuungspraktiken zu finden ist – wobei sich Bindung hier nicht zwangsweise auf eine oder wenige Bindungspersonen bezieht, sondern oft auch in multiplen Netzwerken gelebt wird. Während sich beispielsweise die Mütter der !Kung San in der afrikanischen Kalahariwüste in den ersten drei bis vier Jahren fast ausschließlich um die Kinder kümmern und Kinder dort erst nach dieser Zeit von anderen Stammesmitgliedern umsorgt werden, wie auch die Ache-Kinder im Osten Paraguays in den ersten Lebensjahren fast ausschließlich von den Müttern betreut werden, unterscheiden sich die Betreuungspraktiken bei den Aka in Kongo-Brazzaville je nach Jahreszeit und Örtlichkeit. Während der Jagd sind die Kinder am Körper der Mutter, im Camp werden sie jedoch vor allem von anderen umsorgt. Bei den Efe in Zaire werden bereits die Neugeborenen von anderen Frauen gestillt, und erst im zweiten Lebenshalbjahr übernimmt die Mutter eine besondere Stellung im Betreuungssystem. Auch die Bindungsbeziehungen zu Geschwistern werden in anderen Kulturen anders gelebt, und kleinere Kinder werden von größeren Geschwistern und anderen Kindern der Gemeinschaft mit umsorgt. In einigen Kulturen sind sie sogar Hauptbezugspersonen – ein ganz anderes Konzept des Zusammenlebens als bei uns. Ist es deswegen schlechter oder weniger umsorgend für die Kinder? Die Entwicklungspsychologin Heidi Keller[6] lässt uns in ihrem Buch *Mythos Bindungstheorie* einen anderen Blick auf die Unterschiede im Aufwachsen werfen und legt dar, dass das uns bekannte Konzept der Bindung (nach Bowlby, siehe unten) ein Modell der industrialisierten, städtischen Mittelschichtfamilien ist, dem weltweit aber nur ein geringer Prozentsatz der Menschheit angehört. In anderen Kulturen wachsen Kinder ganz anders auf.

Bereits in dem 1975 erschienenen Buch *Auf der Suche nach dem verlorenen Glück* von Jean Liedloff, das nicht nur in der antiautoritären Erziehung der Siebzigerjahre Anklang fand, sondern auch mit den Grundstein für die später aufkommende Attachment-Parenting-Bewegung legte und ein Klassiker der populären bedürfnisorientierten Elternliteratur ist, beschreibt die spätere Psychotherapeutin Liedloff immer wieder, dass die Bedürfnisse von Babys unabhängig vom Geschlecht oder Alter einer Person erfüllt werden können: »Die Mutterrolle, die einzige Rolle, die zu einem Säugling in den ersten Monaten eine Beziehung herstellen kann, wird instinktiv von Vätern, anderen Kindern und auch sonst von jedem gespielt, der sich, und sei es nur für einen Augenblick, um das Kind kümmert. Zwischen Geschlechtern oder Altersgruppen zu unterscheiden ist nicht Sache eines Babys. Die Bedeutungslosigkeit männlicher oder weiblicher Eigenschaften für die Mutter- bzw. Vaterrolle ist […] erwiesen worden.«[7] Wie wir noch sehen werden, wurde die Rolle der Frau als Mutter trotz dieser eindeutigen Hinweise in dem auf Liedloffs Beobachtungen bei den Yaquena-Indianern aufbauendem Attachment Parenting umgedeutet. Zunächst lässt sich jedoch festhalten:

Es gibt in ursprünglich lebenden Kulturen keinen Hinweis darauf, dass Mutterschaft mit vorrangiger oder gar ausschließlicher Kinderbetreuung verbunden sein *muss*. Im Gegenteil: Bei jenen Lebewesen, die sich so langsam entwickeln wie unsere Menschenkinder, ist zu beobachten, dass die Aufzucht der Nachkommen kooperativ stattfindet: Wir werden von sogenannten »Alloeltern« unterstützt: von Partnern, Verwandten (insbesondere nach deren Menopause) und anderen Bezugspersonen. Das bedeutet nicht, dass Mütter nicht auch dort mit den Kindern spielen und kuscheln, aber es lässt unseren Blick darauf, dass Mutterschaft heute oft als eigentlicher Zweck des Frauendaseins betrachtet wird und wir als Mütter ganz auf den Nachwuchs konzentriert sein sollten, aufweichen. Es zeigt uns: Liebe und Fürsorge gab und gibt es, auch von Müttern. Aber Liebe und Fürsorge sind in anderen Kulturen nicht das, was wir hier als »Mutterliebe« definiert bekommen.

Dass dieses Konzept auch in unserer Kultur und Gegenwart möglich ist, zeigt das Beispiel von Sabrina. Die Pastorin, die sich mit ihrem Mann eine Stelle teilt, ist mit ihrer Familie in ein soziales Netz eingebunden, sodass sich nicht nur sie und ihr Mann um das gemeinsame Kind kümmern, sondern die ganze Gemeinde:

»Unsere Gemeinde hat sich unheimlich über meine Schwangerschaft gefreut und alles freudig verfolgt. Wir können unsere Tochter zu allen Gremiensitzungen, Dienstbesprechungen etc. mitnehmen, sie war auch schon mit im Kita-Gottesdienst, und ich habe auch schon den einen oder anderen Segen im Gottesdienst mit Kind auf dem Arm gesprochen. Die Gemeinde freut es meist. Dann gibt es aber auch einige ältere Damen, die heimlich sagen: ›Dass die immer ihr Kind dabeihaben muss!‹ Das erzählen mir dann die anderen Damen, die mir sagen, wie toll sie es finden, dass sie überall dabei ist. Da kommen dann die Geschichten, dass sie ihre Kinder nach wenigen Wochen zur Schwiegermutter oder Mutter abgeben mussten, weil ihre Arbeitskraft in der Landwirtschaft oder in gastwirtschaftlichen Betrieben nötig war. Oder von Müttern, die gern gearbeitet hätten, was damals aber nicht möglich war. Und von den Frauen um die 50, die davon erzählen, wie sie sich beruflich möglichst wenig als Mutter gezeigt haben, um nicht als inkompetent oder nicht belastbar dazustehen. ›Da habt ihr es heute besser!‹ Unsere Tochter wandert bei Sitzungen und auch im Gottesdienst von Schoß zu Schoß. Das finde ich schön. Als mein Mann eine Woche auf Fortbildung war, haben zwei meiner Kolleginnen gleich angeboten, im Falle einer Beerdigung (die einzige Art Termine, bei der sie nie dabei ist) das Baby zu übernehmen. Auch mehrere Baby-Freundinnen haben sich gleich angeboten.«

Wie wir »natürliche« Mütter wurden

Wenn wir von den oben beschriebenen Szenarien des Umsorgens von Kindern ausgehen, dann hat eine einschneidende Veränderung des Elternlebens nicht erst in den letzten Jahrhunderten, sondern schon zum Ende des Pleistozäns, etwa 9 600 v. Christus, stattgefunden, als nämlich die Menschen sesshaft wurden und ihre Kinder anders aufzuwachsen begannen: Das prompte Eingehen auf die kindlichen Bedürfnisse war und ist in den oben aufgeführten Kulturen ein wichtiger Faktor zum Überleben des Kindes. Kinder wurden und werden dort nicht »nur« wegen der Körpernähe und der besseren Kommunikation getragen, sondern ganz schlicht auch deswegen, weil es oben am Körper einer anderen Person sicherer ist als am Boden, wo Insekten, Tiere oder Giftpflanzen sind. Das nahe Umsorgen des Kindes wurde ursprünglich von der Gemeinschaft geleistet. Durch die Sesshaftigkeit, die mit gemauerten Häusern, Nutzpflanzenanbau und veränderten Lebensbedingungen einherging, wurde das Überleben des Kindes vom ständigen Körperkontakt zu anderen entkoppelt. Dazu kamen noch andere Faktoren als schleichender Prozess nach Ende des Pleistozäns, die es den Gebärenden und Kindern schwerer machten: Die Mädchen wurden früher gebärfähig, da sie nun besser genährt waren, wodurch sie in jüngeren Jahren Mütter wurden, auch wenn sie dafür psychisch eventuell noch nicht bereit waren. Die Unterstützung durch die Gemeinschaft wurde geringer, wenn sie in fremde Familien getauscht oder geraubt wurden. Es entwickelten sich zunehmend patrilineare Erbregeln, für die die Keuschheit der Frauen ein wichtiger Faktor war, weshalb Frauen unter anderem zur Unterstützung der gebärenden Töchter und zur Hilfe beim Umsorgen des Kindes nicht reisen durften. Die zunehmende Trennung von Männern und Frauen führte dazu, dass Väter weiter aus dem Zuständigkeitsbereich der Kinder herausgelöst wurden. Die Abstände zwischen Geburten wurden kürzer, auch um eine Vielzahl männlicher Nachkommen zu haben. Sowohl Mütter als auch Kinder konnten deswegen auf weniger Unterstützung und Zuwendung zurückgreifen. Das veränderte auch die Interaktionen zwischen Kindern und Eltern bzw. insbesondere den Müttern: »Die Fruchtbarkeit von Frauen hatte Vorrang vor der Gesundheit und Lebensqualität jedes Kindes. Konventionen, die Männer von Frauen und Kindern getrennt hielten, hemmten die Entwicklung väterlicher Fürsorglichkeit und beraubten Kinder einer weiteren Quelle allomütterlicher Zuwendung.«[8] Eine traurige Entwicklung nicht nur für die Frauen, sondern auch für die Kinder, die in den folgenden Jahrhunderten unter der Herabstufung ihres Wertes litten, wie wir noch sehen werden.

Das, was wir heute als »Liebe« ausmachen, das einfühlsame Eingehen auf die Bedürfnisse des Kindes, wurde also von den Rahmenbedingungen der Sesshaftigkeit und ihren Folgen außer Kraft gesetzt, und so verwundert es nicht, dass in Wissenschaft und Medien immer wieder vom »Konstrukt Mutterliebe« die Rede ist. Die Bedeutung von Feinfühligkeit und des Eingehens auf die kindlichen Bedürfnisse wurde erst später wieder reaktiviert, als durch Studien und psychologische Theorien von männlichen Pädagogen, Theologen und Psychologen die Bedeutung der Kindheit in den Blick geriet, dann aber in Verbindung mit den seither entwickelten patriarchalen Strukturen, die die Bedürfniserfüllung (und andere mit Kindern verbundene Aufgaben) in den alleinigen Aufgabenbereich der Mutter stellten. Das, was wir seitdem als »natürliche Mutterliebe« betrachten, ist in Wahrheit eine in patriarchalen Kulturen erfolgte Sozialisation der Frau, auf die die alleinige Verantwortung der feinfühligen Aufzucht des Nachwuchses übertragen wurde, während dies ursprünglich eine Gemeinschaftsaufgabe war. Hieraus ergeben sich die zentralen Probleme, mit denen wir heute als Mütter zu kämpfen haben.

Das Begleiten und Umsorgen des Kindes – sprich: die feinfühlige Reaktion auf das Kind – veränderten sich im Lauf der Jahrhunderte und wurden immer weiter in den alleinigen Aufgabenbereich der Mütter verschoben, deren Lebensinhalt schließlich insbesondere das Gebären und die Erziehung der Kinder wurde: Die *familia,* der Verbund einer wirtschaftlichen Lebensgemeinschaft, zu der nicht nur Blutsverwandte gehörten, sondern auch Knechte und Mägde des Hauses, bestimmte von der Antike bis zum Mittelalter das Familienmodell. Kinder hatten darin ihren zugeteilten Platz und Tätigkeiten, die sie erfüllten: Sobald sie arbeitsfähig waren, wurden sie mit eingesetzt und unterstützten die Gemeinschaft, stellten die Altersvorsorge sicher und konnten im Falle guter Eheschließungen das

Einkommen noch verbessern. Frauen arbeiteten und gebaren Kinder, wobei die Gefahr hoch war, im Wochenbett zu versterben. Geschah dies, wurden sie durch eine neue Frau ersetzt, um das System aufrechtzuerhalten. Dies erfahren wir immer wieder in Märchen, in denen von den (oft bösen) Stiefmüttern die Rede ist, und auch das Leben des Autors der ersten modernen deutschen Autobiografie, Burkard Zingg (1396–1475) bestätigt dies: vier Ehefrauen, drei von ihnen starben bei Geburten, achtzehn überlebende Kinder – kein Einzelfall zu dieser Zeit.

Auch zwischen Mittelalter und Industrialisierung änderte sich noch nicht wirklich etwas an diesen Rahmenbedingungen: Die Säuglingssterblichkeit war hoch, und bis die Kinder im elterlichen Betrieb mitarbeiten konnten, waren sie sich oft selbst überlassen. In Arbeiterfamilien, in denen Frauen, Männer und größere Kinder viele Stunden des Tages aushäusig erwerbstätig sein mussten, blieben Säuglinge und Kleinkinder daheim bei ihren Geschwistern, alten Menschen oder allein unter Einfluss von Alkohol oder Opium. Andere Säuglinge kamen zu Ammen, wo viele Kinder verstarben.[9] Das Ammenwesen war besonders im Frankreich des 18. Jahrhunderts verbreitet, wo Ammen erst nur von Adligen genutzt wurden, später aber auch bürgerliche Babys von der Großstadt aufs Land gebracht wurden, damit die Frau nicht nur Mutter war, sondern Ehefrau blieb und je nach Klasse für den ehelichen Sex, gesellschaftliche Aufgaben, Reproduktion oder Arbeit weiter zur Verfügung stand. Auch bildete sich in Frankreich unter den mondänen Müttern der Wunsch aus, das Gegenteil der unter dem Patriarchat ausgebildeten Ehefrau und Mutter zu sein, und sie »opferten [ihre] mütterlichen Pflichten ihren persönlichen Wünschen«, was dazu führte, »dass das Leben der Eltern mit dem Tode der Kinder bezahlt wurde«.[10] Diese Entwicklung nahm damals Einfluss auf das Mutterbild in Frankreich und führte auch im Fortlauf zu einem anderen Mutterbild als hierzulande. Die Unterschiede zwischen deutschen und französischen Müttern lassen sich bis heute auch auf die unterschiedlichen geschichtlichen Entwicklungen zurückführen. Auch hierzulande war das Ammenwesen vertreten: 4 000 bis 5 000 Ammen arbeiteten im 18. Jahrhundert allein in Hamburg. Durch die Spreewaldamme der Kinder Kaiser Wilhelms II. wurden hierzulande die Sorbinnen zu den Ammen der Wahl, die allerdings meist bei den Familien einzogen.[11]

Der Tod des einzelnen Kindes wurde allgemein nicht in besonderer Weise betrauert. Das bedeutet nicht, dass die Menschen demgegenüber völlig gleichgültig waren – wir wissen es nicht genau. Aber auf jeden Fall wurde dem Einzelschicksal eines Kindes nicht der Wert zugesprochen, den wir ihm heute entgegenbringen. Dies änderte sich erst mit der Industrialisierung langsam, als sich Lebens- und Arbeitsraum voneinander trennten und in den Städten mehr Arbeitsmöglichkeiten entstanden, wodurch die landwirtschaftliche Lebensgemeinschaft schrumpfte. Was Luther mit der Reformation schon angestoßen hatte, die patriarchale Familie, in der sich Frauen dem Mann unterordnen sollten und der gesamte Zweck des Frauseins darauf ausgerichtet wurde, zu heiraten und von der Frau zur Mutter zu werden, wurde durch Jean-Jacques Rousseau in der Pädagogik weiter vorangebracht. Er war mit dafür verantwortlich, dass sich ein Kerntyp des Mutterbildes herausbildete, das heute noch großen Einfluss hat: die natürliche Mutter. Die Frau, die ganz zur Mutter wird und das Frausein mit allen dazugehörenden Eigenschaften hinter sich lässt.[12] Mittlerweile hatte sich auch das Bild vom Kind verändert: Es hatte einen Wert bekommen und wurde nicht mehr als Träger der Erbsünde, sondern als von Geburt an gut betrachtet, als jemand, den es zu umhegen galt. Doch um Rousseaus Bild von Mutterschaft gerecht zu werden, konnte eine Frau nur dann zur Mutter werden, wenn sie sich ganz der Mutterschaft hingab. Heute ist dieses natürliche Mutterbild noch mit ein paar Extras ausgestattet, die Rousseau damals noch um jeden Preis vermeiden wollte: Die sexy MILF[13] von heute war damals verpönt, und auch Karriere machen sollte die Mutter von gestern nicht. Zu diesem Zeitpunkt hatten wir uns also schon sehr weit vom ursprünglichen Umsorgen des Kindes und auch der Gleichberechtigung von Müttern entfernt: Sie waren aus der Gesellschaft ins Innere des Hauses gedrängt und mit der Versorgung des Kindes allein gelassen worden. Um auch jene Frauen, die dagegen aufbegehrten, von ihrer Aufgabe zu überzeugen, wurden zahlreiche Empfehlungen und Schriften über die wahre Berufung von Müttern verfasst – von Ärzten, Theologen und Pädagogen. Der Schweizer Pädagoge Johann Heinrich Pestalozzi brachte dann schließlich die göttliche, natürliche Vorbestimmung ein, die sich in unseren Gedanken so verfestigt hat. Nach ihm sind Frauen in besonderer Weise feinfühlig, aufopferungsbereit und umsorgend – im Gegensatz zu Männern. Diese Verschiedenartigkeit der Geschlechter müsse in den jeweiligen Rollen berücksichtigt und auch wieder hervorgeholt werden, denn dieser Instinkt sei verschüttet worden. So wurde der Grundstein dafür gelegt, dass circa zweihundert Jahre später die Kinderhörspielhexe Bibi Blocksberg 1985 fröhlich in den Kinderzimmern singt: »Alles, was du tust, das tust du für mich. Mama, du lässt mich nicht im Stich.«[14]

Mit seinem Postulat, der natürliche Mutterinstinkt müsse revitalisiert werden, kehrte Pestalozzi den Sachverhalt um. Kulturell verschüttet wurde ja eigentlich die Vielfältigkeit der Mutterschaft und das gemeinschaftliche, nicht ausschließlich mütterliche Umsorgen des Kindes. Um die Mutter auf diese nach Pestalozzi verschüttete Aufgabe wieder vorzubereiten, brauche sie Anleitung von männlichen Erziehungsexperten, die sie mithilfe von Ratgeberliteratur auf den Weg zur natürlichen Mutterschaft zurückführen würden. Unterstützt wurde dies durch die Theorien Darwins, die sich entwickelnden Naturwissenschaften und schließlich durch Freuds Psychoanalyse: Sie alle betonten die natürlichen Geschlechtsunterschiede in Bezug auf die Elternschaft und die Bedeutung der Mutter für die Entwicklung der Kinder. Und mehr noch: Letztlich wurde der Mutter nicht nur die Aufgabe der alleinigen Versorgung der Kinder auferlegt, sondern ihr wurde auch die Verantwortung für die Entwicklung jedes Kindes übertragen, was Max Planck in Bezug auf das Frauenstudium folgendermaßen umschrieb: »Man kann nicht stark genug betonen, dass die Natur selbst der Frau ihren Beruf als Mutter und Hausfrau vorgeschrieben hat und dass Naturgesetze unter keinen Umständen ohne schwere Schädigungen, welche sich im vorliegenden Falle besonders an dem nachwachsenden Geschlecht zeigen würden, ignoriert werden können.«[15] Das Argument der Natürlichkeit wurde umso beharrlicher hervorgebracht, als sich die erste Welle des Feminismus auszubreiten begann, die für Gleichberechtigung der Geschlechter auf politischer und wirtschaftlicher Ebene kämpfte.

Zwischen den beiden Weltkriegen wurden schließlich nicht nur die bisher vorwiegend adressierten Frauen der mittleren und oberen Schicht in die Familie gedrängt, sondern nun auch die Arbeiterinnen: Der Bestand des Volkes musste aufrechterhalten werden, und unter den Nationalsozialisten sollten arische Familien wachsen, Mütter nicht mehr berufstätig sein und die Arbeitslosigkeit gemindert werden, indem sie ihre Arbeitsplätze den Männern überließen. Die erste Welle des Feminismus wurde durch die Nationalsozialisten in Deutschland beendet. Frauen sollten zu ihrem »wahren Beruf« zurückkehren. Während des Krieges übernahmen sie dann zwar wieder die Arbeit der an der Front kämpfenden und sterbenden Männer, doch nach dem Zweiten Weltkrieg mussten sie den zurückkehrenden Männern auf dem Arbeitsmarkt wieder Platz zu machen. Abermals wurde die Frau zurück in die Familie verbannt, während der Mann als Haushaltsvorstand die Entscheidungsgewalt über nahezu alle Bereiche des Familienlebens hatte.

Nach der Teilung Deutschlands entwickelten sich auch in Bezug auf Mutterschaft unterschiedliche Wege: Die BRD sicherte das Familienmodell der Hausfrauenehe auch politisch ab, beispielsweise durch das 1958 eingeführte Ehegattensplitting, das die Alleinernährerehe förderte und andere Familienformen bis heute benachteiligt. Die Erziehung der Kinder wurde bei den Müttern belassen und zudem ein besonderer Schwerpunkt darauf gelegt, dass die Kinder nicht außerfamiliär betreut werden sollten, denn dies könne die Familie nicht ersetzen. Es galt auch als Statussymbol, dass Frauen zu Hause bleiben konnten und »nicht arbeiten mussten«. In der DDR wurde die Erziehung zwar auch insbesondere den Müttern überlassen, die aber dank verstaatlichter Kinderbetreuung erwerbstätig sein konnten – eine Mehrfachbelastung und Überlastung, die berufstätige Mütter bis heute gut kennen.

Die zweite Welle der Frauenbewegung seit den Sechzigerjahren, die Pille und die Straffreiheit des Schwangerschaftsabbruchs unter bestimmten Bedingungen brachten den Frauen mehr Möglichkeiten, die Ehe nicht als alleinige Möglichkeit der Selbstverwirklichung zu betrachten: Biografien veränderten sich, Väter wurden wieder als umsorgendes Familienmitglied in den Blick genommen. Doch die zweite Welle des Feminismus war auch von einer Rückbesinnung auf weibliche Natürlichkeit gekennzeichnet und spielte damit in einigen Punkten der etablierten Sicht auf Mutterschaft in die Hände: Mutterschaft wurde als zentrale Erfahrung von Weiblichkeit betrachtet. Auch wenn mehr und mehr Mütter erwerbstätig wurden, lastete die Verantwortung für das Kindeswohl oft allein auf ihren Schultern. Sätze wie die des in den Achtzigerjahren berühmten amerikanischen Kinderarztes T. Berry Brazelton sprechen für sich, der in Bezug auf Kinder erklärte, dass Mütter während des ersten Jahres zu

Hause bleiben müssten, denn sonst »werden sie unerträglich in der Schule und scheitern; sie bringen alle gegen sich auf und entwickeln sich später zu Straftätern oder gar zu Terroristen«.[16] Mit etwas Abstand betrachtet, ist es nicht ohne Ironie, dass heute der Psychotherapeut Dr. Michael Winterhoff all das den überbehüteten Kindern prophezeit. Ein gutes Beispiel dafür, dass wir Mütter es eigentlich nur falsch machen können – und dass vermeintlich richtiges Mutterverhalten immer ein Konstrukt der Zeit ist, in der es postuliert wird. Doch nicht nur Brazelton schlug 1988 in diese Kerbe, dass das Kindeswohl in der Verantwortung der Mutter liege. Auch der evangelikale Christ und Arzt Dr. William Sears, der Begründer der Attachment-Parenting-Bewegung, war in den Siebziger- und Achtzigerjahren davon überzeugt, Mütter auf den Weg zurück zur ihrer vermeintlich natürlichen Bestimmung, der Sorge um das Kind, bringen zu müssen. Ihm folgt seit einigen Jahren der sich auch hierzulande ausbreitende Ansatz Gordon Neufelds um dessen Theorie sich laut Analyse der Heinrich-Böll-Stiftung[17] ein Denken etabliert, »welches Kinderkrippen ebenso verteufelt wie staatliche Schulerziehung, Gender Mainstreaming oder Homosexualität«.

Die dritte Welle des Feminismus der Frauen, die in den 1960er- und 1970er-Jahren geboren wurden, setzte sich dafür ein, aus den geltenden Zuschreibungen auszubrechen und sich von starren Dogmata zu lösen, um Wege im »Dazwischen« zu finden. Und genau dieses Dazwischen gilt es auch in der Mutterschaft zu finden. Wir können losgelöst sein vom »natürlichen, vorbestimmten Mutterliebebild« und dennoch unsere Kinder lieben. Wir können vereinbarkeitsorientiert leben ohne schlechtes Gewissen. Heute, in der nun entstehenden vierten Welle des Feminismus der in den 1980ern und 1990ern geborenen Frauen und der Suche nach der Vereinbarkeit von Beruf und Familie, Öffentlichkeit und Privatheit, sind wir auf dem Weg, dieses »Dazwischen« zu finden.[18] Feministische Mütter wie Teresa Bücker, Kübra Gümüşay und Milena Glimbovski zeigen öffentlich auf Instagram und Co., wie solche neuen Wege von Mutterschaft aussehen und gegangen werden können: Frauen mit klaren politischen Meinungen, die Kinder haben, ihr Familienleben aktiv gestalten und vorleben, wie Kinder auch in einem Arbeitsleben selbstbewusst integriert werden können und dass Mutterschaft neben vielen anderen Facetten ein Teil ihres Lebens ist.

Obwohl wir als Mütter zu zwei Dritteln das Leitbild der vereinbarkeitsorientierten Mutter leben, ist in der Gesellschaft noch immer eine viel stärkere Kindorientierung vertreten, was uns in einen immerwährenden Konflikt bringt. Wir haben ein schlechtes Gewissen wegen eines traditionellen Mutterbildes, das wir eigentlich in der Mehrheit gar nicht mehr leben.

3 Die Anforderungen einer bindungsorientierten Erziehung

Wesentlich an der Kindorientierung beteiligt war die Entstehung der Bindungstheorie seit den 1950er-Jahren. Sie ist heute die wohl verbreitetste Theorie über die sozial-emotionale Entwicklung von Kindern und hat nach ihrem Begründer John Bowlby zahlreiche weitere Forscher*innen zur Beschäftigung mit dem Thema Bindung und Beziehung angeregt. Viele der Ratgeber in unseren Regalen basieren auch heute noch auf Bowlbys Forschungsergebnissen, wie auch die Eingewöhnung im Kindergarten von seinen und weiteren Bindungstheoriegrundlagen gekennzeichnet ist. Ohne die Bindungstheorie würden wir wahrscheinlich heute an einer anderen Stelle stehen. Dabei war sie weder damals noch heute unumstritten, denn sie fokussiert vor allem auf die Mutter-Kind-Beziehung – eine Zentrierung, die aus der Geschichte ihres Begründers und seinen kulturellen Wurzeln abgeleitet werden kann. »Mutterliebe« und »Bindungstheorie« sind für uns oft eng verwoben – aber gehören die beiden wirklich untrennbar zusammen? Der Fokus auf die Mutter, aber auch die universelle Anwendbarkeit der Bindungstheorie in allen Kulturen werden auch heute immer wieder angezweifelt. Dennoch sind die Auswirkungen für den Blick auf das Kind und die Behandlung von Kindern wertvoll. Wir müssen also auch hier wieder überlegen, was wir davon wirklich für unseren Alltag mitnehmen können und wovon wir vielleicht lieber Abstand nehmen wollen.

Bedeutung der frühen Kindheit und Bindungsforschung

Wenn man die Geschichte betrachtet, war Kindheit oft wenig kindgerecht und gelangte erst im 20. Jahrhundert wieder in den Blick, als die Forschung sich die Frage stellte, was zu wenig Beziehung mit Kindern mache. Der Psychoanalytiker René A. Spitz untersuchte in den 1930er-Jahren die Folgen der Heimunterbringung für Kinder, die in Ermangelung liebevoller Interaktion soziale Defizite und Entwicklungsstillstände bis hin zur Depression zeigten. Der Verhaltensforscher Harry Harlow studierte in den 1960er-Jahren die Mutter-Kind-Bindung von Rhesusaffen und zeigte, wie wichtig die Bindung für die Entwicklung von Primaten ist. 1951 veröffentlichte John Bowlby seinen Bericht »Maternal Care and Mental Health« im Auftrag der Weltgesundheitsorganisation und begründete schließlich 1969 mit seinem Buch *Bindung. Eine Analyse der Mutter-Kind-Beziehung* die bis heute einflussreiche Bindungstheorie.

Diese Hinwendung zum Kind und zu einer kindgerechten Lebensumgebung und Pädagogik war in Anbetracht der vorherigen Lebenssituation von Kindern durchaus wichtig. Sie war zu diesem Zeitpunkt für die Kinder und ihr Aufwachsen von elementarer Bedeutung und ist es auch heute noch – auch im Hinblick darauf, aktuelles politisches Weltgeschehen zu erklären. »Erziehungshaltungen sind politische Haltungen«, titelt Herbert Renz-Polster in seinem Buch *Erziehung prägt Gesinnung* und führt die Zusammenhänge zwischen Erziehungseinstellungen und -handlungen und politischen Einstellungen aus, bis hin zu der Schlussfolgerung: »Denn Kinder, die ihre Kindheit innerlich unverletzt, mit Selbstvertrauen, wachen Augen, Einfühlungsvermögen und Mut unter dem Herzen verlassen, sind widerstandsfähig – gerade gegenüber den Verlockungen des Rechtspopulismus. Allen Kindern ist eine solche Kindheit zu wünschen.«[1]

Allerdings – und hier liegt der Knackpunkt – ist auch die Bindungstheorie ein gedankliches Kind ihrer Zeit und deswegen stark auf die alleinige Mutter-Kind-Bindung fokussiert. Denn auch Bowlby interpretierte wie seine Vorgänger bestimmte Verhaltensweisen von Menschen und Affen im Rahmen seines Weltbildes. So zog er beispielsweise nur jene Affenarten als Beispiele für seine Theorien heran, deren Verhalten den westlichen Mutteridealen entsprach.[2] Zwar betonte er, dass die Erziehung von Kindern nicht allein Aufgabe der Mutter sein sollte, da dies zu Überforderung führe – er sprach von »Helfern am Nest«[3] –, aber es gibt eben einen Unterschied zwischen »helfen und unterstützen« und einer gleichberechtigten Aufteilung von Aufgaben, was damals überhaupt nicht in Betracht kam. Bereits 1954 kritisierte die Anthropologin Margaret Mead anhand ihrer eigenen Forschungsergebnisse (aus der Beobachtung unterschiedlicher Kulturen) diese Fokussierung auf die Mutter.[4] *Dass* im Hinblick auf die Entwicklungsbedingungen von Kindern prinzipiell eine Änderung der Sichtweise notwendig war, ist nicht bestreitbar. *Wie* die Möglichkeit zur Erfüllung der kindlichen Bedürfnisse allerdings interpretiert wurde, war und ist durchaus kritisch zu betrachten. Auch Bowlbys eigene Kindheitsgeschichte scheint ihn beeinflusst zu haben in seiner Ausrichtung auf die Bedeutung von Kontinuität und Vermeidung von Trennung: Er wurde hauptsächlich von einer Nanny aufgezogen, die ihn im Alter von drei Jahren verließ.[5]. Aus diesen Gründen wird die Bindungsforschung heute mitunter als Mittel der Unterdrückung und Zurechtweisung von Frauen betrachtet. Ganz so einfach ist es aber nicht. Schwarz-Weiß-Denken ist weder durch die Augen der Bindungstheorie sinnvoll gewesen, noch ist es das jetzt: Bindung ist wichtig für Kinder, ein respektvoller Umgang ebenso, aber wir können und sollten über den Tellerrand der Theorie aus einem mutter-zentrierten Familienbild hinaussehen.

Attachment Parenting Bewegung

Die Grundlagen des Attachment Parenting und der Bindungstheorie ermöglichten einen wesentlichen Schritt hin zu einem liebevolleren und seiner Entwicklung und den kindlichen Fähigkeiten entsprechenden Blick auf das Kind. Gleichzeitig halfen sie bei der Verabschiedung von dem Gedanken, dass Kinder gezüchtigt werden müssten und nicht verzärtelt werden dürften. Der Arzt William Sears beschäftigte sich Anfang der Achtzigerjahre mit Jean Liedloffs Kontinuum-Prinzip und entwarf zusammen mit seiner Frau Martha Sears, einer Kinderkrankenschwester, nach und nach ein Erziehungskonzept, zunächst unter dem Begriff des »Creative Parenting«. Neben Liedloffs Prinzipien entstand dies auf der Basis ihrer eigenen Erfahrungen mit ihren eigenen Kindern und anderen Familien, allerdings ohne Rückschlüsse auf Forschung und andere Ansätze.[6]. Erst später nutzte er Bowlbys Erkenntnisse, um das nun als »Attachment Parenting« bezeichnete Konzept zu verbreiten. Allerdings entstand auch diese Bewegung aus dem Bestreben heraus, Frauen wieder ihrer »wahren« Aufgabe zuzuführen. Was er aber in seinem Konzept zunächst gar nicht und später nur wenig berücksichtigte, sind die Mütter und Familien unterstützenden Rahmenbedingungen und die bei Liedloff eindeutig hervorgehobene Irrelevanz des Geschlechts in Bezug auf Bindung und Umsorgen. Seine religiöse Ausrichtung als evangelikaler Christ findet sich im Konzept des »Attachment Parenting« auch deutlich wieder, beispielsweise in dem von ihm und seiner Frau 1997 veröffentlichtem Buch *The Complete Book of Christian Parenting & Child Care: A Medical & Moral Guide to Raising Happy, Healthy Children*[7], in dem der Schaden, den die Berufstätigkeit von Müttern an Kindern anrichte, hervorgehoben wird – ein Thema, das sich in den folgenden Jahren auf das Bild von Mutterschaft nachhaltig auswirkte. Auch in Sears' späterer, milderer Form des Attachment Parenting beschreibt er den Vater lediglich als »Unterstützer« der Frau und hebt in direkter Ansprache der Frauen hervor: »In Ihrem Eifer, Ihrem Baby möglichst alles zu geben, passiert es schnell, dass Sie Ihre eigenen Bedürfnisse und die Ihres Partners nicht ausreichend beachten.«[8] Die Last der Selbstfürsorge, der Erfüllung der kindlichen Bedürfnisse und derer des Partners liegt auch hier vorwiegend bei der Mutter.

Was Kinder wirklich brauchen

Ist aber diese ganze Orientierung am Kind deswegen Unsinn, weil sie im Geist eines ungerechten Frauenbilds entstanden ist? Schauen wir genauer hin: Was Kinder wirklich brauchen, lässt sich theoretisch recht einfach auf den Punkt bringen, auch wenn es dann in der praktischen Umsetzung oft gar nicht so einfach ist. Kinder brauchen verlässliche, stabile und respektvolle Beziehungen zu Menschen, die sie umsorgen, schützen und in ihrer Persönlichkeit annehmen. Ihre körperlichen Grundbedürfnisse nach Atmung, Wärme, Trinken, Essen und Schlaf wollen ebenso erfüllt sein wie die psychischen Grundbedürfnisse nach Bindung, Orientierung und Kontrolle, Lustgewinn/Unlustvermeidung und Selbstwerterhöhung/Selbstschutz. Erfahren Kinder, dass ihre Bedürfnisse (je nach Alter) prompt und verlässlich erfüllt werden, kann eine sichere Bindung zu den Bezugspersonen entstehen. Es bildet sich ein grundlegendes Vertrauen aus, eine enge emotionale Bindung, die die Basis für weitere Interaktionen, Beziehungen, ein gesundes Selbstbild sowie psychische Widerstandsfähigkeit darstellt und die sich auch auf die Aktivität des Gehirns positiv auswirkt. Die primären Bindungen entstehen mit den Personen, zu denen das Baby anfangs den intensivsten Kontakt hat.

Reagieren Bindungspersonen nicht oder nicht angemessen im Sinn dieser Bedürfnisse, kann sich eine andere Bindungsqualität entwickeln: die unsicher-vermeidende oder die unsicher-ambivalente Bindung. Wie Studien zeigten, nehmen Lebensumstände und Traditionen einen wesentlichen Einfluss auf die Interaktion zwischen Bindungsperson und Kind und bestimmen so die Bindungsqualität mit, dies bestätigt auch die Entwicklungspsychologin Lieselotte Ahnert.[9] Unsichere Bindungsbeziehungen sind jedoch nicht pathologisch, sondern eine von mehreren möglichen Formen von Bindungsmustern. Die Beziehungen, die wir zu anderen eingehen, stehen immer in Verbindung zu unserem Umfeld und den persönlichen und kulturellen Möglichkeiten. Die Gestaltung des Bindungsmusters oder der verschiedenen Bindungsmuster zu mehreren Personen wirkt sich dann auf die Art aus, wie Kinder und später Erwachsene wieder Beziehungen eingehen, wie sie lernen, wie sie die Umgebung wahrnehmen und damit umgehen. Es sind unterschiedliche Arten des Umgangs, die sich dann wiederum auf die Gesellschaft, auf politische Entscheidungen und Werte auswirken. Wir gehen heute davon aus, dass eine sichere Bindung deswegen von Vorteil für die zukünftige Entwicklung von Kindern und für die Gesellschaft ist, weil Kinder mit sicheren Bindungserfahrungen über mehr Empathie, Flexibilität und Kreativität verfügen und aufgrund der guten Beziehungen auch ausdauernder und leichter lernen können. Also jene Eigenschaften entwickeln, die Kinder in einer digitalisierten und globalisierten Gesellschaft benötigen.[10]

Feinfühligkeit als Bestandteil der sicheren Bindung

Was wir immer wieder sehen und in Studien bestätigt bekommen, ist dies: Eine sichere Bindung entsteht da, wo feinfühlig auf die Bedürfnisse der Kinder eingegangen wird. Diese Feinfühligkeit ist ein wesentlicher Bestandteil von Interaktion, auch wenn sie nicht allein die Bindungsqualität bestimmt. Und auch bei der Regulation von Zuständen des Leids ist Feinfühligkeit wichtig: Wenn das Baby weint, braucht es Trost. In den ersten Jahren können Kinder ihre Gefühle noch nicht ausreichend selbst regulieren und sind deswegen auf eine Koregulation durch Erwachsene angewiesen. Auch später im Kleinkindalter braucht das Kind bei Wutanfällen eine Begleitung. Bedürfnisse von Kindern wollen wahrgenommen und angemessen beantwortet werden, bis sie dann ab der Vorschulzeit und im weiteren Verlauf der Kindheit mehr und mehr selbst reguliert werden können.

Wenn wir heute von »Mutterliebe« sprechen, scheinen wir insbesondere dieses feinfühlige Eingehen auf Bedürfnisse von Kindern zu meinen: Wir meinen, dass die Bedürfnisse des Kindes wahrgenommen, angemessen interpretiert und dann angemessen und prompt (je nach Alter) beantwortet werden müssen und haben als ausführende Person dieser Feinfühligkeit meist die Mutter im Sinn. Weint ein Baby, können wir feinfühlig reagieren. Wir können es ansprechen, um es zu beruhigen, und hochnehmen. Hat es sich bereits beruhigt, brauchte es vielleicht Nähe, weint es weiter, hat es aber vielleicht ein anderes Bedürfnis: Hunger? Durst? Muss es ausscheiden oder hat es eine volle Windel? Findet es nicht in den Schlaf und ist es überreizt? Haben wir die Ursache gefunden, können wir sie beheben. Manchmal – gerade anfangs – ist die Ursachenfindung aber auch nicht so einfach. Dann sind Eltern auch dann feinfühlig, wenn sie das Weinen des Kindes begleiten: Es halten, es trösten und erklären, dass sie gerade die Ursache nicht finden, aber da sind. Mit der Zeit ändert sich aber das Bedürfnis des Kindes, und es ist nicht nur wichtig, da zu sein, sondern dem Kind auch Entwicklungsraum zu geben: Ist das Kleinkind unzufrieden, weil es es nicht schafft, zwei Steine aufeinanderzusetzen, und schimpft, müssen wir als Eltern nicht sofort eingreifen und dem Kind »helfen«. Wir können einen Moment abwarten, ob das Kind es allein schafft oder sich selbst abwendet und eine andere Beschäftigung sucht. Wird es weiter wütend oder weint, können wir uns ihm zuwenden und die Situation mit Worten spiegeln: »Du möchtest so gern die Steine aufeinandersetzen, aber es klappt einfach nicht.« Auch das ist feinfühlig. Feinfühligkeit meint nicht, Wünsche für das Kind umzusetzen, sondern es bei seinen eigenen Möglichkeiten zu begleiten.

Liebe und Bindung meinen vor allem, sich emotional auf das Kind einzulassen. Wie bereits beschrieben, ist diese Feinfühligkeit jedoch keine ureigene weibliche Eigenschaft. Je näher wir dem Baby körperlich sind und auch je mehr Menschen zur Verfügung stehen, um Bedürfnisse (und andere Alltagsaufgaben) zu erfüllen, desto leichter fällt es, feinfühlig zu sein. Stress hingegen lässt uns weniger feinfühlig sein und führt eher dazu, dass kindliche Signale übersehen oder falsch interpretiert werden.

Feinfühligkeit ist kein angeborenes Verhaltensmuster, sondern wird durch Erfahrung gelernt und weitergegeben: Wir müssen selbst umsorgt worden sein, um andere umsorgen zu können. Das passende Verhalten auf kindliche Äußerungen lernen wir im Lauf des Lebens: wie wir trösten, dass und wie wir mit Kindern kuscheln, wie sie gehalten werden und was wir machen, wenn sie wütend sind. Haben wir selbst eher ungünstige Vorbilder gehabt, beispielsweise wenn die eigenen Eltern auf jedes Weinen abweisend reagiert oder geschrien haben, sobald man den eigenen Willen zeigte, ist dieses Verhalten in uns verankert, und es fällt uns schwer, wirklich feinfühlig zu sein.

Studien haben zudem gezeigt: Wenn Menschen eigene Kinder haben, wenden sie sich auch fremden Kindern mehr zu – unabhängig vom Geschlecht der erwachsenen Person. Sind Eltern unterwegs auf der Straße und ein fremdes Kind fällt neben ihnen hin und verletzt sich, reagieren sie eher hilfsbereit als kinderlose Erwachsene. Mit eigenen Kindern sind wir also in einer feinfühligeren Stimmung.

Was ist eigentlich Mutterliebe?

Kinder brauchen Menschen, die sie beschützen, umsorgen, lieben und annehmen, wie sie sind. Dies bildet die Grundlage für eine gute weitere Entwicklung. Damit allein ist zwar noch kein perfektes Leben vorgezeichnet, aber es hilft in vielen Bereichen, ein sicheres Fundament zu haben, und unterstützt uns darin, mit schwierigen Situationen umgehen zu können. Als Resilienz oder psychische Widerstandsfähigkeit bezeichnen wir die Fähigkeit, Krisen zu bewältigen: Ein wesentlicher Aspekt, der diese Fähigkeit unterstützt, ist die Unterstützung durch die Gemeinschaft. Daher wird unter anderem davon ausgegangen, dass eine sichere Bindung das Kind nicht nur in der Kindheit in der Entwicklung und im Lernen unterstützt, sondern auch »für das Leben stärkt«. Die Zuwendung, das feinfühlige Reagieren auf die kindlichen Bedürfnisse, auch verbunden mit Hormonausschüttungen, die in unserem Gehirn ein Gefühl der Verbundenheit auslösen, erkennen wir als Liebe. Liebe ist ein Gefühl der Zusammengehörigkeit, das ein Umsorgen auslöst. In der Liebe sind wir miteinander verbunden.

Wir Menschen sind in der Lage, zu lieben, und auch im Tierreich gibt es Hinweise auf eine besondere Art der Verbindung und des Umsorgens von anderen, beispielsweise in den Interaktionen von Primaten. Auch aus der Trauer über den Tod eines nahestehenden Artgenossen im Tierreich leiten wir Gefühle wie Liebe und andere instinkthafte Verhaltensweisen ab, die sich auf Schutz und Fürsorge richten.

Dass jedoch Mütter naturgemäß eine spezielle Form der Liebe besitzen, ist bei uns Menschen nicht nachzuweisen. Das Umsorgen von Kindern ist abhängig von den gesellschaftlichen Umständen. Und die Ausbildung einer speziellen »Mutterliebe« liegt an der Art unseres Zusammenlebens und der entwickelten Familienkultur. Als Mütter *können* wir unsere Kinder lieben.

Weil sie unsere Kinder sind, *müssen* wir sie aber nicht per se lieben, und Liebe wird nicht per se mit Schwangerschaft oder Geburt hergestellt. Liebe ist, neben einem biochemischen Prozess, der durch die Ausschüttung von chemischen Stoffen im Gehirn wie Testosteron, Östrogen, Dopamin, Noradrenalin, Serotonin, Oxytocin und Vasopressin gesteuert wird, auch eine soziale Funktion – und das ganz besonders in Bezug auf die Begleitung von Kindern ins Leben. Wir sehen das bereits am Ursprung der Bezeichnung »Liebe«: Der Soziologe Niklas Luhmann führt »Liebe« in der älteren griechischen Literatur auf das Adjektiv »philos« zurück. Dieses bezeichnet die »Haus- und Verwandtschaftsverhältnisse einer nach Häusern, Geschlechtern und Stämmen differenzierten Gesellschaft und heißt so viel wie nahestehend, zugehörig (angewandt auch auf Dinge, Tiere, den eigenen Körper), es bringt also die Gesellschaftsstruktur unmittelbar zum Ausdruck«.[11] Erst später wird »philos« zu »philia«, und damit kommt auch das Gefühl ins Spiel. Eine ähnliche Entwicklung sehen wir auch beim Umsorgen der Kinder: von der Gemeinschaft hin zu einer starken emotionalen Verbundenheit, die einem sozialen Kontext entspringt.

Dass wir Mütter oft – nicht immer – eine besondere Verbindung zu unseren Kindern haben, entspringt dem Umstand, dass wir, gesellschaftlich bedingt durch die Lebensumstände von Frauen und auch die Erwartungen an Mutterschaft, sehr viel Zeit mit ihnen verbringen, viele Erlebnisse mit ihnen haben und durch diese Nähe die Möglichkeit haben, ein besonders starkes Band aufzubauen. Dieses Band ist kulturell ausgeformt. Aber es ist nicht per Natur in uns angelegt.

Aber die Hormone!

Aber selbst wenn die geschichtlichen Rahmenbedingungen vor uns ausgebreitet sind, ist es manchmal dennoch schwer, wirklich zu glauben, dass Mutterliebe nur ein gesellschaftliches Konstrukt sein soll. Und das, was am liebsten zur Argumentation *für* dieses Konstrukt herangezogen wird, sind die Hormone.

Als mein erstes Kind geboren wurde, hielt ich es in den Armen, roch an diesem kleinen Menschen und war glücklich. Es war ein Gefühl, an das ich mich auch heute, nach zehn Jahren, noch immer gut erinnern kann. Ich war wach, aufmerksam und voller Liebe für dieses kleine Wesen, das ich soeben aus meinem Uterus heraus in meine Arme befördert hatte. Leider hatte ich ziemlich starke Geburtsverletzungen, die versorgt werden mussten. Während ich also dort lag und genäht wurde, lag mein frisch geborenes Kind nackt auf der nackten Brust meines Mannes, der sanft über den dunkel behaarten Kopf strich und dem Kind zuflüsterte: »Ich hab dich zuerst gesehen und du siehst aus wie ich.« Auch dieses Bild werde ich niemals vergessen, denn es war ein Anblick solcher Nähe und Liebe – obwohl er doch *nur* ein Mann war und das Kind nicht einmal geboren hatte.

Was bei Rousseau und Pestalozzi nur angenommen wurde –
die weibliche Eignung für die Ausübung der Mutterrolle –, wurde
durch die Biologie später scheinbar bestätigt: Es gibt Hormone, die
in Bezug auf die Bindung und Interaktion mit dem Baby und Kind
eine wichtige Rolle spielen. Insbesondere dem »Bindungshormon«
Oxytocin kommt dabei eine wichtige Rolle zu, aber auch dem »Still-
hormon« Prolaktin.

Wie wir noch sehen werden, haben die Hormone rund um die
Geburt einen Einfluss auf das Erleben und das Eingehen einer Bindung. Als »Bonding« wird der Vorgang bezeichnet, in dem die Mutter eine erste Verbindung mit dem Baby herstellt: durch hormonelle
Einflüsse, die auch an der Milchbildung beteiligt sind. Sie führen
dazu, dass Müdigkeit und Stress weniger wahrgenommen werden.
Allerdings ist dies nur *ein* möglicher Schritt in Richtung Bindung
und Beziehung in einem komplexen Beziehungsgefüge, das sich
über die nächsten Jahre ausbaut. Insbesondere bei spontanen Geburten stehen die Gebärenden unter starken hormonellen Einflüssen, die dieses Bonding ermöglichen. Und auch nach der Geburt
wirkt sich ein intensiver Kontakt mit dem Kind hormonell aus und
führt dazu, dass die Mutter eine tragfähige Verbindung zu ihrem
Baby aufbauen kann. Fehlen Körperkontakt und Zuwendung, ist
der Aufbau einer Bindung erschwert. Deswegen: Ja, Gebärende haben einen speziellen Hormoneinfluss in Bezug auf die Bindung und
Beziehung, und die Hormone spielen eine wichtige Rolle in Bezug
auf das Eingehen einer Beziehung, weshalb es wichtig ist, für diesen
hormonell einfachen Weg des Bindungsaufbaus optimale Rahmenbedingungen rund um die Geburt zu schaffen. Aber wir können im
Umkehrschluss nicht behaupten, dass die Hormone Mütter zwangsweise zu besseren Versorgerinnen machen oder dass die weiblichen
Hormone uns Frauen dazu bestimmen, die Kinderversorgung vorwiegend zu übernehmen.

Hormone und ihre Wirkung

Oxytocin wird häufig als Bindungs- oder Liebeshormon bezeichnet. Es bewirkt Entspannung, ein Gefühl der sozialen Verbundenheit, es mildert Ängste, senkt den Blutdruck und den Kortisolspiegel, verbessert die Wundheilung und regt das Nervenwachstum an.[12] Unter der Geburt verursacht Oxytocin die Kontraktionen der Gebärmutter. Während das Kind sich durch den Geburtskanal bewegt, steigt der Oxytocinwert im Blut der Gebärenden an, und sie kann mittels des hohen Oxytocinwerts nach der Geburt ein Gefühl der Verbundenheit herstellen, während das Oxytocin gleichzeitig auch die Schmerzen der vergangenen Geburt überdeckt und die Gebärmutter zur Kontraktion anregt, um die Plazenta zu gebären. In unserem Lebensalltag ist dieses Hormon daran beteiligt, das Verhalten anderer Menschen interpretieren zu können, und wird daher mittlerweile auch therapeutisch eingesetzt, beispielsweise bei Menschen im Autismus-Spektrum.[13]

Das sogenannte »Milchbildungshormon« Prolaktin kommt auch bei Vögeln und Fischen im Körper vor – also bei Arten, die keine Milch für ihre Nachkommen produzieren (obwohl einige Vogelarten eine sogenannte Kropfmilch erzeugen). Es spielt nicht nur in Bezug auf die Milchbildung eine Rolle, sondern auch beim Haarwachstum, in der Pubertät, beim Fettstoffwechsel und in der Stressbewältigung. Erhöhte Werte des Prolaktins zeigen sich da, wo Mütter oder Alloeltern Nachkommen beschützen oder mit Nahrung versorgen – und nach dem Orgasmus. Es ist ein Hormon, das besonders mit Brutpflegeverhalten assoziiert ist.

Lange Zeit wurden diese Hormone allerdings nur im Zusammenhang mit Frauen betrachtet, für die sie tatsächlich auch eine große Bedeutung haben im Hinblick auf Schwangerschaft, Geburt, Stillen und Sex. Darüber hinaus sind es aber Hormone, die – wie andere Hormone – nicht exklusiv im weiblichen Körper vorkommen. Dass auch Männer die Auswirkungen der Schwangerschaft der Partnerin an sich spüren, gelangt mittlerweile auf humorvolle Art ins Bewusstsein der Gesellschaft, beispielsweise wenn der Kabarettist und Arzt Eckart von Hirschhausen berichtet: »Dass Männer zunehmen, während die Frauen einen dicken Bauch kriegen, hat übrigens damit zu tun, dass sie mehr Mitgefühl und weniger Egoismus in dieser Zeit empfinden, und das hat tatsächlich auch mit den Hormonen zu tun.«[14] Der Satz hat in der Tat einen wahren Kern: Auch bei Männern gibt es während der Schwangerschaft Hormonveränderungen, die als »Couvade« bezeichnet werden: »Tabus und Einschränkungen werdender Väter mit dem Zweck, das Leben ihrer Kinder zu schützen«.[15] Es wird diskutiert, ob auch Väter sich körperliche Reserven zulegen, um in der oft anstrengenden Zeit nach der Geburt darauf zurückgreifen zu können. Dieses Couvade-Verhalten zeigt sich insbesondere bei einigen Naturvölkern, erfährt aber im Rahmen der Veränderung der Vaterrolle auch in Industrieländern eine neue Verbreitung. Eine Studie[16] zeigte, dass Väter während der Schwangerschaft an Gewicht zunahmen, Hungerattacken hatten und unter Stimmungsschwankungen litten. Vor der Geburt wurde in ihrem Blut auch eine erhöhte Konzentration des Hormons Prolaktin gefunden, welches nicht nur für die Milchbildung zuständig ist, sondern auch das Pflegeverhalten unterstützt und nach dem Gynäkologen Michel Odent zu »Geisteszuständen von Untergebenheit und Unterwerfung«[17] führt. Männer werden demnach durch die Schwangerschaft der Partnerin auch hormonell beeinflusst und auf das Umsorgungsverhalten vorbereitet. Wichtig ist allerdings, dass die Väter sich auch einbringen *dürfen,* die Mütter also eine positive Einstellung gegenüber der Kompetenz des Vaters haben. Deswegen ist es umso wichtiger, vom Glauben an die ausschließliche Mutterliebe abzurücken und zu verstehen, dass das Umsorgen des Kindes nicht an ein bestimmtes Geschlecht gebunden ist. Auf diese Weise können Mütter nicht nur entlastet werden, sondern durch das gedankliche Abrücken von der Exklusivität der Mutterliebe Vertrauen in die Kompetenzen des Partners fassen.

Auch das angeborene Verhaltensrepertoire von Eltern unterscheidet nicht zwischen den Geschlechtern: Männer und Frauen verändern ihre Stimme und Sprachmelodie gegenüber Babys, nehmen intuitiv den Abstand zum Baby ein, in dem es scharf sehen kann, imitieren die Mimik des Babys und haben den Impuls, ein weinendes Kind auf den Arm zu nehmen. Diese angeborenen Verhaltensweisen können, wie wir noch sehen werden, durch negative Lernerfahrungen und Stress unterbunden werden, aber sie sind anscheinend zunächst – unabhängig vom Geschlecht – in uns angelegt.

Der wesentliche hormonelle Unterschied zwischen den Geschlechtern in Bezug auf die Versorgung des Babys und Kleinkindes betrifft also die Geburt mit dem anschließenden Bonding und die Hormonwirkung in Bezug auf die Laktation. Durch die Geburt werden, wie schon gesagt, Hormone bei der Gebärenden ausgeschüttet, die die Bindung an das Kind unterstützen und es leichter machen, von Anfang an eine Beziehung des Umsorgens einzugehen. Aber Bindung ist ein Langzeitprojekt, und auch nach einer Geburt, die keine Kuschelzeit ermöglicht oder bei der wegen eines Kaiserschnitts eine andere Hormonausschüttung erfolgt, ist eine tiefe Verbundenheit möglich. Deshalb können die Geburtshormone zwar als eine hinreichende Bedingung für das Eingehen einer Bindung gelten, müssen aber nicht als notwendig angesehen werden. Anders gesagt: Der Umkehrschluss »Ohne Geburtshormone keine Bindung« ist nicht richtig. Beispielsweise wäre die Entstehung sicherer Bindungen und liebevollen Umsorgens von Kindern in Pflege- und Adoptionsfamilien nicht erklärbar, wenn die hormonellen Einflüsse der Geburt für das bedürfnisorientierte Umsorgen notwendig wären.

Problematisch ist, dass die Forschung auch hier noch konservativ ist und Untersuchungen überwiegend an heteronormativen Familienmodellen stattfinden, weshalb immer wieder von den Hormonen der »Mütter« (womit die gebärenden Frauen gemeint sind) und der »Väter« (womit die biologischen und sozialen Väter des Kindes gemeint sind) zu lesen ist, und es noch zu wenige Arbeiten gibt, die sich auf andere Familienmodelle und gleichgeschlechtliche oder queere Familienformen beziehen. Sarah Blaffer-Hrdy fasst zusammen: »Je höher der Prolaktinspiegel liegt, desto aufmerksamer sind sowohl Weibchen als auch Männchen, Eltern wie Alloeltern, gegenüber den Bedürfnissen des Nachwuchses.«[18] Das können wir als gute Basis dafür nehmen, dass Hormone natürlich in Bezug auf das Umsorgen von Kindern eine Wirkung haben, dass sie aber nicht auf die Mutter beschränkt sind. Auch das »Hormonargument« spricht also nicht für reine Mutterliebe, sondern generell für das so wichtige Umsorgen von Kindern. Wir sind nicht hormonell dafür vorgesehen, Kinder zu umsorgen, nur weil wir Frauen sind. Wir sind als Menschen, egal ob weiblich, männlich oder divers, hormonell darauf eingestellt, Kinder zu umsorgen und auf ihre Bedürfnisse zu reagieren. Ist das nicht eine wunderbar verbindende und entlastende Feststellung?

Wenn die Mutterliebe fehlt

Es gibt Menschen, die Kinder lieben und gern umsorgen (weil sie entsprechend sozialisiert wurden und hormonell darin unterstützt werden), und es gibt Menschen, die dies nicht tun. Auch wenn es ein Tabu ist, dass Mütter ihre Kinder nicht lieben könnten, gibt es die fehlende Mutterliebe. Mütter, die ihre Kinder nicht zwangs-läufig lieben, sind nicht so ungewöhnlich, wie wir denken. So sehr uns das auch trifft und im Inneren vielleicht schmerzt oder sogar Fragen nach dem eigenen Geliebtwerden auslöst, so können wir uns auch hier wieder fragen: Warum sind die nicht liebenden Väter nicht auch ein Thema, außer in der Popkultur? Während die Mutter der Kultfigur Commander Spock menschlich und gefühlvoll ist, ist der Vater der 1965 entstandenen Star-Trek-Figur, die fünfzig Jahre lang Generationen prägte, der kühle Vulkanier ohne Gefühle. Aber fehlende Liebe kann es bei uns realen Menschen auf beiden Eltern-seiten geben.

»Es gibt so einen Satz, den Pädagogen gerne benutzen: Alle El-tern lieben ihre Kinder und wollen nur das Beste für sie. Diesen Satz glaube ich nicht. Das ist so nicht«, erklärt die Diplom-Pädagogin Anja Schauer, die beim Berliner Jugendamt arbeitet, in einem Inter-view mit dem *Tagesspiegel* über die Arbeit des Krisendienstes Mar-zahn-Hellersdorf und Kinder in Not im Jahr 2018.[19] Die Gefähr-dungsmeldungen haben sich seit 2012 verdoppelt, die Anzahl der gemeldeten akuten und latenten Kindeswohlgefährdungen sind ge-stiegen.[20] Nicht nur in Berlin gibt es einen großen Bedarf an Hilfen für gefährdete Kinder, sondern bundesweit. Denn nicht alle Eltern lieben ihre Kinder. Für die Entwicklung eines fürsorglichen Verhal-tens ist es, wie oben bereits erwähnt, wichtig, selbst Feinfühligkeit erfahren zu haben. Ohne das Vorbild der Fürsorge wissen wir nicht, wie Fürsorge gegenüber Kindern geht: was sie brauchen, wie wir sie berühren und anziehen, wie sie gestillt oder gefüttert werden sollen, wie wir mit ihnen umgehen. Doch es ist mehr als »nur« gelerntes Verhalten, das uns fehlen kann, wenn wir selbst keine Fürsorge er-halten haben. Anhand einer Studie der Universität von Wisconsin[21] konnte gezeigt werden, dass fehlendes fürsorgliches Verhalten zu Be-ginn des Lebens sich auf den späteren Hormonhaushalt auswirken kann: Kinder aus russischen oder rumänischen Waisenheimen, die enorme Vernachlässigung erfahren haben, haben später bei Körperkontakt eine andere Hormonausschüttung als Kinder, die dies nicht erfahren haben. Es scheint Kinder zu geben, bei denen auch durch eine spätere bessere Umsorgung die fehlende frühe feinfühlige Sorge nicht ausgeglichen werden kann und die dadurch Defizite davontragen können. Ein früher Mangel an Liebe und Zuwendung kann im Gehirn Spuren hinterlassen, die nicht mehr rückgängig gemacht werden können. Bislang sind nicht alle Ursachen erforscht, die bei Erwachsenen zu einem Mangel an Liebesfähigkeit gegenüber Kindern führen, aber es kann festgehalten werden, dass es Menschen gibt, denen die Liebe gegenüber Kindern vollständig fehlt (ob aus eigener sozialer Deprivation und anschließender psychischer Erkrankung, aus einem hormonellen Mangel oder einer Verbindung oder Bedingung von beidem). So kommt es, dass wir immer wieder davon lesen, wie Kinder misshandelt, missbraucht, zu Tode gehungert oder vernachlässigt werden – und auch hier muss festgehalten werden: von Männern *und Frauen*. 10 bis 20 Prozent des sexuellen Missbrauchs finden durch Frauen beziehungsweise weibliche Jugendliche statt, wobei dies noch wenig erforscht ist, da »solche Taten Frauen kaum zugetraut werden«[22] – weil in unserer Vorstellung Frauen Kinder eben lieben.

Aber auch jenseits dieser furchtbaren Fälle von Kindern, die zu Opfern von Gewalt werden, gibt es sie: die fehlende Liebe. Oder besser formuliert: die Liebe, die sich nicht entwickelt. Verbundenheit mit dem Baby oder Kind kann schon während der Schwangerschaft entstehen, wenn eine Verbindung hergestellt wird, indem die Schwangere und ihr*e Partner*in ins Gespräch mit dem im Körper wachsenden kleinen Menschen kommen. Die Wahrnehmung der Kindsbewegungen kann hier ein wichtiger Faktor sein, manchen Eltern fällt die Herstellung der Verbindung auch durch bildgebende

Verfahren leichter. Hier wird bestenfalls zwischen den Erwachsenen und dem Ungeborenen ein erstes Band geknüpft, das im Laufe der Zeit unter günstigen Bedingungen zu einem starken Seil wird. Günstige Bedingungen heißt: Die Rahmenbedingungen für Bindung müssen stimmen – und zwar auf beiden Seiten. Bindung wird von der erwachsenen Person zum Kind eingegangen und auf der anderen Seite vom Kind zum Erwachsenen.

Bindung ist eine Langzeitaufgabe

Bindung bei uns Menschen braucht Zeit, es ist eine Langzeitaufgabe, und wie es scheint, ist das auch ganz sinnvoll: Denn als Erwachsene gehen wir erst nach und nach eine enge Bindung zu dem Kind ein, was uns auch ein wenig schützt vor dem Schmerz, falls doch etwas passiert und wir das Kind verlieren. Das bedeutet nicht, dass der Verlust eines Kindes nicht auch schon am Anfang – in der Frühschwangerschaft, in den späteren Schwangerschaftsmonaten oder bei oder nach der Geburt – schmerzhaft ist und eine Wunde in uns hinterlässt, die je nach Situation, Person und Lebensumständen schwer zu heilen ist. Aber es scheint, dass diese langsame Bindungsentwicklung auch etwas damit zu tun hat. Natürlich gibt es auch Eltern, die von Anfang an in diesen kleinen Menschen verliebt sind, aber echte Bindung entwickelt sich erst nach den Schmetterlingen des Anfangs.

Und ebenso ist es auf der anderen Seite des Bindungsstrangs: Auch das Kind ist noch flexibel darin, zu wem es eine Bindung eingeht, und legt sich primär auf die Person fest, von der es am besten umsorgt wird. Bindung ist – aufseiten des Kindes – ein »Sicherheitssystem, während sie aufseiten der Bindungspersonen eher ein Pflege- und Schutzsystem ist«, erklärt der Facharzt für Kinder- und Jugendpsychiatrie und Bindungsforscher Karl Heinz Brisch.[23]

Bis die Bindung zwischen Eltern und Kind vollständig aufgebaut ist, dauert es etwa drei Jahre, wobei im ersten Jahr die Grundlagen ausgebildet werden. Rund um den ersten Geburtstag zeigt das Kind schon Verhaltensweisen, die auf eine stabile Bindung hinweisen: Es versucht, Nähe herzustellen, und reagiert emotional auf Trennung, die Bindungsperson ist der sichere Hafen zum Erkunden der Welt und wird bei Belastung hinzugezogen.[24] Diese Bindung bildet in den nächsten Jahren die Basis für die weitere Entwicklung. Doch auch nach dem ersten Jahr, wenn das Kind damit beginnt, die Welt zu erkunden und eigene Ziele zu verfolgen, sind Eltern und Kind noch im Bindungsprozess. Deswegen ist auch eine gute Begleitung durch die »Trotz-« oder »Autonomiephase« für die Beziehung wichtig. Prinzipiell ist die Bindungsqualität nicht in Stein gemeißelt, sondern entwickelt sich in Abhängigkeit von den Erfahrungen, die die daran beteiligten Personen machen. Das klingt nach einer großen Aufgabe und entlastet gleichzeitig, denn auch ein schwieriger Start kann später positiv wieder aufgefangen werden. Und: Bindungen werden zu vielen Personen individuell in unterschiedlicher Art und Qualität eingegangen.

Es kann auch Situationen geben, die dazu führen, dass dieses Band, das schon langsam gesponnen wurde und noch seidenfadendünn ist, doch wieder reißt. Oder dass vonseiten der Mutter niemals ein solches Band gesponnen wird.

Kindstötungen durch ungünstige gesellschaftliche Rahmenbedingungen

In allen Kulturen und Epochen gab und gibt es Kindstötungen, sie sind aber glücklicherweise hierzulande mittlerweile selten: Jährlich werden in Deutschland etwa 100 Kinder von ihren Eltern getötet, darunter schätzungsweise 30 Neugeborene. Die Anzahl der Neugeborenentötungen hat unter anderem durch die Verbreitung von Verhütungsmitteln und eine liberalere Abtreibungspraxis abgenommen.[25] Im Gegensatz zum Quälen und zur oben aufgeführten pathologischen Gewalt gegenüber Kindern bis hin zur gewaltvollen Tötung muss die Situation nach der Geburt noch einmal anders betrachtet werden: Neugeborenentötung kommt insbesondere dann vor, wenn keine andere Möglichkeit zur Geburtenkontrolle besteht, kulturelle Einflüsse für oder gegen ein Geschlecht vorliegen, kein soziales Netz die Situation auffangen kann oder keine anderen Personen zur Übernahme des Kindes zur Verfügung stehen. Die Gebärende befindet sich in einer sozial oder emotional schwierigen Situation, sie hat Angst, dass die Schwangerschaft entdeckt wird, und fürchtet schwere Konsequenzen. Insbesondere Teenager können zu dieser Risikogruppe gehören. In diesen Fällen wird Bindung nicht aufgebaut oder bewusst vermieden, die vermeintliche »Mutterliebe« entsteht nicht. Oder sie zeigt sich in einer pathologischen Form, wenn die Mütter ihre Neugeborenen töten, die Leichen aber in der Nähe aufbewahren, im Garten oder versteckt im Haus, um die geborenen Kinder dennoch in der Nähe zu haben.

Wir sehen, wie entscheidend in diesen Fällen die sozialen Rahmenbedingungen sind, die zu einer Überforderungssituation führen, durch die die Existenz des Kindes abgelehnt wird. Diese sozialen Faktoren haben sich auch bis 1998 in gewisser Weise in der Gesetzgebung wiedergefunden: Nach §217 StGB wurde die Tötung eines unehelich geborenen Kindes unter der Geburt oder in den ersten 24 Stunden nach der Geburt als minderschweres Delikt geahndet, im Gegensatz zur Tötung eines ehelichen oder älteren Kindes, da der Familienstand *ledig* als starke Belastung angesehen wurde. Mit der Gleichstellung ehelicher und nicht ehelicher Kinder wurde der Paragraf gestrichen.

Um Kindstötungen gänzlich zu umgehen, wurden neben der Prävention von Schwangerschaften auch Babyklappen und anonyme Abgaben sowie anonyme und vertrauliche Geburten eingeführt. Wichtig ist, dass Frauen Zugang zu den nötigen Informationen haben. So ist es möglich, den Kindern, die nicht bei der Gebärenden bleiben können, eine Überlebensmöglichkeit und weitere Versorgung zu ermöglichen.

Erschwerte Rahmenbedingungen zum Ausbau der Beziehung

Und dann gibt es auch jene Mütter, die gern eine Verbindung zu ihrem Kind herstellen wollen, die sich vielleicht sehr auf dieses Kind gefreut haben – und die dennoch nicht das fühlen, was sie sich erhofft hatten. Die Gründe dafür können vielfältig sein, und es ist wichtig, vor diesen Möglichkeiten nicht die Augen zu verschließen, denn es gibt sie: die schwierigen Rahmenbedingungen zum Herstellen einer Beziehung.

Gerade dann, wenn das Baby zu früh auf die Welt gekommen ist, ist es manchmal schwer, eine Verbindung herzustellen: Der kleine Körper, der vielleicht so ganz anders aussieht, als man erwartet hatte, der keine speckigen Babyärmchen aufweist, der so zart und verletzlich in einem Brutkasten liegt, die meiste Zeit nicht zugänglich für wirkliche Kuschelmomente. Kein Kindchenschema, das die frischgebackenen Eltern anspricht. Ein Baby, das zu früh auf die Welt kommt oder eine unerwartete Behinderung hat, stellt besondere Herausforderungen an den Beziehungsaufbau. Hier haben wir gegebenenfalls auch nicht die unterstützenden Hormone, die durch Berührung ausgeschüttet werden, oder es stehen Angst- und Stresshormone im Vordergrund, die einen Bindungsaufbau erschweren.

Gerade dann, wenn der Start aus solchen Gründen schwer ist, sind gute Rahmenbedingungen wichtig, damit Eltern zu ihrem Kind eine tragfähige Verbindung aufbauen können. Können Eltern und Kind Körperkontakt aufnehmen, auch wenn das Kind über Geräte beatmet wird oder anders versorgt werden muss? Kann das Personal die Eltern dazu anleiten, einige Pflegeroutinen am Kind selbst zu übernehmen? Gibt es fachkundige Unterstützung bei der Gewinnung von Muttermilch, um auch den Hormonhaushalt der Mutter nach der Geburt gut aufzufangen, beziehungsweise Personal, das die Mutter hierzu gut und umfassend berät? Haben Eltern die Möglichkeit, in der Nähe des Kindes untergebracht zu werden, sodass sie Zeit mit dem Kind verbringen und selbst etwas Erholung erlangen können? All diese Unterstützungsangebote entscheiden darüber mit, ob sich eine enge Bindung aufbauen kann. Auch wenn Sarah Blaffer-Hrdy argumentiert, dass Mütter evolutionär in die eventuell nicht überlebenden Kinder keine große Energie investieren wollen und daher noch keine starke Bindung aufnehmen[26], hängt der Aufbau der Bindung hierzulande nicht zwangsweise am Willen der Eltern, sondern sehr stark an den Rahmenbedingungen, die im Fall von Frühgeburtlichkeit oder Behinderung des Babys zur Unterstützung vorhanden sind – oder eben nicht.

Die fehlende Unterstützung ist es auch, die in Bezug auf die Entwicklung peripartaler Depressionen oft thematisiert wird: Durch die Hormonumstellungen nach der Geburt kommt es häufig am dritten Tag nach der Geburt zum sogenannten Babyblues, dem Stimmungstief nach der Geburt, das früher auch als »Heultage« bezeichnet wurde. Über diese empfindsamen Tage hinaus können Frauen jedoch auch an einer peripartalen Depression erkranken. Die Ursache hierfür ist wie bei vielen psychischen Erkrankungen ein Zusammenspiel aus physischen, psychischen und sozialen Faktoren. Diese behandlungsbedürftige Erkrankung kann das Eingehen einer

Bindung erschweren und weitere Probleme in der Beziehungs-gestaltung, Pflege und Fürsorge des Babys mit sich bringen. Eine depressive Symptomatik zeigen 18,4 Prozent aller Schwangeren und 19,2 Prozent aller jungen Mütter in den ersten drei Monaten postpartal. 0,1 bis 0,2 Prozent der Mütter erkranken sogar an einer peripartalen Psychose.[27] Die Auswirkungen und der Verlauf einer solchen Erkrankung sind sehr unterschiedlich. Nicht in allen Fäl-len ist die Bindung zum Kind direkt gefährdet, aber es besteht die Möglichkeit, dass nicht nur die Feinfühligkeit und die Fähigkeit, sich um die Bedürfnisse des Kindes kümmern zu können, betroffen sind, sondern auch direkt das Empfinden gegenüber dem Kind.

Das Herstellen einer Verbindung kann aber nicht nur durch schwierige finanzielle oder soziale Rahmenbedingungen oder eine psychische Erkrankung erschwert sein. Es kann auch ganz indivi-duell an der Passung der Menschen liegen, die hier aufeinandertref-fen: Kinder bringen ihr eigenes Temperament mit in das Leben und auch eine bestimmte Reaktionsweise auf Irritationen: Einige Kinder sind empfindsamer, reagieren stärker auf Reize und haben größere Schwierigkeiten, diese zu verarbeiten, als andere Babys. Diese Kinder sind deswegen stärker auf Regulation durch erwachsene Menschen angewiesen als Kinder, die scheinbar neben einem Presslufthammer unbeeindruckt weiterschlafen können. Empfindsame Babys erfor-dern ein höheres elterliches Engagement. Trifft ein solches Kind nun aber auf bereits überlastete Eltern oder solche, die vielleicht Schwie-rigkeiten haben, die kindlichen Signale angemessen und prompt zu beantworten, können negative Kreisläufe der Interaktion entstehen, und auch die Beziehung zwischen Eltern und Kind kann es schwe-rer haben. Kommt ein viel weinendes Baby beispielsweise in eine Familie, in der ein oder beide Elternteile als Kinder negative Erfah-rungen gemacht haben, kann dieses viel weinende Baby nicht nur eine konkrete Belastung im Alltag sein, sondern auch eigene Wunden aufbrechen lassen. Auch wenn beispielsweise die Mutter eine traumatische Geburt erlebt hat, vielleicht aktuell auch noch unter Schmerzen und körperlichen Beeinträchtigungen durch die Geburt leidet (Kaiserschnitt, Dammverletzungen etc.) und der andere Elternteil sich nicht ausreichend einbringt, fällt es ihr gegebenenfalls schwer, prompt auf das Kind zu reagieren, wodurch dieses seine Bedürfnisse stärker anzeigen muss, sodass die Mutter noch mehr unter Stress steht in der ohnehin schon schwierigen Situation, in der sie für die Verarbeitung des Traumas eigentlich Ruhe bräuchte.

Eine Beziehung zu einem Baby aufzubauen, das besonders viel weint, ist für Eltern nicht leicht, und der Aufbau einer stabilen Verbindung kann durch das viele Weinen und die Überlastung der Eltern (insbesondere bei fehlender Unterstützung) dazu führen, dass das Kind vorwiegend als Belastung wahrgenommen wird. Gerade bei viel weinenden Babys kann es daher schwer sein, eine gute und sichere Bindung aufzubauen. Es ist möglich, dies später nachzuholen, wenn die erste anstrengende Zeit überwunden wurde. Oft braucht es aber therapeutische Hilfe, damit eine wirklich gute und sichere Beziehung nach einem so schweren Start hergestellt werden kann.

Auch die generelle Passung der Temperamente muss hier berücksichtigt werden: Kommt ein eher lautes, aufgewecktes Kind in eine Familie mit ruhigen Eltern, stellt dies die Eltern vor größere Herausforderungen, als wenn die Temperamente augenscheinlich zueinanderpassen. Auch die Vorerwartungen an das Verhalten eines Kindes und eine anschließende Konfrontation mit der anders erlebten Realität können die Beziehung zum Kind erschweren und den Gedanken »Das Kind ist ganz anders als ich« mit einer emotionalen Distanz beantworten. Auch können die beim Partner ungeliebten Eigenschaften beim Kind in den Blick geraten und zu Konflikten führen – insbesondere dann, wenn die Eltern getrennt sind.

Die unterschiedlichen Temperamente und Eigenschaften von Kindern sind es auch, die die Gefühle bei der Elternschaft mit mehreren Kindern beeinflussen können: Auch wenn Eltern immer wieder sagen: »Ich liebe jedes Kind gleich stark«, ist das nicht unbedingt wahr. Auch hier treffen wir auf eine gesellschaftliche Erwartung, dass Eltern alle Kinder gleich lieben sollten, doch gerade zwischen Geschwistern wird verglichen. Wir können uns einem Kind wegen seines Temperaments, Aussehens, Geschlechts, der Geburts- oder Entstehungsgeschichte oder wegen den unseren ähnelnden Interessen näher fühlen als einem anderen Kind. Manchmal besteht eine Bevorzugung nur über einen bestimmten Zeitraum oder in bestimmten Situationen, manchmal tritt sie konstant auf. Doch da wir wissen, welche Bedeutung die Zuwendung und Feinfühligkeit für Kinder hat, ist die Bevorzugung eines Kindes unter mehreren Geschwistern ein Tabu geworden: Gute Eltern sollen alle Kinder gleich lieben. So lesen wir es, so erwarten es die anderen von uns und wir letztlich auch. So kann es sein, muss es aber nicht: Es ist möglich, das eine Kind weniger zu lieben als das andere. Und dennoch können wir uns gut um alle Kinder kümmern – und vielleicht liebt ja ein anderes Familienmitglied dafür das andere Kind mehr.

Mutterschaft bereuen

Wir alle haben manchmal Phasen, in denen wir uns nach einer Pause sehnen, nach einem Ausbruch aus dem Alltag und den Routinen des (Familien-)Lebens: einfach mal durchschlafen, einfach mal nicht alle Entscheidungen abwägen müssen, einfach mal wieder in den Tag hineinleben und kalte Pizza zum Frühstück essen, den Tag mit Netflix vor dem Fernseher verbringen und abends tanzen gehen, solange wir wollen, ohne einen einzigen Gedanken daran zu verschwenden, ob das gerade richtig ist oder wir uns um jemand anderen kümmern müssen. Einfach mal wieder diese Freiheit leben, die es im Leben »davor« gab. Es ist normal, das zu fühlen, zu denken, zu wünschen. Wahrscheinlich geht es mehr Müttern so, als wir denken – es redet nur keine darüber.

Darüber hinaus gibt es auch Frauen, die ihre Entscheidung zur Mutterschaft bereuen. Die nicht nur *mal* ausbrechen wollen, nicht nur *mal* denken: »Wie wäre mein Weg eigentlich gewesen, wenn ...«, sondern die fühlen und sicher sind: Mutter zu werden war die falsche Entscheidung für mich – obwohl ich mein Kind liebe. Unter #regrettingmotherhood haben sich Frauen zusammengefunden, die bisher geschwiegen haben, die ihre Gefühle im Inneren verborgen und meist nicht öffentlich ausgesprochen haben. Es sind Mütter, die, hätten sie gewusst, was auf sie zukommt, sich nicht noch einmal für ein Kind entscheiden würden. Die Soziologin Orna Donath[28] hat 23 israelische Mütter zu ihrem Leben befragt und damit den Anstoß für die Bekenntnisse vieler Frauen gegeben. Unabhängig von den konkreten Lebensverhältnissen gibt es in allen sozialen Schichten Frauen, die das Mutterwerden bereuen. Ein Kind zu bekommen kann unglücklich machen. Das bestätigt auch die Studie des Deutschen Wirtschaftsinstituts, nach der sich bei 30 Prozent der untersuchten Mütter innerhalb der ersten sieben Jahre nach der Geburt des ersten Kindes das gesundheitsbezogene Wohlbefinden substanziell verschlechtert hat.[29] Dies liegt insbesondere an den mütterlichen Schuldgefühlen, die sich aus den vielen Anforderungen an Mütter ergeben, die im Laufe der Zeit gewachsen sind und sich heute in Stress und sozialem Rückzug ausdrücken, ebenso wie in depressiven Verstimmungen und Angstgefühlen. Auch Christina Mundlos hält nach der Befragung von Müttern zum Phänomen *Regretting Motherhood* fest: »Die Erwartungen an Mütter sind derart überhöht und ihr Aufgabenkatalog derart angeschwollen, dass sie dieser Rolle unmöglich gerecht werden können. Mütter empfinden sich also permanent als defizitär und scheiternd. [...] Es wird unterstellt, eine gesunde Frau würde Kinder wollen und die Mutterschaft lieben. Eine Frau, die dies nicht möchte oder mag, muss einen gesundheitlichen Defekt haben.«[30]

Verdrängung von Ablehnung und Ambivalenz

Sie sind allgegenwärtig: Überforderung, Angst, Zweifel, Wut. Sie begleiten uns auf unserem Mutterweg und nähren sich aus unserer kulturellen Geschichte, gesellschaftlichen Erwartungen, eigenen Ansprüchen und individuellen Erfahrungen. Und gleichsam wie das Mutterbild gewachsen ist, ist auch das unausgesprochene Verbot gewachsen: »Du darfst über diese Gefühle nicht sprechen, denn wenn du so fühlst, bist du keine gute Mutter. Du bist falsch, wenn du zweifelst!«

Aber wenn wir ehrlich sind, kennen wir alle diese Tage, an denen wir denken: »O Gott, so habe ich mir das nicht vorgestellt! Es ist unendlich anstrengend, dieses Muttersein!« Oder auch: »Es ist unendlich anstrengend, dieses Kind!« Für uns Menschen ist es normal, eine breite Palette von Empfindungen zu haben: Wir spüren Freude ebenso wie Trauer, Wut, Angst, Eifersucht, Mitleid, Ekel und Liebe. Über alle Kulturen hinweg gibt es diese Emotionen in uns, auch wenn wir sie unterschiedlich zum Ausdruck bringen. Und wir gestehen uns diese breite Palette an Gefühlen vielleicht noch in Bezug auf unsere Arbeit zu: »Heute war ein schöner Tag und ich hatte richtig Spaß« versus »Was für ein Scheißtag, ich hasse meine Chefin!«. Schwieriger wird es manchmal schon gegenüber dem eigenen Lebenspartner, obwohl uns auch dort noch ein »Du bist ein Idiot!«

über die Lippen oder zumindest in unsere Gedanken kommen kann. Doch bei unseren Kindern hört für die meisten von uns die Akzeptanz der als negativ empfundenen Gefühle auf. Ich liebe mein Kind und Punkt. Sich ekeln vor einer vollen Windel? Eifersüchtig sein auf die Anerkennung, die das Kind von anderen bekommt? Wütend sein über das trotzende Kind? Diese Gefühle gestehen wir anderen gegenüber kaum ein – und manchmal uns selbst nicht einmal zu.

Auch hier sind wir wieder inmitten der sich geschichtlich entwickelten Erwartungshaltung gegenüber Frauen und Müttern: Wut und Aggression sind männliche Eigenschaften und ein männliches Privileg. Frauen haben nicht wütend zu sein, und wenn, dann sind sie dabei beherrscht und zuvorkommend. Sie sind nicht laut, nicht wild, und sie hauen nicht mit der Faust auf den Tisch. Sie tragen ihren Missmut – wenn überhaupt – sanft und bestimmt vor. Wütende Frauen ziehen Häme auf sich, Frauen, die sich beschweren, Spott. Wir leben in einer Welt, in der wir als Frauen nur die »guten« Gefühle zeigen (und nach Möglichkeit sogar fühlen) dürfen und in der die anderen Gefühle nicht zur Persönlichkeitseigenschaft »Frau« gehören. Während Profi-Tennisspieler John McEnroe auf eine Karriere voller gefeierter Wutausbrüche und zerschlagener Tennisschläger zurückblickt, wurde Serena Williams' einziger Wutausbruch auf dem Platz als hysterisch und überzogen kommentiert. Und auch die von der jugendlichen Klimaaktivistin Greta Thunberg vorgebrachten Bedenken über die Zukunft der Welt werden gern in die Kategorie »Hysterie schürend« eingestuft.

Sind Frauen laut, wütend oder treten energisch für bestimmte Dinge ein, bekommen sie nicht selten diese Bezeichnung. Kein Wunder, schließlich war die Hysterie auch eine ureigene weibliche Erkrankung: »Hysteria« ist die griechische Bezeichnung für »Gebärmutter«, und Hysterie wurde als Erkrankung der Gebärmutter angesehen. Hippokrates glaubte, dass eine Gebärmutter, die nicht ausreichend mit Samen gefüttert werde, hungrig im Körper der Frau umherwanderte und sich schließlich im Gehirn festbeißen könne, was zu Hysterie führe. Die Hysterie umfasste ein breites Spektrum an Symptomen, im 19. Jahrhundert beispielsweise auch die politischen Forderungen der Frauen nach Selbstbestimmung. Behandelt wurde Hysterie mit Eheschließung, der Empfehlung, regelmäßig Geschlechtsverkehr zu haben, mit manuellen Massagen des Genitalbereichs durch Ärzte zur Beruhigung (woraus sich schließlich der Vibrator entwickelte) oder durch Klitoridektomie, der operativen Entfernung der Klitoris. In der Pariser Salpêtrière wurden Ende des 19. Jahrhunderts 6 000 Frauen unter entwürdigenden Bedingungen festgehalten und jene mit besonders hervorstechenden hysterischen Symptomen der Wissenschaft vorgeführt. Erst im 20. Jahrhundert wurde die Hysterie als Krankheitsbild von der »American Psychiatric Society« aus der Liste der Krankheiten gestrichen. Zurück blieb die jahrhundertelang kultivierte Angst vor der vermeintlichen Hysterie mit ihren Folgen, eingeprägt in das weibliche Rollenbild. Ausläufer dieser Prägung sehen wir noch heute, wenn jenen Frauen, die offen Missstände anprangern oder aus den Erwartungshaltungen an weibliches Verhalten ausbrechen, Vergewaltigung angedroht wird, um sie »zu Sinnen zu bringen« oder wenn ihnen schlichtweg erklärt wird, ihnen fehle wohl Sex. Bloß nicht hysterisch erscheinen in den Augen der anderen – das scheint in diesem Zusammenhang eine logische, schützende Konsequenz des Verhaltens.

Doch wohin führt es, dass wir einen Teil unserer Gefühle nicht zeigen, ja besser sogar gar nicht spüren dürfen? Die Unterdrückung einer ganzen Gefühlspalette bringt uns gleich in mehrere Zwickmühlen: Jede vierte Frau und jeder achte Mann sind im Lauf des Lebens von einer Depression betroffen[31], einer Erkrankung, deren Ausbruch auch mit der Unterdrückung von Wut und dem Wunsch, es allen immer recht zu machen und besonders nett zu sein, zusammenhängen kann[32]. Wut und Abneigung aus dem eigenen Leben auszuklammern bedeutet auch, keine Chance auf einen klärenden Austausch zu haben. Das Thema wird weiterhin tabuisiert. Auch – oder gerade – gegenüber dem Kind werden diese Gefühle unterdrückt, wodurch das Kind ein falsches Bild unserer Emotionen erhält, daraus falsche Schlüsse über sich und die Beziehung zieht und letztlich das fehlerhafte Rollenvorbild selbst verinnerlicht.

Bindung und Liebe neu denken

Wie wir gesehen haben, tragen wir als Mütter eine große geschichtliche Last auf den Schultern. Obwohl es uns immer wieder eingeredet wird und die gesamte Kulturgeschichte des Mutterbegriffs darauf ausgerichtet ist, gibt es allerdings die »natürliche Mutterschaft« im Sinn der Frau und Mutter als alleiniger Umsorgerin des Kindes nicht. Es ist die patriarchale Gesellschaft, die dafür sorgt, dass wir in diesem Sinn sozialisiert werden. Das Mutterbild, das in uns geprägt wurde, umfasst aber nicht nur die volle Zuständigkeit für Pflege und Bildung, sondern hat auch die Eigenschaften einer »guten Mutter« festgeschrieben, die weitgehend liebevolle und freundliche Charakteristika umfassen, wohingegen Wut, Abneigung und Ambivalenz (auch gegenüber den eigenen Kindern) nicht als mutterkonform gelten. Die Bindungstheorie, so gut sie auch für einen neuen Blick auf das Kind war, hat Mütter auf die Umsorgung des Kindes festgeschrieben. Die Verbreitung des ursprünglich christlich-evangelikalen Attachment Parenting hat einerseits zu einer Fokussierung auf die kindlichen Bedürfnisse geführt, andererseits aber auch die Mütter unter einen großen Druck gesetzt, der bis heute anhält und immer noch eine Basis für unseren tiefen Glauben daran schafft, dass mütterliche Erwerbstätigkeit für das Kind nicht gut sei. All das zusammen hat fatale Auswirkungen auf das Erleben von Mutterschaft. Doch wir sehen auch: Das alles ist gar nicht so stimmig. Wir müssen uns nicht unter Druck setzen lassen von all diesen Konzepten, von Theorien und Forschungen, die durch den Blick auf die Geschichte ganz andere Zusammenhänge eröffnen. Denn wir erkennen, dass wir der Geschichte »auf den Leim gegangen« sind und uns nun davon lösen müssen. Vor allem aber müssen wir anerkennen: Es kann sein, dass andere Mütter anders empfinden, Mutterschaft anders denken und fühlen als wir. Es ist wunderbar, wenn wir unsere Kinder von Herzen lieben und lieben können, es macht das Muttersein wahrscheinlich an vielen Stellen einfacher, aber es ist nicht für alle Mütter der Standard. Im nächsten Kapitel werden wir sehen, wie sich diese Einflüsse auf Mutterschaft ganz konkret in uns manifestieren und wie wir darauf Einfluss nehmen können, um sie zu ändern.

4 Die innere Mutterstimme

Würde das Wissen darum, dass unsere Annahmen über das »natürliche Mutterbild« falsch sind, ausreichen, um etwas zu verändern, könnte unser Buch an dieser Stelle beendet sein. Leider funktioniert es so nicht. Denn es gibt da noch diese innere Stimme, mit der Sie sich vielleicht schon im Verlauf des letzten Kapitels unterhalten haben, die an der einen oder anderen Stelle empört oder aufgebracht war und Ihnen gesagt hat, Sie müssten das noch einmal recherchieren. Oder die vielleicht geflüstert hat: »Und wie viel wurdest du geliebt?« oder »Wie sehr liebst du dein Kind?«.

Es ist diese innere Stimme, die die Geschichte vom natürlichen Mutterbild in uns am Leben erhält. Sie ist es, die wir davon überzeugen müssen, dass wir entspannt einen anderen Weg gehen können und uns deswegen kein schlechtes Gewissen einreden müssen. Die wir sogar dazu bewegen können, dass sie unseren Weg bestätigt, statt uns ein schlechtes Gewissen zu machen. Damit das möglich ist, reicht es leider nicht, »nur« etwas über die Geschichte zu lesen – obwohl das schon ein Anfang ist, unserem inneren Bild neue Bilder entgegenzusetzen. Wir müssen noch ein wenig tiefer gehen und erkennen, wo uns diese Geschichte ganz persönlich berührt und welche Last wir persönlich mit uns herumtragen. Fragen stellen wie: In welcher Tradition bin ich aufgewachsen? Wie lebten meine Mutter, meine Großmutter, und wie lebten sie ihre Mutterschaft? Wie verhielt sich meine Mutter mir gegenüber? Distanziert? Behütend? Gewalttätig? Liebevoll? Wenn wir herausgefunden haben, was genau uns jeweils beeinflusst, mit welchen Glaubenssätzen wir persönlich aufgewachsen sind und welche innere Stimme uns in unserer Mutterschaft leitet, können wir bereits eine Grundentspannung hereinbringen und das Gefühl in uns verstärken, dass es nicht den einen richtigen Weg gibt, sondern dass viele Wege zum Mutterglück führen. Wenn wir die innere Stimme, die uns immer wieder in die Vergangenheit zieht, bezähmen, können wir uns entspannter mit den Problemen der heutigen Zeit auseinandersetzen.

Wenn wir an unserem eigenen Weg etwas ändern wollen, um zu mehr Klarheit und Entspannung zu kommen und uns nicht mehr vor uns selbst (und anderen) rechtfertigen zu müssen, geht es nicht darum, permanent unsere Handlungen infrage zu stellen und Lösungen zu suchen, sondern zu klären, warum wir unsere Situation überhaupt als problematisch bewerten.

Wenn Sie arbeiten gehen und Ihr Kind in eine Tagesbetreuung geben wollen, hören Sie vielleicht Ihre innere Stimme zweifeln: »Zu arbeiten ist ja ganz gut und wichtig für das Einkommen, aber ob das auch für mein Kind gut ist? Vielleicht schade ich meinem Kind damit? Ich kann ja noch einmal durchrechnen, ob ...« Oder: »Aber was sagen denn dann die anderen, wenn ich zu Hause herumglucke ...« Die Antwort auf die Frage für dieses Problem werden Sie durch diese innere Diskussion wahrscheinlich nicht finden, denn der Sachverhalt ist komplex, und die Lösung liegt außerhalb der in Ihrem Kopf ablaufenden Diskussion. Die Auseinandersetzung in Ihrem Inneren können Sie nicht abstellen durch ein klares »Ich bleibe zu Hause« oder »Ich gehe arbeiten«, denn die anderen Positionen werden weiter in Ihrem Kopf herumgeistern und die vermeintliche Lösung infrage stellen: Sie sind schlichtweg unsicher und diskutieren immer wieder, ob der Kindergarten nun richtig ist oder nicht. Aber es ist unmöglich, diese Diskussion zu beenden, denn das Problem ist die Verunsicherung. Die Antwort ist daher eine Frage, mit der wir uns auseinandersetzen sollten: Warum diskutiere ich das überhaupt in mir? Wer oder was stellt meine Entscheidungen immer wieder infrage und warum eigentlich? Wenn wir darauf eine Antwort gefunden haben, kann diese innere Stimme ruhiger werden, und wir müssen nicht mehr mit uns selbst diskutieren. Dann können wir uns der Veränderung der Rahmenbedingungen zuwenden, um unsere eigenen Wege gut zu gehen.

Unsere innere Wertewelt

Unser Denken und Handeln sind oft nicht frei. Nicht nur, weil wir von außen durch unsere Umwelt beeinflusst werden, sondern auch, weil wir innerlich mit Gefühlen, Ängsten und Verunsicherungen zu kämpfen haben. Weil es da diese Stimmen gibt, die ermahnen, beurteilen, loben. Diese inneren Stimmen speisen sich aus unseren Erfahrungen, die wir abgespeichert haben.

Stellen Sie sich unser Gehirn als eine Wohnung mit mehreren Zimmern vor, in dem unser Mutterbild ganz plastisch an der Wand hängt. Leider ist das Zimmer, in dem dieses Bild hängt, bei vielen nicht ganz so gut erreichbar: Manchmal lässt sich die Tür dazu nicht öffnen, und manchmal spüren wir auch einen Widerstand dagegen, es uns anzusehen. Weil es auch um die ganz persönlichen Aspekte geht, die unser Mutterbild ausmachen, und nicht nur um die kulturellen. Die persönlichen Erfahrungen unserer Kindheit und unseres Lebens, die wir mit Mutterschaft in Verbindung bringen. Manchmal sind sie schön, warm und liebevoll, manchmal aber auch kalt und hart.

Es gab in meiner Geschichte – und wahrscheinlich in denen vieler anderer Mütter – den einen erschreckenden Moment, in dem ich mir der Macht meiner eigenen Kindheit und ihrer Auswirkungen auf meine Mutterschaft bewusst wurde. Dieser Moment hinterließ in mir ein Entsetzen und eine tiefe Traurigkeit: Es war der Moment, als ich den Impuls hatte, mein Kind zu schlagen. Nicht, weil ich mir überlegt hatte, dass ich es gern bestrafen würde, nicht als Erziehungsmaßnahme, sondern aus einem Reflex heraus. Aus der Überforderung, die ich in dem Moment spürte, aus der Ausweglosigkeit und dem Streitgemenge. Ich dachte in diesem Streit nicht nach, die Gefühle brachen aus mir hervor wie bei einem Kleinkind, das in der »Trotzphase« nicht fähig dazu ist, aus seiner Wut herauszufinden. Ich hob die Hand, wurde mir dieser Bewegung bewusst und begann zu weinen: über das, was ich fast getan hätte, und über mich selbst, in der dieses Wissen als Handlungsmöglichkeit für immer verankert ist. Über die Erinnerung an die Ohnmacht des früheren Geschlagenwerdens und das Gefühl der Macht, selbst so eine Handlung erwägen zu können. Und auch ein wenig über den Schmerz, der da aus meinem eigenen inneren Kind hervorbrach, das genau dies erlebt hatte. Meine eigene Kindheit bestand aus genau der Gewalt, die ich mir geschworen habe, nicht weiterzugeben. Da saß ich nun und wurde mir der Last dieser Erinnerung zum ersten Mal schmerzlich bewusst. Nicht in jeder Kindheit finden sich solche dramatischen Erinnerungen, und nicht in uns allen sind gewaltvolle Handlungen als »Lösungsansätze« verankert – aber in einigen von uns. In manchen ist es vielleicht auch eher psychische Gewalt: »Wie kann man nur so dumm sein?«, »Meine Güte, kannst du nichts richtig machen?« – Sätze, die uns in stressigen Situationen über die Lippen kommen, die wir nicht sagen wollten und bei denen wir erschreckt feststellen: »Ich höre mich an wie meine Mutter/mein Vater!« Vielleicht ist es aber auch »nur« eine ewige Unzufriedenheit, der wir ausgesetzt sind und die sich in uns eingerichtet hat: diese ewig nörgelnde innere Stimme, die uns belastet und uns immer wieder erklärt, dass wir wieder irgendetwas falsch gemacht haben. Diese Stimme ist es, die uns oft auch im Muttersein das Gefühl gibt, irgendetwas nicht gut zu machen, und die uns an unserer Kompetenz und unserer Liebe zweifeln lässt.

Trampelpfade im Gehirn

Das, was wir erleben, hinterlässt Spuren in den Nervenverbindungen unseres Gehirns. Nicht nur in der Kindheit entstehen synaptische Verschaltungen, sondern unser ganzes Leben lang. Nerven verbinden sich durch die Erfahrungen, die wir machen, und diese Verbindungen prägen unser Denken und Handeln.

Alles, was wir wahrnehmen, ist eine Folge der Ausbreitung sensorischer Erregungsmuster. Wie in hohem Gras bei häufiger Nutzung derselben Strecke Trampelpfade entstehen, so bilden sich auch in unserem Gehirn durch die immer wieder ablaufenden Informationen, die wir wahrnehmen, solche Pfade. Was wir als scheinbar natürlich annehmen, ist eine Folge vieler gleichartiger Informationen, die wir immer wieder verarbeitet haben – es ist nicht die »absolute« Wahrheit. Wie wir die Welt sehen und wahrnehmen und welche inneren Bilder wir verinnerlicht haben, ist abhängig von den Erfahrungen, die wir unser ganzes Leben lang machen.

In ihrem Artikel »Why I'm no longer talking to white people about race«[1] beschreibt die Journalistin und Bloggerin Reni Eddo-Lodge, dass sich Menschen weißer Hautfarbe oft nicht bewusst darüber sind, dass sie ihre eigene Hautfarbe als Norm empfinden. Die Erfahrungen, die sie aufgrund ihrer Hautfarbe gemacht haben, nehmen sie als Standard an und sind deswegen nicht bereit oder fähig, zu verstehen, dass Menschen mit einer anderen Hautfarbe unter völlig anderen Bedingungen aufwachsen. Sie sind nicht fähig, diesen Blickwinkel abzulegen, oder verleugnen gar, dass es eine andere Realität geben könnte. Der Text von Eddo-Lodge illustriert sehr gut, wie »gefangen« wir in unseren eigenen, oft unbewussten inneren Bildern sind und dass wir nur durch unseren Willen und aktive Auseinandersetzung daraus ausbrechen können – und es auch müssen, um andere Menschen wirklich wahrzunehmen und zu verstehen. Auch für Eltern ist dies ein sehr wichtiger Gedanke, der uns durch den Alltag tragen kann: Für uns erscheint das als normal, was wir als Norm erlebt haben. Wir bewerten andere aufgrund *unserer* Norm – nicht selten werten wir dabei andere ab. Aber jene, die wir bewerten, haben vielleicht eine andere Norm, einen anderen Stand- oder Startpunkt.

Wie viele andere innere Bilder, die unser Denken und Handeln lenken, ist auch das Mutterbild in uns durch synaptische Verschaltungen entstanden. Die vielen Informationen, die wir im Lauf unseres Lebens sammeln, setzen sich also in unserem Gehirn fest: die Geschichten, die wir über Mutterschaft hören, die Märchen der Kindheit, das Verhalten der eigenen Mutter, die Eigenschaften von Müttern von Freunden und Freundinnen, die wir beobachten. Betrachten wir einmal die Werbung, die wir in unserer Kindheit im Fernsehen gesehen haben: Werbung regt nicht nur unser Interesse für die dargestellten Produkte an, auch die darüber »mitgelieferten« Werte und Rollenvorstellungen prägen sich unserem Gehirn ein. In den Siebziger- und Achtzigerjahren sind wir mit Werbebotschaften[2] wie im Schlemmertopf-Werbespot von Müllers Mühle aufgewachsen, in dem die vom Friseur heimkehrende Mutter von ihrer (wahrscheinlich) Schwiegermutter mit den Worten »Gleich kommt Horst, und du hast noch nichts gekocht!« begrüßt wird und ihr Sohn abschließend sagt: »Ich heirate auch mal eine Frau, die kochen kann.« All diese Botschaften, die wir aufnehmen, prägen unbewusst unsere Erwartungen.

Durch neue synaptische Verschaltungen kann sich das Mutterbild aber ändern. Was wir in Bezug auf »das Schönheitsideal« längst wissen und akzeptieren – dass es sich im Lauf der Jahrhunderte verändert hat und immer unter den Einflüssen der Gesellschaft stand –, ist in Bezug auf Mutterschaft bislang oft noch ein Tabu, obwohl wir auch hier – wie wir gesehen haben – den Verlauf der Entwicklung genau nachzeichnen können. Es hat sich in der Gesellschaft und in unseren Köpfen immer wieder verändert – und wir benötigen eine erneute Änderung und noch mehr Toleranz für ein individuelles Mutterbild. Wir müssen jetzt und heute dazu kommen, die alten Prägungen, die uns nur Stress, Angst und Verunsicherung bringen, hinter uns zu lassen, damit wir uns auf die schönen Seiten des Lebens mit Kindern und auf unsere eigene Bedürfniserfüllung einlassen können.

Framing – wie einfache Worte unsere Gedanken beeinflussen

Unsere Gedanken formen sich aus unseren Erlebnissen, aber auch die Sprache, die wir hören und nutzen, trägt ihren Anteil dazu bei. Sprache formt Bilder in unserem Kopf, die sich dort manifestieren. Das nennt man Framing. Gerade in Bezug auf Frauen und Mütter gibt es Wörter und sprachliche Zusammenhänge, die unser Bild von Mutterschaft ganz unbewusst prägen. Denken Sie einen Moment an das Wort »Babypause«: Welche Assoziationen setzt das frei? Entspannung, Faulenzen, Sichausruhen – wie wir wohl alle wissen, hat das recht wenig mit dem ersten Jahr nach der Geburt zu tun. Dieses erste Jahr besteht aus wesentlich mehr als nur Ruhe und Pausieren, es kann je nach Baby und Lebenssituation das glatte Gegenteil sein. Benutzen wir und insbesondere die Medien dieses Wort, wird ein völlig falsches Bild von dieser Zeit und auch den Rahmenbedingungen, die Eltern eigentlich jetzt brauchen, gezeichnet. Es ist doch alles entspannt, da müssen wir ja nichts für Eltern und die Vereinbarkeit von Familie und Arbeit tun. Elternzeit oder Elternjahr sind daher passendere und weniger wertende Begriffe.[3]

Sprache formt unsere Gedanken und Bilder in der Gesellschaft. Wir müssen unsere Worte mit Bedacht auswählen und uns zugleich dafür einsetzen, dass sie auch in den Medien so genutzt werden, dass sich neuere und modernere Bilder in Bezug auf Mutterschaft manifestieren: Wenn wir in den Medien immer von den »Supermoms« lesen, erwarten wir, selbst super zu sein. Wenn die Verbindung von Beruf und Familie mit dem Begriff »Vereinbarkeit« bezeichnet wird, gehen wir davon aus, dass das so ist. Tatsächlich ist es aber gerade das Problem, dass sich beides nicht so ohne Weiteres miteinander vereinbaren lässt. Wir schaffen mit dem Begriff eine falsche Vorstellung. In Anbetracht der schon benannten Ursprünge des Attachment Parenting und der damit verbundenen Assoziationen zur verantwortlichen Mutter ist wahrscheinlich auch die Abkehr von diesem Begriff eine zeitgemäße Idee. Nutzen wir einen Begriff wie »Bedürfnisorientierung« anstelle von »Attachment Parenting« lenken wir den Blick stärker auf die Familienbedürfnisse. Vielleicht aber braucht es gar eine ganz neue Bezeichnung wie die der »individuellen Elternschaft«, um den Fokus auf die Vielzahl möglicher Wege zu legen. Die Worte, die wir nutzen, sind mächtiger, als wir manchmal denken. Nutzen wir also Worte, um positive neue Gedanken freizusetzen und zu verbreiten.

Die aufgestaute Wut in uns

Gelernte, übernommene und veraltete Glaubenssätze, Handlungen oder Reaktionen in bestimmten Situationen erschweren Mutterschaft beziehungsweise Elternschaft heute zusätzlich. Wir wollen anders handeln, können es aber nicht und fallen in alte Verhaltensweisen zurück, weil ein starker Impuls aus der Vergangenheit uns antreibt. So wie in dem oben beschriebenen Beispiel aus meiner eigenen Geschichte. Besonders in den hochemotionalen Situationen von Wut, Trauer und Verärgerung können auf einmal Gefühle und Handlungen hervorbrechen, die nicht in die Gegenwart gehören. Sie kommen aus unserem emotionalen Gedächtnis und bestimmen plötzlich eine Situation. Unsere Kinder triggern mit ihrem Verhalten diese Erinnerung. Sie selbst sind also nicht die Ursache unserer Wut, sondern »nur« der Auslöser. Eine Aggression tritt hervor, die als Kind unterdrückt werden musste: »Erfahrungen, die den Aggressionsapparat aktiviert haben, aber nicht sofort durch Aggression beantwortet werden konnten oder durften, hinterlassen eine emotionale Erinnerungsspur, die den Aggressionsimpuls für einen eventuell späteren Gebrauch wie eine Konserve aufbewahrt«[4], beschreibt der Facharzt für Psychotherapeutische Medizin Joachim Bauer. Gerade für uns Mütter, die als Frauen und bereits als Mädchen ihre Wut nicht ausleben konnten oder durften, ist die angestaute Wut, die dann in der Mutterschaft hervortreten kann, eine schwere Last.

Was in unserem Gehirn passiert, wenn wir »getriggert« werden

Das limbische System in unserem Gehirn ist eine Art Frühwarnsystem, denn darin sind gefährliche Situationen abgespeichert: Was wir im Laufe unseres Lebens als gefährlich erlebt haben, wird dort bewahrt. Im Mandelkern, einem Teil des limbischen Systems, werden zusätzlich die damit verbundenen Emotionen und auch Details, die mit einem Ereignis in Zusammenhang stehen, gespeichert. Wurden wir als Kind zur Strafe in einem dunklen Raum eingesperrt, kann die Angst vor der Dunkelheit uns ein Leben lang begleiten. Kommen wir in neue Situationen, wird mithilfe dieses Frühwarnsystems ein Sicherheitscheck gemacht, ob diese Situation einer alten, gefährlichen Situation ähnelt. Wird ein Ereignis als gefährlich eingestuft, gehen Nervenimpulse an andere Gehirnregionen, wo abgespeicherte Handlungsmuster aktiviert werden. Meist sind das Kampf- oder Fluchtreaktionen. Unser Körper reagiert unwillkürlich mit einem Anstieg des Blutdrucks, die Muskulatur spannt sich an, in einem ersten Schreckmoment haben wir vielleicht das Gefühl, Darm und Blase entleeren zu müssen, danach ist die Verdauung erst einmal unterdrückt (viele Menschen haben bei Aufregung sprichwörtlich »Schiss«). Das alles geht so schnell, dass wir es kaum bewusst wahrnehmen, damit wir sofort auf eine Gefahr reagieren können. Bewusstes Überlegen wäre in einer solchen Situation unpassend und ist erst nach dem Überstehen der Gefahr wieder möglich.

Wenn wir nun in der Kindheit bestimmte negative Erfahrungen gemacht haben, beispielsweise wenn wir von den Eltern angeschrien wurden und uns als hilflos und ausgeliefert erlebt haben, kann das zu einer Kampf- oder Fluchtreaktion bei uns führen, wenn unser eigenes Kind uns anschreit: Wir wissen aus unserer Kindheit, dass die Situation gefährlich ist, wir fühlen uns hilflos und ängstlich. Unser Gehirn erklärt: Achtung, Geschrei! Gefahr für dich! Wir spannen uns an, und das Verhalten des eigenen Kindes erscheint als ebenso gefährlich wie das der Eltern früher. Vor lauter Angst reagieren wir mit Wut und Geschrei – wir reagieren über –, aber letztlich befindet sich vor uns nur ein kleines Kind, das gerade den eigenen Willen nicht erfüllen kann. Das ist nicht schlimm, es besteht keine Gefahr für uns. Das aber sehen wir erst, nachdem wir aus der konkreten Stresssituation wieder heraus sind und unser Großhirn wieder arbeitet. Wir bereuen und entschuldigen uns beim Kind. Vielleicht überlegen wir, warum wir überhaupt so sauer waren, denn mit Abstand betrachtet ist es doch völlig egal, ob das Kind die Mütze nun aufsetzen will oder nicht, und wir hätten auf den lauten Protest des Kindes nicht mit Geschrei und Wut reagieren müssen.

Wir kennen alle die einfachen Tipps: Zähle bis zehn, bevor du reagierst, trinke ein Glas Wasser, geh kurz aus dem Raum. Das hilft tatsächlich in manchen Wutsituationen, um die Wut nicht an das Kind weiterzugeben. Aber die innere wütende Stimme, die sich da bei uns meldet, können wir mit solchen kleinen Beruhigungen oft nicht ausschalten. Wir müssen ihr zuhören und uns fragen: Warum bist du gerade jetzt wütend auf das Kind, das sich nicht die Zähne putzen lassen will, das zu spät gekommen ist oder, oder, oder. Manchmal ist es durch Reflexion möglich, den wirklichen Grund für die Wut zu identifizieren, oft aber brauchen wir für eine solch tief gehende Arbeit an unseren inneren Erregungsmustern therapeutische Hilfe. Dann können wir ergründen: Warum sind wir wütend, wenn wir uns schämen, zu spät zu kommen? Wie wurde das in der eigenen Kindheit mit Scham belegt? Warum reagieren wir so extrem, wenn das Kind uns beschimpft, obwohl wir wissen, dass es noch klein ist und nur mit Worten experimentiert? Warum schmerzt uns das so sehr, warum können wir nicht einfach drüber lachen?

Es ist wichtig, Wut zu spüren und wütend zu sein, aber es lohnt sich, hinzusehen, ob die Wut gerade berechtigt ist und wie wir sie ausleben. Wir können unsere Wut fühlen, dazu stehen und sie äußern, auch ohne ein Kind zu beschämen oder zu verängstigen. Wir können sagen: »O Mann, *ich* bin wirklich gerade wütend, weil *ich* das anders geplant habe und es *mir* unangenehm ist, wieder zu spät zu kommen«, anstatt »Jetzt zieh dich verdammt nochmal an, *du* bist immer schuld, dass *wir* zu spät kommen!« Und vor allem können wir unsere Wut da einbringen, wo sie etwas bewegen kann und soll: Bei den Rahmenbedingungen, die uns das Muttersein erschweren. Denn oft ist nicht das Kind die Ursache für unseren Stress oder die Wut, sondern die mangelnde Toleranz gegenüber Eltern (z. B. im

Job), die schwierige oder nicht vorhandene Vereinbarkeit von Kind und Beruf, falsche politische Maßnahmen zur »Familienförderung« usw. Das Kind ist nur der Auslöser. Bei den wahren Ursachen kann unsere Wut ihren Platz finden, hier sollten wir sie äußern und uns selbst – trotz anderer Sozialisation – diese Wut erlauben. Hier kann sie sogar Kraft freisetzen und Veränderung bewirken. Mütter sollen wütend sein! Die Reflexion der Ursachen unserer Gefühle hilft uns nicht nur persönlich auf unserem Weg, sondern kann der erste Schritt zu gesellschaftlichen Veränderungen sein.

»Es hat mir ja auch nicht geschadet«

Immer wieder hören wir auch heute noch Rechtfertigungen gegenüber Gewalt an Kindern. »Ein Klaps hat noch niemandem geschadet!«, »Wir sind ja auch so groß geworden!«. Tatsächlich war Gewalt an Kindern lange Zeit ein Erziehungsmittel, denn Erziehung bedeutete das Befolgen elterlicher Anweisungen. Kinder sollten dadurch auch lernen, später »zu folgen« und ihren Platz in der Gesellschaft klaglos einzunehmen und sich unterzuordnen.

Dennoch ist Gewalt gegenüber Kindern nicht überall eine Erziehungsmethode. Der amerikanische Anthropologe David F. Lancy[5] zeichnet anhand verschiedener Kulturen nach, dass körperliche Strafen eher in Kulturen vorkommen, in denen Eltern mit ihren Kindern auf sich gestellt sind und das Umsorgen des Kindes nicht von einer Gemeinschaft übernommen wird. Auch in jenen Kulturen, in denen Frauen geschlagen werden und Väter wenig Zeit mit ihren Kindern verbringen, wird Gewalt häufiger als Mittel der Wahl eingesetzt. Als Gegenbeispiel nennt Lancy Wildbeuterkulturen wie die Piaroa in Südamerika, die Kinder niemals körperlich bestrafen und die Anwendung von Gewalt verbieten.

Seit dem Jahr 2000 ist das Recht auf gewaltfreie Erziehung im BGB verankert, was zu einer Änderung der gesellschaftlichen Einstellung gegenüber Gewalt an Kindern geführt hat: Körperliche Misshandlungen werden eher gemeldet, Hilfen zur Vermeidung von Gewalt mehr in Anspruch genommen.[6] Ein gewaltfreies Leben ist wichtig für eine gesunde physische und psychische Entwicklung, und nicht nur körperliche, sondern auch seelische Misshandlung gilt als schädlich. Trotz der bekannten negativen Auswirkungen von Gewalt auf die Entwicklung und das Erleben des Kindes fällt es Eltern manchmal schwer, die eigenen Erfahrungen nicht zu wiederholen, wenn in stressigen Situationen die oben aufgeführten abgespeicherten Reaktionen in den Kopf kommen. Da hilft es auch nichts, wenn das eigene Opfersein und die negativen, schädigenden Auswirkungen des elterlichen Verhaltens kleingeredet werden. Der Satz »Es hat mir ja auch nicht geschadet!« zeigt, wie das eigene Opfersein verleugnet und der eigene Selbstwert vermindert wird, sodass man Gewalt gegenüber sich selbst sogar rechtfertigt. Zudem werden die Auswirkungen von Gewalt auf das zukünftige (Er-)Leben oft verkannt: Neurosen und Psychosen sind meist nicht direkte Folgen realer Frustration, sondern Ausdruck von Verdrängungen und Traumata, die in der Kindheit erlebt und dann infolge der sogenannten frühkindlichen Amnesie verdrängt wurden. Das, was an seelischer oder körperlicher Gewalt erfahren wurde, das Brechen des eigenen Willens, die bewusste Zerstörung der Integrität des Kindes im Sinne einer »Erziehung«, wird nicht vergessen, sondern wirkt sich nachhaltig auf das Denken und Empfinden aus.[7] Wenn unsere Grenzen übergangen werden, verlieren wir das Bewusstsein für die eigenen Grenzen und auch für ihre Bedeutung: Wir verlieren aus dem Blick, dass wir einen Wert sowie eigene Wünsche und Bedürfnisse haben, die es wert sind, erfüllt zu werden. Wir verlieren das Mitgefühl mit uns selbst. Wir vertrauen anderen Menschen weniger, weil wir von den Menschen, auf deren Schutz wir als kleine, hilflose Menschen angewiesen waren, enttäuscht wurden: Wenn die ersten Menschen, die uns umsorgen und schützen sollten, uns verletzt und erniedrigt haben, werden wir diese Skepsis anderen Menschen gegenüber weiter in uns tragen. Warum sollten andere Menschen gut zu uns sein, wenn es selbst unsere nächsten Bezugspersonen nicht waren? Kleinkinder können ihre Handlungen nicht bewerten und haben kein Verständnis von »gut« oder »schlecht«. Sie erlernen durch Bestrafung nur, dass sie selbst falsch sind, ihre Handlungen oder sogar ihre Existenz unwillkommen.

Gewalt meint aber nicht nur Schläge, Einsperren oder andere körperliche Übergriffe. Gewalt sind auch seelische Verletzungen durch Beschimpfung, Erniedrigung oder auch Liebesentzug. Gerade Letzterer ist ein verbreitetes Erziehungsmittel. Ein Beispiel, wie psychische Gewalt in Form von Liebesentzug nachwirken kann, beschreibt Mira:

> »Weil mich meine Eltern während ihrer Scheidung – ein für mich sehr traumatisches Erlebnis – nicht trösten konnten – und teilweise sogar mir die Schuld für ihr Leid in die Schuhe schoben etc. –, habe ich mein Leben lang nach diesem ›Caregiver‹ gesucht, nach dieser einen Person, die mich trösten würde. Und hatte dadurch extreme Erwartungen an meinen Mann, die unsere Beziehung irgendwann erdrückten.«

Unsere frühen Erfahrungen können ein Leben lang nachwirken. Kindheit ist kein abgegrenzter Bereich unseres Lebens, und auch wenn wir einen gewissen Mangel oder ungünstige Bindungsmuster später aufarbeiten können, ist es nicht egal, was wir erlebt haben und was unsere Kinder erleben. Man kann es also nicht oft genug sagen: Gewalt ist kein Erziehungsmittel. Weder der »Klaps« auf den Po noch das Hauen auf Kinderfinger oder psychische Gewalt. Wenn es Eltern schwerfällt, von solchen Methoden Abstand zu nehmen, brauchen sie therapeutische Unterstützung. Es ist nicht ihre Schuld, denn sie waren oft selbst Opfer, die zu diesem Verhaltensmuster geführt wurden. Letztlich kann Gewalt gegen Kinder erst aufhören, wenn Erwachsene in ihren Ursprungsfamilien genügend Liebe erfahren haben[8] oder diese Ermangelung therapeutisch aufgearbeitet wurde.

Warum wir so oft unsicher sind und unsere Bedürfnisse zurückstellen

Im Lauf unseres Lebens bilden wir eine Selbstrepräsentanz aus, eine Vorstellung von uns selbst. Diese ist wichtig für unser Erleben und Handeln im Alltag, denn sie bestimmt mit, wie sicher wir sind, wie wir mit Herausforderungen im Alltag umgehen und wie wir uns in Beziehung zu anderen setzen. Die Selbstrepräsentanz bildet sich insbesondere in der frühen Kindheit auf Basis der Erfahrungen mit unseren Eltern beziehungsweise primären Bezugspersonen aus: Welche Erziehungsziele haben unsere Eltern für uns verfolgt? Wollten sie uns beispielsweise unabhängig und früh selbstständig machen, und wenn ja, wie haben sie versucht, das umzusetzen? Durften wir beispielsweise viel ausprobieren und konnten auf Unterstützung bauen? War auch ein Scheitern vorwurfsfrei möglich, sodass wir an unseren eigenen Fehlern wachsen konnten, ohne beschämt zu werden? Oder wurde mit Strafen oder Beschämung gearbeitet, sodass wir bei Nichterfüllen von Zielen verinnerlichten: Ich bin ungeschickt, ich kann den Alltag nicht alleine stemmen. Welche Vorstellung von uns selbst hat sich durch den Umgang mit uns in der

Kindheit in uns ausgebildet? Wurden unsere wesentlichen Bedürfnisse wahrgenommen, respektiert und erfüllt? Sind wir in einem Gefühl der Sicherheit aufgewachsen, dass wir gut versorgt sind und unsere Grundbedürfnisse erfüllt werden?

Werden wir respekt- und liebevoll behandelt, dann bilden wir ein positives Bild von uns aus: Wir sind wertvoll, selbstbewusst und haben ein Gefühl von Selbstwirksamkeit. Erfahren wir aber viel Kritik an unserem Sein und unserem Selbst (»Du bist immer zu laut! Du bist so tollpatschig! Dein Geschwisterkind ist viel schlauer!«), entwickeln wir ein negatives Bild von uns selbst. Gerade im Hinblick auf Geschlechterstereotypien wird der Selbstwert beeinflusst, wenn Menschen aufgrund ihres angeborenen Geschlechts schon in der Kindheit von bestimmten Tätigkeiten ausgeschlossen werden oder vermittelt bekommen, sie seien aufgrund ihres Geschlechts beispielsweise nicht gut in Naturwissenschaften. So bilden wir langfristig in Bezug auf bestimmte Eigenschaften ein negatives Selbstbild aus. Ein besonders gutes Beispiel dafür ist die Wahrnehmung der eigenen Bedürfnisse: Wurden unsere Bedürfnisse (insbesondere die Grundbedürfnisse) immer wieder übergangen, fällt es uns schwer, ein Gefühl für sie zu haben, sie zu akzeptieren und zu berücksichtigen. »Ich gehe oft über meine Grenzen hinaus!« oder »Die Bedürfnisse des Babys gehen vor!« sind Sätze, die viele Mütter in der einen oder anderen Situation sagen. Aber gerade in der Mutterschaft ist ein Gefühl für die eigenen Bedürfnisse sehr wichtig, um nicht immer wieder die eigenen Grenzen zu übergehen und in Überlastungssituationen zu kommen. In der Zeit, als ich Kind war, wurden die Bedürfnisse von Kindern in vielen Familien übergangen (allein im Zimmer schreien lassen, Töpfchentraining, Füttern nach Uhrzeit statt nach Hunger etc.), sodass der Zugang zu den eigenen Bedürfnissen den heute Erwachsenen besonders schwerfällt. Wir haben gelernt, dass wir weniger wichtig sind und uns und unsere Bedürfnisse hinter denen der anderen Menschen zurückstellen müssen. Dieses antrainierte Verhalten mit einem Mutterbild zusammenzubringen, in dem die Bedürfnisse des Kindes den absoluten Vorrang haben, führt zu einer weiteren Überforderung.

Es gibt immer ein Päckchen, das wir aus unserer Kindheit mitnehmen, und alle Eltern machen an der einen oder anderen Stelle »etwas falsch«. Aber entscheidend sind die Größe und Anzahl der Päckchen, die wir tragen. Haben wir besonders viele oder schwerwiegende Verletzungen erlitten und immer wieder erlebt, dass wir selbst nicht gut genug sind oder dass unsere Bedürfnisse übergangen wurden, fällt es uns schwer, uns liebevoll anzunehmen. Wir blicken kritisch auf uns und gehen mit uns selbst hart ins Gericht: Du kannst das nicht! Du bist keine gute Mutter! Du schaffst das nie, dass aus deinen Kindern etwas Anständiges wird! Unsere Kinder bringen diese Päckchen nun durch ihr Handeln zum Vorschein. Wenn wir uns als minderwertig erlebt haben beziehungsweise durch andere minderwertig behandelt wurden, fällt es schwer, uns als Mütter kompetent und richtig zu fühlen. Wir sind unsicherer, stellen uns und unsere Entscheidungen häufiger infrage als Mütter, die ihrer selbst sehr sicher sind.

Die eigene Kindheit reflektieren

Selbst wenn wir vorwiegend positive Erfahrungen gemacht haben, gibt es bei den meisten Menschen auch Erinnerungen, die sie belasten und die vielleicht den Wunsch auslösen, darüber mit den eigenen Eltern zu diskutieren. Doch auch unsere Eltern haben so erzogen, wie sie geprägt wurden und wie »damals« eben gehandelt wurde. Es kann sein, dass wir ihr Verhalten heute als falsch betrachten, uns dagegen wehren und das Bedürfnis haben, etwas aufzuarbeiten – sofern wir es überhaupt wahrnehmen. Wir wollen Entlastung erfahren oder eine Entschuldigung erwirken; das Kind in uns möchte getröstet werden. Der Weg dorthin ist allerdings nicht einfach, denn er verlangt sehr viel: die Bereitschaft zur Reflexion bei den eigenen Eltern und von uns die Kraft, ihre Entschuldigung anzunehmen.

Sich an die eigene Kindheit zu erinnern und vielleicht die eigene Erziehung infrage zu stellen ist an sich schon ein schwieriger Prozess, denn er bringt uns in einen Loyalitätskonflikt. Selbst wenn wir nicht christlich erzogen wurden, sind wir hierzulande von dem Gedanken geprägt: »Du sollst Vater und Mutter ehren.« Die eigenen Eltern infrage zu stellen, verstößt aber dagegen. Als Kinder idealisieren wir unsere Eltern durch die notwendige Bindung, denn wir sind auf ihre Zuwendung und Liebe angewiesen. Egal, was sie tun, egal, wie sie uns erziehen: Wir sind mit ihnen verbunden. Selbst dann, wenn wir gewaltvolle Erfahrungen machen, sind sie diejenigen, nach deren Nähe wir jahrelang verlangen, und manchmal tragen wir diese Idealisierung in unser Erwachsenenleben hinein – bis zu dem Zeitpunkt, an dem wir uns mit den Sonnen- und Schattenseiten unserer Kindheit und unseres daraus gewachsenen Selbst auseinanderzusetzen beginnen.[9]

Mit dem Wissen darum, dass auch unsere Eltern geprägt wurden und Kinder ihrer Zeit sind, ist es einfacher, Abstand zum Nachdenken zu gewinnen. Schließlich geht es im Rückblick auf die eigene Kindheit nicht in erster Linie darum, jemandem die Schuld zuzuweisen, sondern zu einer Klärung der eigenen Gefühle, Handlungsweisen und Gedanken zu kommen, um unser gesamtes Lebensgefühl und unseren Selbstwert zu entlasten. Wenn wir wissen, welche Erziehung uns geprägt hat und welche Glaubenssätze wir vermittelt bekommen haben, können wir an diesen arbeiten und sie ändern. Es kann helfen, sich ganz bewusst eine Liste mit den Glaubenssätzen der Vergangenheit anzulegen und diesen andere, starke und neue Mantren entgegenzusetzen. Wir kehren ein »Du bist zu laut!« um in ein »Ich darf laut sein, wenn es für mich wichtig ist« und ein »Die Familie geht vor« in ein »Meine Bedürfnisse sind genauso wichtig wie die aller anderen«. Diese neuen Mantren sind vielleicht ungewohnt und klingen in unseren eigenen Ohren fremd. Vielleicht schämen wir uns sogar und fragen uns, ob wir uns selbst solche Lobhudelei angedeihen lassen dürfen. Sie dürfen nicht nur, Sie sollten sogar! Zur Erinnerung können wir uns diese Mantren in unseren Kalender schreiben oder auf kleine Karten lettern, die wir am Spiegel anbringen, damit wir jeden Tag daran denken, uns von falschen Glaubenssätzen zu befreien.

Eine gezielte Auseinandersetzung mit der eigenen Kindheit und den erlernten Glaubenssätzen ermöglicht uns, freier im Handeln zu werden und weder unreflektiert das Verhalten unserer Eltern nachzuahmen, noch negative Erfahrungen am eigenen Kind überzukompensieren. Durch Reflexion und Verarbeitung können wir die Weitergabe von Generation zu Generation durchbrechen.[10]

Wir können uns auch sagen: Alle Eltern machen Fehler, das ist völlig normal. Fehler im anderen zu akzeptieren bedeutet nicht, dass man aufhört, ihn zu lieben. Die Psychotherapeutin Stefanie Stahl beschreibt dies mit den Worten: »Ich kann meine Eltern durchaus lieben und wertschätzen für das, was sie sind und waren. Hierfür müssen sie nicht perfekt und unfehlbar sein. Es verhält sich so wie immer mit der Liebe im Leben: Wenn ich nur das lieben kann, was perfekt ist, dann ist es auch keine richtige Liebe.«[11] Diesen Gedanken können wir zugleich auch für uns festhalten für unsere eigene Mutterschaft: Wir müssen nicht perfekt sein und können dennoch geliebt werden!

Wenn die Verletzungen groß sind oder wir spüren, dass wir immer weiter von unseren Eltern verletzt werden, dann können wir

Abstand von ihnen nehmen. Das steht vielleicht im Gegensatz zu unserem verinnerlichten »Du sollst Vater und Mutter ehren«, aber vor dem Ehren der anderen kommt zuerst unser Bedürfnis nach Sicherheit und Selbstschutz. Rund 100 000 erwachsene Kinder haben in Deutschland den Kontakt zu ihren Eltern abgebrochen, aus unterschiedlichen Gründen.[12] Wir dürfen nicht nur wütend sein, wir können uns auch vor Schmerz schützen und haben ein Recht auf Heilung. Manchmal finden wir diese Heilung aber erst, wenn wir uns von den Menschen, die uns verletzten, lösen.

Alles in Stein gemeißelt?

Wie wir gesehen haben, haben wir innerhalb eines Kulturkreises zwar durchaus ähnliche Gedanken und Bilder von Mutterschaft, unsere individuellen Bilder unterscheiden sich aber auch: Je nachdem, wo und wie wir aufgewachsen sind, entspricht beispielsweise volle Erwerbstätigkeit als Mutter der Norm mehr oder weniger. Auch das Bild vom Kind, von benötigter Zuwendung und Bildung, unterscheidet sich vermutlich zwischen allen Leserinnen dieses Buches. Dass es diese Unterschiede gibt, ist also völlig normal. Dass einige dieser Bilder vielleicht heute nicht mehr passend sind und dennoch existieren, auch. Und es ist auch normal, dass wir zunächst nur innerhalb unserer eigenen Vorstellungs- und Erfahrungswelt denken und so ein eigenes Konzept von Mutterschaft entwickeln. Wichtig ist aber, dass wir offen sind für die Gedanken und Blickwinkel der anderen, denn nur durch Offenheit können wir unsere eigenen Gedanken verändern.

Glücklicherweise ist unser Gehirn nicht aus Stein, und unsere inneren Bilder sind keine Skulpturen. Sosehr sie sich in uns festsetzen, sind sie auch später meistens noch wandelbar, wenn wir dazu bereit sind. Kommen zu den bereits bekannten gespeicherten Mustern neue Muster hinzu, die unseren gespeicherten Bildern ein wenig ähneln, regt das unser Gehirn dazu an, das gespeicherte Erwartungsbild zu überarbeiten. Wenn wir also andere Konzepte von Mutterschaft betrachten und Ähnlichkeiten finden, können wir so unser Gesamtbild erweitern. Wir lernen: Mutterschaft kann verschieden gelebt werden, und wir können vielleicht sogar für unser eigenes Bild und unser Leben Anregungen übernehmen. Wir kennen das aus dem Alltag: Wir beobachten einen anderen Elternteil auf dem Spielplatz mit einem Kind und entdecken dabei vielleicht eine Anregung für unseren Alltag und denken: »Das sage ich meinem Kind beim nächsten Mal auch, wenn wir nach Hause gehen müssen!« Und selbst wenn wir aktuell keine Änderung unseres Mutterbilds benötigen, werden durch neue Beispiele und Informationen Bilder in uns angelegt, auf die wir später zurückgreifen können, wenn sich unsere persönlichen Rahmenbedingungen ändern: Die Vielfältigkeit von Möglichkeiten bildet einen Vorrat in uns, aus dem wir im Notfall schöpfen können. Wir sehen auch, welche Aspekte unserer Persönlichkeit durch bestimmte Rahmenbedingungen geprägt wurden, und können unseren Ängsten begegnen, die uns in unserer eigenen Entwicklung hemmen.

Unsere inneren Bilder können ein Leben lang angepasst werden, sofern wir die Bereitschaft dazu mitbringen, uns mit anderen, ähnlichen Bildern auseinanderzusetzen. Durch eine Erweiterung des Blicks und des eigenen inneren Bilds können wir neue Gedanken und Bilder auch in unserer Gesellschaft verbreiten und durch das Vorleben von anderen Bildern weiter zu einer Auseinandersetzung mit dem Mutterbild beitragen. Eine Veränderung können wir demnach nur durch eine aktive Auseinandersetzung und mithilfe von Vorbildern erreichen, die zur Auseinandersetzung mit dem inneren Bild anregen. Haben Menschen allerdings aufgrund negativer Erfahrungen in der Vergangenheit eine ablehnende Haltung verinnerlicht und sind generell gegen alles Neue und Fremde, sind sie auch nicht offen für die Überarbeitung ihrer inneren Bilder. Auch wenn Menschen bestimmte Handlungsmuster und Sichtweisen langfristig erfolgreich eingesetzt und sie deswegen als erfolgreich gespeichert haben, sind die »Gedankentrampelpfade« starr geworden. Dies ist besonders im Hinblick auf das Mutterbild wichtig, wenn wir sehen, dass es bestimmte Strukturen und Hierarchien unterstützt und eine bestimmte soziale Ordnung aufrechterhält. Wenn wir das Patriarchat als eine solche Struktur betrachten, dann ist die Aufrechterhaltung eines bestimmten Mutterbilds als Ausdruck starrer Trampelpfade, die eine Vormachtstellung erhalten, deutlich zu erkennen. Menschen, die durch diese Vormachtstellung Vorteile haben, sind schwer zu einer Perspektivübernahme fähig, da die bisherigen Denkstrukturen so erfolgreich waren. In diesen Fällen erscheinen ihre inneren Bilder tatsächlich wie aus Stein gemeißelt, und es ist schwer, daran zu rütteln.

5 Aber wir sind doch so frei!

Vielleicht denken Sie nach dem Lesen der vorangegangenen Seiten: »Moment mal, aber heute, heute sind wir doch alle so frei! Wir können werden, wer wir sein wollen, wir können heiraten, wen wir wollen, wir können leben, wie wir wollen! Wir können Therapien machen und diese innere Stimme hinter uns lassen!« Oder wie eine kinderlose Freundin von mir es gern sagt: »Lass dir das alles am Arsch vorbeigehen und mach dein Ding!« Tatsächlich ist das die Botschaft, die wir so oft vermittelt bekommen. Und letztlich geht es genau darum in diesem Buch: die Vergangenheit hinter sich lassen und selbstbewusst einen eigenen, persönlichen Weg verfolgen! Aber der Weg dorthin ist gar nicht so einfach, denn der aktuelle Druck unserer Gesellschaft ist groß. Die Frauenbewegung hat schon viel erreicht: Wir können seit 1918 wählen! Unsere Ehemänner dürfen seit 1977 nicht mehr entscheiden, ob wir arbeiten oder nicht! Und seit 1997 dürfen wir in der Ehe nicht mehr vergewaltigt werden! Einige Unternehmen müssen seit 2016 bei Neubesetzungen im Aufsichtsrat eine Frauenquote erfüllen! Warum können wir uns nicht einfach zurücklehnen und genießen, was wir erreicht haben? Sie könnte doch so einfach sein, die große Freiheit, die wir heute haben. Aber die Stimmen, die es uns schwer machen, kommen gar nicht nur aus unserem Inneren, und es ist auch nicht nur die Geschichte, die uns dieses traditionelle Mutterbild vermittelt. Die Stimmen, die es uns schwer machen, kommen auch aus den Mündern von Familienmitgliedern, Freund*innen, Nachbar*innen und Kolleg*innen – und manchmal ist es auch in der Partnerschaft im

Hinblick auf die Vorstellungen von Mutterschaft gar nicht so harmonisch.

Ja, im Vergleich zur Stellung der Frau in der Gesellschaft vor einhundert Jahren haben wir durchaus viel erreicht und können dankbar sein für das, wofür sich Frauen in den vergangenen Jahrzehnten eingesetzt haben. Parallel zu den Errungenschaften der Frauen in Arbeitswelt, Bildung und Gesundheit sind aber die Ansprüche an Mutterschaft gleich geblieben: Wenn wir Kinder bekommen, dann sollen wir die klassische Mutterrolle zusätzlich neben allen anderen Aufgaben erfüllen. Oder uns ganz dem Mutterdasein widmen – ganz egal, welchem Beruf wir gerade nachgegangen sind. Und im Anschluss an Mutterschutz oder Elternzeit soll der Job wieder aufgenommen werden, der Haushalt geführt und das Kinderumsorgen quasi »nebenher« gestemmt werden. Denn länger als ein Jahr zu Hause zu bleiben ist mittlerweile auch nicht mehr so gut angesehen: Wir können doch unser Humankapital nicht aufgeben! Unsere scheinbare Freiheit ist eigentlich ziemlich begrenzt auf eine ganz bestimmte Vorstellung, Mutterschaft zu leben: ein Kind bekommen, eine Arbeitspause machen, wieder Teilzeit arbeiten gehen und das Kind und den Haushalt nebenher führen. Und wenn dann noch ein Kind kommt, geht es genauso weiter. Der Mikrozensus 2016[1] zeigt: Frauen und insbesondere Mütter gehen seltener einer Erwerbstätigkeit nach als Männer, und wenn, dann häufiger in Teilzeit als Väter. Die Erwerbstätigkeit von Vätern ist unabhängig vom Alter der Kinder gleichbleibend hoch.

Wir haben also auf dem Papier Gleichheit: Männer und Frauen können Elternzeiten und Teilzeiterwerbstätigkeit nutzen, es gibt einen Ausbau der Kindertagesbetreuung. Und dennoch zeigt sich weiterhin eine traditionelle Aufteilung. Und mit jedem weiteren Kind ist die Wahrscheinlichkeit höher, in traditionelle Formen zu verfallen. Aber zu traditionell soll sie bitte auch nicht sein: Wer nämlich als Elternteil über viele Jahre zu Hause bleibt, ist in der Berufswelt nicht gern gesehen.

Freiheit meint aber nicht nur die Auswahl der Art der Erwerbstätigkeit, sondern auch die Freiheit, sich um sich selbst zu kümmern. In Bezug auf die Beachtung der eigenen Grundbedürfnisse und der Selbstfürsorge ist es schwer, geeignete Daten zu finden. In einer Forsa-Umfrage aus dem Jahr 2013[2] geben 17 Prozent der Väter an, jede freie Minute mit den Kindern zu verbringen. 56 Prozent der Väter nehmen sich deutlich weniger Zeit für sich selbst, 30 Prozent etwas weniger und 13 Prozent genauso viel Zeit wie vor der Geburt. Und trotzdem: Laut Müttergenesungswerk[3] litten 87 Prozent der 2015 eine Kurmaßnahme in Anspruch nehmenden Mütter unter einem Erschöpfungssyndrom bis zum Burn-out. Wie es scheint, ist die Möglichkeit der Selbstfürsorge nicht nur bei Müttern mittlerweile ein steigendes Problem, sondern auch schon bei Vätern: Auch die zur Vater-Kind-Kur kommenden Väter weisen mit fast 70 Prozent diese Gesundheitsstörung auf. Familien – ganz besonders die Mütter – sind erschöpft, überfordert, entkräftet von der Art, heute Familie zu leben.

Denn wir haben nicht die Freiheit, uns gut um uns selbst zu kümmern. Mit dem Beginn der Mutterschaft scheint sich die Bedürfnispyramide zu verändern, und unsere Gesellschaft fügt ein weiteres Grundbedürfnis hinzu, um das wir uns als Mutter vorrangig vor den anderen menschlichen Bedürfnissen kümmern sollen: das Kind. Aber kann das gut gehen, die eigenen Bedürfnisse einfach eine Schicht nach oben zu verschieben und die Kinderbedürfnisse als wichtigstes Grundbedürfnis an erste Stelle zu setzen?

Nähern wir uns nun also – nach der Betrachtung der Vergangenheit und unserer Innenschau – der Gegenwart und der Frage, warum wir weniger frei sind, als wir denken, und warum wir unsere Freiheit für ein gutes Leben mit Kindern zurückerlangen müssen.

Als Mütter sind wir alle gleich

Die Idee der Mutterschaft wurde nicht im gleichen Tempo und Ausmaß überholt und neu gedacht, wie es mit der Frauenrolle in der Gesellschaft getan wurde. Wir haben uns von dem Gefühl befreit, als Frauen weniger wert zu sein als Männer oder in einer biologisch unterlegenen Position zu sein. Wir haben als Frauen Selbstbewusstsein erlangt und wissen, dass wir für einen gleichberechtigten Standpunkt in der Gesellschaft starke und selbstbewusste Frauen sein können, ohne uns an männlichen Verhaltensweisen zu orientieren. Ich kann mit meinen Kindern basteln, kurze Röcke tragen und rosa Mützen stricken – und dennoch eine selbstbestimmte Frau sein. Feministinnen wie Anne Wizorek erklären: »Dabei sollte Schminken natürlich weder als Muss für Frauen gelten noch als ›Niederlage‹ gegenüber patriarchalischen Strukturen ausgelegt werden, wenn sie es ganz einfach gerne tun.«[4]

Und dennoch: Wenn wir wirklich als Frauen und Mütter frei entscheiden, stehen wir doch unter sozialem Druck. Wenn wir wirklich frei entscheiden, kurz nach der Geburt wieder arbeiten zu gehen und das Kind beim Vater zu Hause zu lassen, sind wir eine Rabenmutter.

> »Du kannst dein Kind doch nicht allein lassen!«
> »Aber es ist doch bei seinem Vater!«
> »Aber DU kannst es doch nicht allein lassen!«

Wenn wir entscheiden, dass wir im ersten Jahr nach der Geburt ein Wochenende mit einer Freundin wegfahren und das Kind bei der Familie zu Hause lassen, wird die Augenbraue hochgezogen. Wenn wir entscheiden, für mehrere Jahre zu Hause zu bleiben, sind wir wahlweise Glucken, Prenzlberg-Hipstermütter oder Sozialschmarotzerinnen – und im Alter arm. In kaum einem anderen Land werden die Entscheidungen von Müttern so kritisch beäugt wie bei uns, auch von Müttern selbst, wohlgemerkt. Und in kaum einem anderen Land wird gesellschaftlich so eng festgelegt, wie eine Mutter sein muss. »Die Mutter ist die letzte Fiktion unserer Zeit. Als würde eine Geburt aus Frauen in all ihrer Verschiedenheit nicht ebenso unterschiedliche Mütter machen, sondern einen Singular: die Mutter«, beschreibt der Soziologe Christoph Kucklick Mutterschaft bei uns.[5] Vielleicht auch deswegen, weil wir noch immer das Erbe der »deutschen Mutter« in uns tragen.

Unsere scheinbare Freiheit, hergestellt durch gesetzliche Gleichheit, ist immer noch keine gelebte Freiheit. Wir sind auf dem Papier vielleicht frei, im realen Leben sind wir es nicht. Ob Altenpflegerin oder Diplom-Psychologin: Wir wiegen die Kinder in den Schlaf, fahren nach der Kita noch schnell mit dem Buggy durch den Einkaufsladen, sitzen zu Hause mit ihnen am Schreibtisch und machen Hausaufgaben. Egal, ob wir als Teenagerin oder Mittdreißigerin Mutter werden: Wir sind es, die sich kümmern müssen. Sandra berichtet von ihrer Teenagerschwangerschaft:

»Ich bin mit siebzehn Jahren schwanger geworden, da war ich gerade im ersten Ausbildungsjahr. Ursprünglich wollte ich drei Jahre zu Hause bleiben und mich um meine Tochter kümmern, weil ich es ›richtig‹ machen wollte. Mein damaliger Freund ging arbeiten, und wir konnten bei meinen Eltern im Haus wohnen. Als meine Tochter ein halbes Jahr alt war, hat mein Freund seinen Job gekündigt. Ich fragte meinen Arbeitgeber, ob ich wiederkommen könnte, weil mir zu Hause die Decke auf den Kopf fiel. Ich konnte

Vielleicht stehen wir an der Kasse hintereinander, beäugen kritisch die Mutter neben uns und nehmen gar nicht wahr, wie ähnlich wir uns bei allen Unterschieden auch sind. Als meine Tochter ins Krankenhaus musste und dort nicht allein übernachten sollte, wurde mir der Vertrag für das Beistellbett zugeschoben. »Mein Mann wird hierbleiben bei meiner Tochter, ich muss arbeiten.« »Ja, also das geht nicht«, wurde mir geantwortet, »Männer können hier nicht übernachten, weil hier ja auch andere Mütter mit im Zimmer schlafen. Und ein Extrazimmer können wir da nun wirklich nicht einrichten für so einen speziellen Fall.« Freiheit sieht anders aus. Schon an diesem Beispiel sehen wir, dass die bestehenden Strukturen auf das »natürliche Mutterbild« ausgerichtet sind und nicht auf die Umsorgung von Kindern durch mehrere Personen. Die Bedürfnisse der Mütter werden einfach nicht berücksichtigt. Ein weiterer Klassiker der Mütterverantwortung: Wickeltische in Damentoiletten anstatt einheitlich in allen Toiletten. Wickeln Väter ihre Kinder nicht!?

Wir alle tragen viele Päckchen

Frauen sind auch heute noch in unserer Gesellschaft benachteiligt. Wir sehen es unter anderem am Gender-Pay-Gap, an der fehlenden Besetzung von Führungspositionen durch Frauen oder – worauf wir später noch eingehen – an Unterschieden in der medizinischen Versorgung zwischen Frauen und Männern. Werden Frauen Mütter, kommen weitere erschwerende Faktoren hinzu. Manche Aufgaben gehen uns leicht von der Hand und sind willkommen, andere sind belastender. Insgesamt aber sind es oft einfach sehr viele Aufgaben, die bewältigt werden wollen im Alltag einer Frau und Mutter. Wir haben das Päckchen Muttersein mit all den schönen, aber eben auch anstrengenden Momenten des Umsorgens von Kindern: Mit Kuschelzeiten, Bücherlesen, Spiel, Einschlafbegleitung bei kleinen Kindern und der Begleitung der kindlichen Wutmomente. Dazu kommt gegebenenfalls ein Päckchen mit der Aufschrift »Erwerbstätigkeit«: Was für einige Mütter eine willkommene Abwechslung und Bereicherung ist, kann für andere durch starre Strukturen und »Vereinbarkeitsstress« zu einer großen Belastung werden – wie groß das Päckchen individuell ist, ist also unterschiedlich. Dann gibt es das Päckchen »Haushalt« – bei einigen ist es kleiner, bei anderen größer, je nach Anzahl der Menschen, mit denen wir es teilen. Aber selbst heute im Jahr 2019 ist es so, dass die Hausarbeit immer noch vorwiegend Frauensache ist. Oder genauer gesagt: Müttersache. Denn während die Hausarbeit vor der Geburt des ersten Kindes oft noch egalitärer aufgeteilt ist, kommt es nach der Geburt zu einem Traditionalisierungseffekt, beschreibt die Psychologin Dr. Sabine Buchebner-Ferstl auf Basis der Daten einer Studie über Hausarbeit in Partnerschaften[6]: Vor der Geburt hat jeder das getan, was er oder sie konnte, besonders auch in Abhängigkeit von den eigenen Vorlieben. Nach der Geburt wird die Hausarbeit als neuer Aufgabenbereich zum Kind in die Wiege dazugelegt. Und am Wochenende haben die unter der Woche arbeitenden Väter zwar Zeit, nutzen diese aber für das Zusammensein mit den Kindern[7] – so putzen Mütter auch am Wochenende mehr.

Dazu haben wir noch die Päckchen »Freundschaften« und »Hobbys«, und die Gesellschaft hat uns zum Frausein noch das große »Beauty-Päckchen« überreicht. Jedes dieser Päckchen enthält ganz bestimmte Erwartungen an uns und schränkt uns auf bestimmte Weise ein. Manche machen Freude und bereichern den Alltag, andere sind belastend – und was wir wie empfinden, ist von Frau zu Frau unterschiedlich. Aber insgesamt setzt sich unser Alltag einfach aus vielen verschiedenen Paketen zusammen, für die wir gar nicht genug Stauraum haben. Eine Studie der Zeitschrift *Brigitte* aus dem Jahr 2017 bestätigt: 88 Prozent der Mütter erklären: »Frauen stehen heute unter einem stärkeren Druck als früher, alle Ansprüche unter einen Hut zu bekommen.«[8] Das Haushaltspäckchen nimmt mit 10 bis 60 Stunden Hausarbeit pro Woche bei Frauen sogar einen ziemlichen großen Platz ein.

Als »Mental Load« bezeichnen die Comiczeichnerin Emma in ihrem gleichnamigen Buch[9] und die Diplom-Psychologin Patricia Cammarata[10] all jene Aufgaben, die neben den sichtbaren Alltagsaufgaben auch noch im Hinterkopf darauf warten, erledigt zu werden. Die Aufgaben, deren wir uns gar nicht permanent bewusst sind: auf die U-Untersuchungen der Kinder zu achten, darauf, ob die Anziehsachen schon wieder zu klein sind und neue benötigt werden, auf die Kindergeburtstage, für die wir noch Geschenke brauchen, und ob die Krankmeldungen auch wirklich in der Schule abgegeben wurden. In unserem gesellschaftlichen Mutterbild sind das die Aufgaben, die ganz natürlich der Mutter zugeordnet werden. Und wenn Sie ganz ehrlich zu sich sind, wenn Sie diese Aufzählung hier sehen: Hätten Sie gedacht, dass das insgesamt eine ganz schön große Last ist, die da zusätzlich zu unseren sowieso schon vollen To-do-Listen noch im Hinterkopf herumspukt? Natürlich sind das alles keine Aufgaben, die wir als Mütter erledigen *müssen*. Und dennoch ist es eben meistens so, dass wir als Mütter diese Aufgaben wie selbstverständlich wahrnehmen – und die Männer sie uns gern überlassen. Eine Studie des Rheingold-Instituts aus dem Jahr 2017[11] hat die passenden Zahlen zum Mental Load der Mütter: Von 1 000 berufstätigen Müttern im Alter von 20 bis 50 Jahren sehen sich 89 Prozent als Organisationstalent der Familie, und 51 Prozent der Mütter übernehmen die Dinge lieber selbst, bevor sie sich mit dem Partner auseinandersetzen. Dass wir uns hier auch selbst reflektieren müssen, beschreibe ich unter der Überschrift »Maternal Gatekeeping« (s. Seite 195).

Patricia Cammarata[12] schlägt deswegen vor: Schreiben Sie alle Aufgaben einmal auf, machen Sie eine Bestandsaufnahme des Alltags, und schreiben Sie dann dazu, wer in der Familie welche Aufgaben übernimmt. Sind die Aufgaben zwischen den Eltern gleich oder ähnlich verteilt? Haben auch die Kinder Aufgaben, die sie – je nach Alter – übernehmen können? Wunderbar! Wenn nicht, ist das ein guter Zeitpunkt, um über die Aufgabenverteilung ins Gespräch zu kommen.

Wenn Besuch uns unter Druck setzt

Wie wenig frei wir sind, merken wir manchmal auch dann, wenn Besuch ansteht. Gerade dann meldet sich unsere innere Stimme der guten Mutter, deren Haushalt gut geführt sein muss. Wie oft habe ich selbst müde und erschöpft mit einem Kind im Tragetuch auf dem Rücken die Wohnung geputzt, weil sich Besuch angekündigt hatte? Und wie oft hat dieser Besuch vorher erklärt: Du musst nicht aufräumen! Dennoch stand ich da, weil ich mir nicht eingestehen wollte, neben Mutter und erwerbstätiger Frau möglicherweise keine gute Hausfrau zu sein. Aber eigentlich können wir uns selbst dann, wenn kritische Augen zu Besuch kommen, fragen: Was ist eigentlich so schlimm daran? Ja, unser Besuch könnte sehen, dass wir es mit dem Aufräumen und Putzen vielleicht nicht schaffen. Der Besuch könnte denken, dass wir da vielleicht einen Mangel haben, dass unsere Kompetenz da nicht besonders hoch ist. Oder – im schlimmsten Fall – dass wir keine gute Mutter sind oder eine schlechte Partnerin. Und dann? Dann könnte sich daraus vielleicht ein Vorteil ergeben. Vielleicht würde der Besuch sagen: »Ich packe mal hier eben mit an.« Oder: »Ich organisiere dir mal eine Haushaltshilfe.« Vielleicht würde der Besuch aber auch denken: »Also hier komme ich erst einmal nicht mehr vorbei.« Wäre das schlimm? Wahrscheinlich nicht. Es ist unsere eigene Angst, unsere Furcht davor, nicht gut genug zu sein, die uns leitet und unter Druck setzt. Aber eigentlich ist diese Furcht völlig unverhältnismäßig.

Aber ich will mit meinem Kind zu Hause bleiben!

Bei allem Wissen darum, dass Kinder auch gut von anderen Menschen außer der Mutter betreut werden können, sollten wir nicht in das andere Extrem verfallen und Mütter, die zu Hause bleiben wollen, anklagen oder verurteilen. Individuelle Wege zu gehen bedeutet nicht nur, arbeiten gehen zu können, wenn das unser Wunsch ist. Es bedeutet vor allem, Wahlfreiheit zu haben ohne Druck: weder emotionalen noch finanziellen Druck. Viele Frauen beziehungsweise Familien haben nicht die Wahl, sich für eine längere Elternzeit als ein Jahr zu entscheiden (unabhängig davon, ob die Mutter oder der Vater das Kind zu Hause begleitet), weil sie auf das Erwerbseinkommen angewiesen sind. Wahlfreiheit ist auch eine Frage der Privilegien, der wir später noch nachgehen werden. Es gibt Familien, die es sich leisten können, dass ein Elternteil mit Kind(ern) zu Hause bleibt, und Familien, bei denen das schlichtweg nicht geht –– auch wenn sie es wollten.

Sich für Care-Arbeit zu entscheiden, sofern man entscheiden kann, ist kein geringerer Weg, er ist nicht weniger wert und sollte auch von anderen nicht abgewertet oder belächelt werden. Mütter müssen nicht zu Hause bleiben, weil Kinder die Hausfrauenmutter brauchen, aber Menschen können den Wunsch haben, sich auf die Care-Arbeit zu fokussieren. Oder familiäre Rahmenbedingungen, gerade auch im Zusammenhang mit der Pflege älterer Menschen, machen das notwendig. Wir alle wissen, wie schwer auch diese Arbeit manchmal ist und wie anstrengend es sein kann, eben nicht nach dem Wochenende montags zur Arbeit zu gehen und den Familienalltag hinter sich zu lassen. Das Zuhausebleiben beim Kind muss im Sinn von Arbeit neu gedacht werden: eine Arbeit, die sich Eltern aussuchen, weil sie sich das wirklich wünschen, die aber deswegen nicht weniger Arbeit ist als eine Erwerbsarbeit.

Sich für ein solches Modell zu entscheiden benötigt ebenfalls viel Abstimmung und Vereinbarungen. Gerade hier sind eine Aufteilung des Mental Loads und eine Aufrechnung von Care- und Erwerbsarbeit eine wichtige Basis, um die eigenen Bedürfnisse im Blick zu behalten. Unter dem Aspekt des Bedürfnisses nach Sicherheit sollten nicht nur die aktuelle Situation und Absicherung in den Blick kommen, sondern auch die zukünftige – durch privaten finanziellen Ausgleich der Zeiten, in denen die Rentenversorgung nicht wie bei einer vollen Erwerbstätigkeit berücksichtigt wird. So fern uns der Gedanke auch liegt, die Umsorgung der Familie als »Arbeit« zu betrachten, so ist im Hinblick auf unsere Bedürfniserfüllung ein objektiver Blick auf die alltäglichen Tätigkeiten und ihren Wert sehr wichtig. So vermeiden wir, gerade in der doch scheinbar so einfachen und alltäglichen Hausarbeit in eine Schieflage zu geraten: Legen wir eine Liste an mit all den Tätigkeiten, der Anzahl der Stunden, die dafür verwendet werden, und berechnen wir, welchem Lohn das entsprechen würde. Auch wenn wir in verliebten und wohligen Zeiten nicht an Trennungen denken, sind sie doch Alltag in unserer Gesellschaft, und eine vorsorgliche Sicherung schützt nicht nur vor Armut nach einer Trennung, sondern auch davor, sich aus Angst vor Armut nicht trennen zu können. Es mag unromantisch klingen, und manchmal ist es schwer, über den eigenen Schatten zu springen und den Wert der Arbeit zu benennen, aber es ist auch eine Form der weiblichen Selbstfürsorge, sich vertraglich abzusichern: Lohnausgleichszahlungen, Rentenausgleichszahlungen, vertragliche Festlegung der gleichmäßigen Aufteilung von in Ehejahren erwirtschafteten Gewinnen, Unterstützungsleistungen für Übergangszeiten in den Berufseinstieg – es gilt, viele Aspekte zu beachten, um die Person, die Care-Arbeit leistet, wirklich abzusichern. Dafür lohnen sich eine juristische Beratung und eventuell sogar eine vertragliche Festlegung innerhalb der Familie. Zu Hause zu bleiben, wenn diese Möglichkeit finanziell und persönlich besteht, ist eine Option, wenn die dahinterstehende Arbeit als solche anerkannt und berechnet wird. Als mein Mann und ich heirateten, stand es glücklicherweise für keinen von uns zur Diskussion, dass ein ausführlicher Ehevertrag Grundlage unserer Vereinbarungen sein sollte. Dennoch kenne ich auch befreundete Familien, in denen dieses Thema aus Scham nie angesprochen wurde, zum Teil mit schwerwiegenden Folgen – für die Mütter nach einer Trennung. Wir brauchen uns für diese Forderungen nicht zu schämen. Doch es ist kein Zeichen fehlender Liebe, vom Lebenspartner Sicherheit einzufordern, es ist schlichtweg eine logische Konsequenz von Gleichberechtigung. Es ist das Recht einer Mutter, die zu Hause bleibt, sich abzusichern. Und ebenso des Vaters, wenn er den Hauptteil der Carearbeit leistet. Gerechte Möglichkeiten und Freiheiten für Mütter und Familien bedeuten nicht, dass für alle die gleichen Lösungen gefunden werden müssen, sondern dass jede Familie eine passende Lösung finden kann, ohne per se benachteiligt zu werden.

Aufgabenverteilung von Anfang an

Optimalerweise sind die Eltern bereits vor der Geburt des Kindes auf einem gemeinsamen Weg und daran orientiert, eine gleichberechtigte Partnerschaft zu leben. Die Engländerin Sophie Power, die einen 172 Kilometer langen Ultramarathon in 42 Stunden am Stück lief und unterwegs ihr drei Monate altes Baby stillte, erklärte auf die Frage, ob sie mit ihrem Beispiel nicht einen zu hohen Maßstab für andere ansetze, dass sie gar keine Supermutter sei und alles gleichzeitig könne: »Man kann doch als stillende Mutter nur Marathon laufen, wenn man genug Unterstützung hat. Wenn mein Mann nicht gewesen wäre, hätte ich weder während der Schwangerschaft noch nach der Geburt trainieren können. Auch unsere Nanny hat mich sehr unterstützt. Ohne dieses Netzwerk hätte ich das niemals geschafft.«[13] Für eine egalitäre Aufteilung von Familienaufgaben braucht es auch eine*n Partner*in, welche*r eine egalitäre Aufteilung mitlebt. Bestenfalls sind schon vor der Geburt die grundlegenden Aufgabenverteilungen geklärt, und es besteht Konsens. Eine Studie zum Selbstbild von Vätern hat gezeigt, dass sich zwei Drittel der Männer zwischen 22 und 45 Jahren im Sinne einer sozialen Vaterschaft definieren, also nicht mehr die Erwerbsarbeit, sondern das Interesse an der Beschäftigung mit der Familie im Vordergrund steht. Eine gute Grundlage also für die Gleichverteilung. Da aber die traditionelle Aufteilung noch immer insbesondere unter wirtschaftlichen Aspekten (Gender-Pay-Gap) einen Vorteil bringt, wankt diese Grundeinstellung. Es braucht also insbesondere schon vor dem Kinderkriegen Diskussionen und Berechnungen, wie eine Aufteilung möglich ist.

Oft zeigt es sich jedoch erst im Verlauf der Elternschaft, dass die Vorsätze einer gleichmäßigen Lastenverteilung nicht eingehalten werden. Hier bedarf es dann immer wieder eines Innehaltens,

Nachrechnens und der Neuorientierung. Wir müssen miteinander reden! Wir müssen sagen, was wir brauchen – auch wenn uns das manchmal so schwerfällt, weil wir nicht gelernt haben, auf die eigenen Bedürfnisse zu achten und ihre Erfüllung klar einzufordern. Elternschaft besteht zu einem großen Anteil aus Gesprächen. Nicht nur mit den Kindern, sondern vor allem auch zwischen den Eltern. Wir müssen über die Begleitung der Kinder reden, über unsere Vorstellungen von Erziehung oder Nichterziehung und vor allem über die vielen Dinge des Alltags.

Und wenn der andere Elternteil nicht mitmachen möchte? Unter der Überlastung und den Folgen der Selbstaufgabe leidet früher oder später das ganze Familiensystem. Die Scheidungsanwältin Helene Klaar macht in einem Interview auch die problematische Aufgabenverteilung für Ehekrisen verantwortlich: »Ich bin überzeugt, dass die 40-Stunden-Woche viel dazu beiträgt, dass die Menschen unzufrieden sind. Man kann nicht 40 Stunden arbeiten und daneben einen Haushalt führen und die Kinder unterhalten. […] Also kommt die Frau drauf, der Mann ist schuld, denn er ist zu wenig da und macht nix. Das stimmt ja meistens. Und der Mann findet, die Frau ist nicht mehr für ihn da, sondern kümmert sich nur um die Kinder. […] Dann sind beide der Meinung, mit einem anderen Partner ginge es besser. In Wirklichkeit ist es die 40-Stunden-Woche.«[14]

Alles anders als früher?

Nach all dem Gelesenen könnte man meinen, man müsse jetzt alles anders machen als früher. Aber darum geht es nicht. Es geht vor allem darum, dass wir den Weg finden, der individuell zu uns passt, der uns guttut. Wer als Frau und Mutter keine Karriere machen möchte, muss das auch nicht. Und wer es möchte, sollte es können. Es geht vielmehr darum, dass wir uns nicht von falschen Bildern, Theorien oder gesellschaftlichen Rahmenbedingungen in eine Mutterrolle pressen lassen, die uns nicht guttut. Wenn ich Mutter werde und bald wieder arbeiten möchte, brauche ich Rahmenbedingungen, die das unterstützen. Denn für mein Kind ist es okay, wenn es auch von anderen gut versorgt wird. Und auch wenn ich als Mutter mit den Kindern länger zu Hause bleiben möchte, brauche ich Rahmenbedingungen, die das unterstützen und mich nicht in die Altersarmut führen. Wenn eine Frau auch mit drei Kindern einem Vollzeitjob nachgehen möchte (oder muss), brauchen wir entsprechende Möglichkeiten und keine Arbeitgeber, die Mütter mit vielen Kindern wegen möglicher Krankheitstage per se ablehnen. Homeoffice, flexible Arbeitszeiten, geteilte Vollzeitstellen, bei Bedarf Räume zum Abpumpen von Muttermilch oder zum Stillen, keine wichtigen Teamsitzungen am Nachmittag – das sind entlastende Rahmenbedingungen für erwerbstätige Mütter.

Es geht darum, uns von falschen Vorstellungen zu entlasten und für sich und alle anderen anzuerkennen: Es gibt nicht das eine Mutterbild, es gibt nicht die eine Rolle, die wir alle leben müssen. Mutterschaft kann so vielfältig gelebt werden, und keine Form ist falsch, solange wir uns darin wirklich wohlfühlen, davon nicht krank werden und die Bedürfnisse der Kinder sicher (von uns oder anderen) erfüllt werden. Und: solange wir unseren persönlichen Weg nicht als Richtschnur für andere festlegen. So, wie wir uns einen Beruf aussuchen, der unseren Interessen, unserem Temperament und unseren Fähigkeiten entspricht, können wir uns auch ein Modell von Mutterschaft aussuchen, das zu uns und unserer Familiensituation passt.

Privilegien versus Armut

Beim Thema Berufswahl sind wir bei einem Aspekt, den wir auch in Bezug auf die Mutterschaft nicht aus den Augen verlieren dürfen: Privilegien. Auch wenn hierzulande manche an den amerikanischen Traum »vom Tellerwäsche zum Millionär« glauben, sieht die Realität anders aus. So wie Bildungschancen und Teilhabe am gesellschaftlichen Leben noch immer mit Privilegien verbunden sind, ist auch das Ausleben von Mutterschaft und Frausein mit Privilegien verbunden. Als weiße verheiratete Akademikerin habe ich mehr Auswahl an verschiedenen Wegen, Mutterschaft zu leben, als eine Frau, die es sich finanziell nicht leisten kann, über einen langen Zeitraum zu Hause zu bleiben und über ein verringertes Einkommen zu verfügen. Ich hatte die Möglichkeit, meinen Job und meine Promotionsstelle an der Universität an den Nagel zu hängen und mich selbstständig zu machen, und konnte nicht nur meine Kinder lange zu Hause betreuen, sondern mir daneben eine Selbstständigkeit aufbauen und die Jahre des geringen Einkommens durch das Einkommen meines Mannes überbrücken, bis ich mir über mein Blog ein erfolgreiches Unternehmen aufgebaut habe. Ich bin also in Hinblick auf so ziemlich alle Bereiche meines Lebens privilegiert.

Gerade im Bereich der Kindergartenfreibewegung ist häufig zu lesen: »Du musst nur deine Schwerpunkte anders setzen, alle können es sich leisten, zu Hause zu bleiben mit Kindern.« Nein, das können sich nicht alle leisten. Besonders alleinerziehende Mütter mit ihren Kindern sind nämlich von Armut betroffen.[15] Ich habe bei meiner Arbeit Mütter kennengelernt, die es sich nicht aussuchen konnten, lange zu Hause zu bleiben oder »eben auf den Urlaub zu verzichten«, den sie sowieso nie hätten bezahlen können. Mütter, die von ihrem Mann den Unterhalt für die Kinder nicht bekommen und bei denen es kurz vor Monatsende nur noch Brot mit Gurke gibt – nicht als Health-Ernährungstipp, sondern weil es für anderes nicht reicht. Armut existiert mitten unter uns. Immer mehr Familien werden obdachlos, wenn sie sich die Mieten in den großen Städten nicht mehr leisten können.[16] Obdachlose, das sind nicht mehr nur die betrunkenen Männer am Straßenrand. Das sind Frauen, Kinder, Familien: Etwa 22 Prozent der Menschen in den Notunterkünften in Berlin sind Familien. Und diese Menschen haben keine Wahl mehr. Sie sind festgelegt auf die Situation, in der sie sich aktuell befinden.

Diese Armut wirkt sich auf die Bildungschancen des Kindes, das Sozialleben und die Entwicklung aus. Darüber hinaus hat sie natürlich einen negativen Einfluss auf die Eltern und ihre Gesundheit, ihr Sozialleben, aber eben auch auf die psychische Gesundheit durch den Stress, den Armut bedeutet. Wir sind nicht alle so frei, wie wir immer meinen. Und genau dieses Wissen darum, dass es Frauen gibt, die in ihrer Mutterschaft nicht frei entscheiden können, müssen wir ebenso beim Wandel des Mutterbildes berücksichtigen. Es mag sein, dass der Wandel des Mutterbildes bei einigen von uns – den privilegierten Müttern – vor allem im Inneren stattfindet, in der Abkehr von falschen Vorstellungen und inneren Stimmen. Aber für die Mehrheit der Mütter heißt ein Wandel des Mutterbildes, dass veränderte Rahmenbedingungen geschaffen werden müssen, damit sie es sich überhaupt leisten können, frei zu entscheiden.

Alleinerziehende sind noch weniger frei

In einschlägigen Zeitschriften lesen wir manchmal Überschriften wie: »Viele Mütter fühlen sich trotz Partner alleinerziehend«, oder hören auch von anderen: »An diesem Wochenende bin ich alleinerziehend, mein Mann ist mit Freunden unterwegs.« In unserer Vorstellung mag das vielleicht stimmen. Doch auch hier sehen wir wieder, wie schwer es uns fällt, uns in Menschen und Situationen zu versetzen, die wir selbst nicht erfahren haben. Alleinerziehend zu sein ist wesentlich mehr, als »nur« allein zu bestimmen. Alleinerziehend zu sein bedeutet, das physische und psychische Wohl der Kinder die meiste Zeit allein im Blick haben zu müssen, mit aller Last und Verantwortung, die das mit sich bringt. Eine alleinerziehende Mutter schreibt in ihrem Blog:

»Und gerade Einsamkeit ist ein strukturelles Problem bei Alleinerziehenden. Alleinerziehende sind die gelebte Dialektik: Sie sind nie allein und mit allem allein. Sie sind nie allein, weil da ja immer die Kinder sind. Bei jedem Frühstück, Mittagessen, Abendessen, sonn- und feiertags, Kinder haben nie geschlossen. Ich bin oft den ganzen Nachmittag mit den Kindern zu Hause und kann mich trotzdem keine zwanzig Sekunden gedanklich auf etwas einlassen. Einer kommt um 14 Uhr, einer kommt um 15 Uhr von der Schule, jeder hat Hunger. Einer braucht Hilfe bei den Hausaufgaben, dem anderen fehlt ein Heft, ein Stift, ein Buch. Die Küche muss aufgeräumt und die Wäsche aufgehängt werden, ich muss Zahnarzttermine machen und einkaufen, ich muss das eine Kind ermahnen, dass die Medienzeit zu Ende geht, und das andere Kind möchte sich mit mir unterhalten, über den Tag, die Freunde und die Welt. Dann muss das eine Kind zum Sport und braucht mal kurz meine Hilfe beim Tasche- und Sportsachensuchen, und vergiss die Trinkflasche nicht. [...] Natürlich gibt es kinderfreie Zeiten. Die Kinder sind in der Schule und ich auf der Arbeit. Die Kinder sind bei Freunden und ich beim Einkauf. Die Kinder sind sogar manchmal beim Vater und ich allein zu Hause. Was bleibt, ist die Verantwortung. Und zwar nicht für das Allernächste, für das Abendessen oder die sauberen Ohren. Sondern für die Kindheit, die Gesundheit, das Wachsen, die Zukunft dieser Kinder. In meinem Kopf ist ein permanentes Grundrauschen, die Kinder sind immer präsent. Mental Load nennt sich das, hab ich gelernt, aber im Gegensatz zu verpartnerten Frauen mit Mental Load, die mit ihrem Partner diskutieren, wie sie die Verantwortlichkeiten besser und paritätischer aufteilen können, kann ich nix abgeben. Keiner da.«[17]

Führen wir uns das einmal konkret vor Augen: 31 Stunden pro Woche gehen berufstätige alleinerziehende Frauen durchschnittlich einer Erwerbsarbeit nach, 26 Stunden berufstätige Mütter in Paarbeziehungen.[18] 2017 lag der Anteil der alleinerziehenden Mütter mit Kindern bis drei Jahre bei 27 Prozent. Je älter die Kinder werden, desto mehr nimmt die Erwerbstätigkeitsquote zu, sodass Alleinerziehende, deren jüngstes Kind fünfzehn bis achtzehn Jahre alt ist, zu 80 Prozent wieder arbeiten. Dennoch ist es aber so, dass das Pro-Kopf-Einkommen in Familien Alleinerziehender ein Fünftel niedriger ist als bei zwei Erwachsenen mit Kind(ern) und alleinerziehende Familien armutsgefährdeter sind, mehr materielle Entbehrungen haben und überproportional stark von Verschuldung betroffen sind. In der Baby- und Kindergartenzeit kostet ein Kind monatlich durchschnittlich 519 Euro[19] – für viele Alleinerziehende eine sehr große Summe, die sie mit dem geringen Einkommen kaum auffangen können. Mit den Sorgen um das Kindeswohl (und um das eigene Wohl) gehen oft auch Streitigkeiten um Unterhalt einher, wenn der nicht betreuende Elternteil nicht zahlt, oder aber Amtsgänge, Schriftwechsel und Formalitäten, wenn der nicht betreuende Elternteil ein geringes Einkommen hat und weitere Hilfen in Anspruch genommen werden müssen. Gerade Alleinerziehende, die neu in diese Lebenssituation kommen, haben wenig Überblick über den Papierdschungel und alles, was beantragt werden kann und muss[20]. Um der Armutsfalle zu entkommen, die Alleinerziehende im Alltag und in der Zukunft begleitet, haben sie kaum andere Möglichkeiten, als erwerbstätig zu sein und Kindergartenplätze – sofern verfügbar – in Anspruch zu nehmen. Wenn diese Notwendigkeit auch noch auf ein überhöhtes Mutterbild stößt, können sie es für ihr Gefühl nur falsch machen: arbeiten gehen und aufgrund der Erwerbstätigkeit »die Bindung gefährden« oder nicht arbeiten gehen, in Armut leben und somit die zukünftigen Entwicklungschancen des Kindes verringern.

Wenn in Paarbeziehungen lebende Eltern über Freiheit sprechen, meinen sie deswegen oft eine andere Freiheit als die grundlegende, existenzsichernde Versorgung, um die es bei vielen Alleinerziehenden geht. Felicitas L., eine andere alleinerziehende Mutter schreibt dementsprechend zum Muttertag 2019 in ihrem Instagram-Profil:

> »Mein Wunsch ist, dass wir Mütter eine ECHTE Wahlfreiheit haben. Ohne priviligiert sein zu müssen. Dass wir bei Kindererziehungsjahren nicht in Armut landen. Dass unsere Arbeit als solche bezahlt und angesehen wird.«

Auch wenn in Paarbeziehung lebende Eltern mal zwischendurch allein sind, zum Beispiel weil der Partner oder die Partnerin auf Dienstreise ist, sind sie nicht annähernd mit den Sorgen belastet, die wirklich Alleinerziehende Tag für Tag tragen, und nicht so stark in ihren Möglichkeiten eingeschränkt, wie Alleinerziehende es sind. Gerade für alleinerziehende Mütter ist es wichtig, dass wir ein Mutterbild gestalten, das an den Möglichkeiten Einzelner orientiert ist und eine Gleichverteilung von Lasten und einen Ausgleich bei fehlender Unterstützung durch einen Partner in den Blick nimmt. Gerade für sie ist es wichtig, den Bindungsdruck von ihren Schultern zu nehmen und die Angst davor, dass sie ihren Kindern durch die gelebte Realität keine gute Bindung mit auf den Weg geben könnten. Zusätzlich zu der Angst, im Hinblick auf die Bindung selbst zu versagen, kann sich auch noch die Sorge gesellen, dem Kind keinen andersgeschlechtlichen Elternteil anbieten zu können, wenn der Vater sich nicht einbringt. Denn immer wieder ist auch zu lesen: »In allen Phasen des Aufwachsens von Kindern ist die Vaterpräsenz in unterschiedlicher Weise für die Entwicklung des Kindes nötig.«[21] Aber welchen Druck üben solche Sätze zusätzlich auf alleinerziehende Mütter aus? Und ist das überhaupt zutreffend? Alleinerziehende Mütter tragen auch hier in der Sorge um die Entwicklung ihrer Kinder eine wesentlich größere Last. Gerade sie sind auf die *familia,* den Clan angewiesen, und auf Menschen, die nicht nur emotional eine Stütze sind, sondern auch tatsächlich mit anpacken. Auch für sie brauchen wir daher ein offenes, individuelles Mutterbild, staatliche finanzielle und unterstützende Hilfen, aber auch mehr Zusammenarbeit und Unterstützung in der Gesellschaft und weniger Stigmatisierung.

»Andere« Mütter

Wenn wir an »die Mutter« denken, denken wir wohl meistens an eine Frau, die ein Kind geboren hat und mit diesem zusammenlebt. »Mutter« sind aber auch die Frauen, die nicht selbst geboren haben und trotzdem Kinder im Aufwachsen begleiten, die nicht in ihren Körpern gewachsen sind. Solche, die vielleicht Kinder eines Partners angenommen, adoptiert oder in Pflege genommen haben. Oder jene, die in einem Kinderdorf leben mit Kindern, zu deren Eltern sie selbst keine Verbindung haben und die sie dennoch liebevoll umsorgen. Es gibt gleichgeschlechtliche Paare mit zwei Müttern, intersexuelle Elternteile, Transgender- oder transsexuelle Menschen, die mit Kindern leben: »Mutter« sein beziehungsweise »Familie leben« kann heute viele Gesichter haben.

Aber all jene, die von den durchschnittlichen Erwartungen von Mutterschaft (Mutter gebiert Kind) abweichen, haben es schwerer: Nicht nur in unserem gesellschaftlichen und oft genug auch individuellen Blick, sondern vor allem durch gesetzliche Regelungen, die Mutterschaft noch immer traditionell denken: Selbst nachdem alle Menschen gleichermaßen heiraten können, sind die in einer gleichgeschlechtlichen Ehe gezeugten Kinder nicht per se Kinder der beiden Ehepartner*innen, sondern müssen über Stiefkindadoption angenommen werden, während bei heterosexuellen Paaren automatisch der Ehepartner zum Vater wird. Wir können die Worte von Oprah Winfrey »Biologie ist das Letzte, was uns zu Müttern macht« ergänzen durch: »Sie ist noch nicht einmal notwendig.« Mutter kann sein, wer sich als Mutter fühlt, das wissen wir heute. Nur ist es noch nicht zu allen durchgedrungen.

Ebenfalls zu beachten ist, dass wir jenen Müttern oder Eltern anderer Kulturkreise nicht mit Vorurteilen in Hinblick auf Elternschaft begegnen: Gerade People of Color werden von weißen Menschen mit Vorurteilen auf vermeintliche »Natürlichkeit« in Bezug auf das Umsorgen von Kindern verbunden – ein Rassismus, der uns manchmal gar nicht bewusst ist, den wir aber wie viele andere Vorurteile beenden müssen.

Andere Wege zu gehen ist anstrengend, aber wichtig

Wichtig für alle Veränderungen, die wir anstreben, ist, dass es öffentliche Beispiele gibt, die andere Möglichkeiten vorleben, wodurch sich neue Leitbilder für Individualität entwickeln können. Unsere Bilder ändern sich dann, wenn wir uns im Alltag konkret mit anderen Beispielen auseinandersetzen müssen. Wenn wir Mütter mit anderen Lebensentwürfen kennenlernen, mit ihnen auf dem Spielplatz ins Gespräch kommen oder von ihnen in Zeitschriften, im Netz oder in Büchern lesen. Die noch fehlende Freiheit entsteht langsam durch das Vorbildverhalten und das Durchdringen der Gesellschaft mit öffentlich gelebten Alternativen. Ein solches Beispiel ist Anja, die selbst Vorbild für andere ist und auch durch andere Vorbilder Sicherheit gewonnen hat: Anja ist Mutter von zwei Kindern (4 Jahre, 5 Monate). Beim zweiten Kind ist sie wieder arbeiten gegangen, als ihr Kind vier Monate alt war.

»Für zwei volle Tage, Montag und Dienstag. Mein Mann ist an diesen Tagen in Elternzeit, ich an den anderen drei. Ich stille seitdem nicht mehr voll, sondern das Baby bekommt Pre-Milch für die Zeit, in der ich nicht da bin. Ich habe vorher abgepumpt, aber das ist mir zu anstrengend. Manchmal kommt mein Mann mit dem Baby zum Stillen vorbei, ich habe eine Milchpumpe, falls das nicht klappt. Mein Arbeitgeber ist sehr familienfreundlich – aber die meisten Kolleg*innen haben auch selbst Kinder. Mein Chef hat mit mir auch eine Exit-Option besprochen, falls es nicht klappt, das fand ich gut und ehrlich. Meine Chefin bekam ihr Kind in Oxford, und dort gibt es diese Möglichkeit bis heute nicht, aber sie und ihr Mann hätten sie genutzt. Sie unterstützt mich und gibt mir auch Zuspruch, der über ihre Rolle als Direktorin hinausgeht. Das ist toll und wertvoll.

Tja und die Reaktionen? Es war alles dabei, außer offensive Ablehnung. Ich höre manchmal ein lautes Schweigen – zum Beispiel bei unserer Praktikantin, die gerade selbst ihr erstes Kind erwartet. Aber dem trete ich selbstbewusst entgegen und demonstriere eben Normalität. Ich fand es nett, dass aus dem erweiterten Kolleg*innenkreis gefragt wurde, wie es läuft – das war ehrliches Interesse. Die erste Reaktion von anderen Eltern, meiner Hebamme und von externen Kontakten bei meiner Arbeit war zunächst Überraschung. Manchmal begleitet von Sprachlosigkeit oder einer gewissen Skepsis – dann wurde ich eigentlich immer nach dem Stillen gefragt. Ich finde es auch in Ordnung, dass man erst mal überrascht ist. Es ist eben ein Impuls, der erst einmal verarbeitet werden will. Das muss man dem Gegenüber zugestehen, oder? Ich verstehe auch, wenn sich Frauen über die Frage ärgern, wo denn das Kind sei, wenn sie allein unterwegs sind. Aber die Frage ist auch eine Chance, um die eigene Struktur sichtbar zu machen. Ich beantworte sie gern. Ninia LaGrande twitterte kurz nach der Geburt ihres ersten Kindes von der ersten Nacht ohne Baby in einer anderen Stadt – und ja, ich war irritiert, aber das war gut so, denn es hat mich weitergebracht.

Ein toller Nebeneffekt sind die Gespräche in unserem Umfeld. Plötzlich reden wir sehr offen über Werte. Welche Bedeutung hat Arbeit? Wann ist man mutig? Was ist Gleichberechtigung? Wie haben es unsere Eltern gemacht, und wie haben wir das als Kinder empfunden? Wie stellen wir uns das Leben vor, wenn die Kinder groß sind, und wer macht eigentlich den Haushalt und kümmert sich um all die Details, die das Leben am Laufen halten?«

Für Veränderungen ist es wichtig, dass wir selbst etwas wagen und bereit sind, Veränderungen anzunehmen, aber vor allem auch, dass wir Optionen kennenlernen. Dadurch sind wir gezwungen, uns mit unseren eigenen Vorstellungen auseinanderzusetzen und Ähnlichkeiten und Differenzen wahrzunehmen. Wir haben die Möglichkeit, uns zu reflektieren und innerhalb der Familie und mit anderen in einen Austausch zu treten. Dadurch können wir aktuelle Strukturen und Rollenbilder aufweichen, aber vor allem auch einen Nährboden für mehr Entspannung in der nächsten Generation schaffen: Eine Studie der OECD[22] zeigt beispielsweise, dass Kinder von berufstätigen Müttern eher erwarten, dass Frauen auf dem Arbeitsmarkt gleiche Chancen geboten bekommen wie Männer. Und Söhne berufstätiger Mütter verbringen laut Studie als Erwachsene mehr Zeit mit der Betreuung von Kindern als Söhne von Hausfrauen. Wir können die Welt verändern, auch wenn uns unsere Entscheidungen mitunter klein anmuten.

Der Umgang mit Konflikten

Neben positiven Reaktionen gibt es immer auch Ablehnung gegenüber anderen Wegen. Und Ablehnung schmerzt: nicht nur im übertragenen Sinn, sondern ganz real: Zurückweisung und Ablehnung aktivieren in unserem Gehirn die gleichen Regionen wie körperliche Verletzungen. Wir können von »sozialen Schmerzen« sprechen, denen wir natürlich instinktiv erst einmal aus dem Weg gehen wollen. Wenn wir spüren, dass ein Weg zwar nicht der Norm entspricht, aber uns als Familie guttut, wollen wir ihn vielleicht gern gehen, fürchten aber gleichzeitig, dann nicht mehr »dazuzugehören«. Oft werden wir den Blick der anderen auf uns nicht ändern können. Aber wir können etwas daran ändern, wie wir uns dabei fühlen. Wir müssen nicht in die Defensive gehen, müssen nicht Opfer unseres (geringen) Selbstwertgefühls werden. Wir können zunächst schauen: Was genau kann ich ändern, damit es mir in solchen Situationen bessergeht, wenn ich schon die Menschen nicht verändern kann? Was kann ich mir Gutes tun und wie kann ich mich selbst beruhigen? Wenn ich mich in einer Gruppe nicht zugehörig fühle und mich der Ausschluss schmerzt, brauche ich eine andere, die mir guttut. Gehen wir als Mütter nicht in die Opferposition, sondern schauen wir nach Lösungsmöglichkeiten: Die Krabbelgruppe passt nicht? Ich suche eine andere. Auf der Familienfeier ist eine Tante immer abwertend? Ich verbünde mich mit meiner Cousine. Die arbeitenden Mütter in meiner Umgebung verstehen meine Alltagsprobleme nicht? Ich suche im Netz nach Müttern, die auch mit Kleinkind zu Hause sind. Es ist auch wichtig, dass wir Grenzen setzen. Anderen gegenüber, um zu erklären: Bis hierher und nicht weiter! Und auch für uns selbst, um uns zu versichern: Ich habe einen Wert! Ich muss mich nicht aufopfern, muss mich nicht schlecht fühlen, damit sich andere gut oder besser fühlen mit ihren Entscheidungen.

Warum sich Muttermythen so hartnäckig halten

Wir sehen: Wir sind nicht so frei, wie wir oft denken. Und auch wenn wir erkennen, woher diese Einschränkungen in unserer persönlichen und gesellschaftlichen Geschichte kommen und wie auch aktuelle Lebensaspekte und Rahmenbedingungen hineinspielen, ist es nicht einfach, von heute auf morgen ein anderes Bild zu implementieren. Der Mythos um die natürliche Mutterschaft hält sich trotz allen Wissens und der Doppelbelastung, die Muttermythos plus heutige »Freiheit« mit sich bringen, hartnäckig. Weil bestimmte äußere und innere Systeme ihn aufrechterhalten. Und auch aus einem weiteren Grund: Wir wünschen uns Orientierung in einer Zeit des Wandels. Gerade wackelt unser Weltbild: Wohin entwickeln wir uns, was ist los mit der Klimakatastrophe, dem weltweiten Rechtsruck, wohin entwickelt sich unsere Gesellschaft mit dem Gedanken, dass die Frauen den Männern nicht unterlegen sind und Männer genauso gut Kinder begleiten und den Haushalt machen können wie wir? Welche Werte sind heute wichtig, und wie wollen wir sie vermitteln? Wohin entwickelt sich die Welt, wenn sich die Gedanken um Nationen auflösen und wir anfangen, unser Leben global zu betrachten? Gleichzeitig mit den vielen Möglichkeiten, die wir zu haben scheinen, um Familie zu leben, haben wir auch weniger verbindliche Gruppen, zu denen wir gehören. Ernst-Dieter Lantermann schreibt in seinem Buch *Die radikalisierte Gesellschaft:* »Viele Menschen fürchten sich vor einer weiteren sozialen Spaltung. Sie leiden unter der Sorge, ohne jede soziale Unterstützung alleine mit ihren Problemen zurechtkommen zu müssen. Den Verlust an gesellschaftlichem Zusammenhalt erleben sie als eine Aufkündigung der, wie Heytmeier sie treffend bezeichnet, ›sozial-integrativen Kernnormen‹ Solidarität, Fairness und Gerechtigkeit, auf deren Geltung sie in ihrer unsicheren Lebenslage eigentlich angewiesen wären. Viele fühlen sich sozial und gesellschaftlich ausgeschlossen.«[23]

In Zeiten, in denen sich Gewissheiten auflösen, sind wir besonders auf Orientierung angewiesen und versuchen, uns an der Vergangenheit festzuhalten. »Aber wir sind ja auch so groß geworden«, sagen wir vielleicht leicht resigniert und ein wenig die Vergangenheit idealisierend, wenn wir uns am alten Mutterbild ausrichten. In einer unsicheren Zeit auch noch unsichere neue Wege zu gehen erfordert viel Kraft. Wir haben kaum Vorbilder, an denen wir uns orientieren können. Großmutter, Tanten, die Nachbarn und viele der Freund*innen, mit denen wir zusammen aufgewachsen sind, sitzen mit uns im selben Boot und haben genauso als Mutter gelebt, wie es eben üblich war. Und gerade in Zeiten, in denen es scheinbar mehr Möglichkeiten des Alltagslebens gibt, erkennen wir immer wieder starke Tendenzen, in alte Rollenbilder zurückzufallen und (zumindest) in diesem Bereich wieder Vertrautheit herzustellen. So sehen wir in den Hochzeiten der Frauenbewegungen auch immer wieder starke Bewegungen, Frauen zu ihrer vermeintlichen »Natürlichkeit« zurückzuführen.

Jene, die andere Wege gehen, werden erst einmal angegriffen. Es erfordert Ressourcen, sich dagegenzustellen – und vor allem Bestärkung und Aufklärung. Aber wir haben gerade jetzt und heute die Möglichkeit, uns nicht wieder zurückdrängen zu lassen, sondern aus diesem Kreislauf herauszukommen. Denn wir müssen uns jetzt und heute für unsere Bedürfnisse einsetzen, da ihre Verdrängung und die Unterordnung unter den Muttermythos langfristige Folgen für uns hat, die immer mehr (unter anderem durch den Anstieg des Mutter-Burn-outs) zutage treten.

6 Selbstfürsorge – sich Freiheiten erlauben

Zum Muttersein gehören Mutter und Kind und die Beziehung zwischen ihnen. Aufräumen, Einkauf, Staubsaugen, Wäschemachen und all die vielen anderen Dinge gehören nicht zwingend dazu. Das sind Aufgaben, die wir als erwachsene Menschen, die eben einen eigenen Haushalt führen, leisten müssen – unabhängig von Geschlecht oder Familienstand. Aber wir verbinden diese Aufgaben mit dem Frausein. Insbesondere auch durch die noch nicht so lang zurückliegende Zeit der Einverdienerfamilie in Westdeutschland, in der Frauen den Haushalt und die Begleitung der Kinder übernahmen, während die Männer das Geld verdienten. Das Ehegattensplitting bedient auch heute noch diese Aufteilung, indem der mehr verdienende Partner – meist der Mann – der Erwerbstätigkeit nachgeht, während die geringer verdienende Partnerin zusätzlich zu ihrer Arbeit die Hausarbeit übernimmt. Die Nichtbeachtung von Care-Arbeit führt oft zu einer Ungleichverteilung der Belastung in einer Partnerschaft. Diese Mehrfachbelastung kann zu Überforderung, Stress und zum schon erwähnten Mutter-Burn-out führen.

Doch weil wir davon ausgehen, dass diese vielen Päckchen ganz selbstverständlich zum Muttersein dazugehören, gehen wir kaum dagegen an. Oft merken wir gar nicht, in welche Schieflage wir geraten sind. Wir denken vielleicht: »Ich habe nie Zeit«, oder: »Irgendwie funktioniere ich nicht richtig, ich werde gar nicht fertig mit allen Sachen«, oder reden uns ein: »Ach, eigentlich macht es ja auch

Spaß.« Dass aber genau solche Sätze ein Hinweis darauf sind, dass wir uns langsam selbst vergessen, übersehen wir dabei. Schließlich wollen wir nicht als undankbar, unerzogen oder hysterisch gelten. Gehört es nicht zu den Eigenschaften einer Mutter, durchzuhalten und stark zu sein? Lieber selbstlos als selbstfürsorgend?

Das Wort Selbstfürsorge geistert dennoch durch die Mütterwelt, auch wenn es dabei oft nicht richtig verwendet wird: Selbstfürsorge ist mehr, als nur mal zwischendurch eine Maske aufzutragen oder einen Abend in der Badewanne zu verbringen. Selbstfürsorge meint, dass wir im Hinblick auf unsere Bedürfnisse für uns sorgen: das Bedürfnis nach Schlaf, Ernährung, Sicherheit, sozialen Austausch, Selbstverwirklichung. Wir brauchen die Freiheit, auf uns achten zu können, auch wenn die gesellschaftlichen Rahmenbedingungen das nicht zuzulassen scheinen. Wir sind auch als Mütter vor allem Menschen und müssen auf die Erfüllung unserer Bedürfnisse achten. Haben Sie heute übrigens schon ausreichend getrunken? Selbst dieses scheinbar so einfache und grundlegende Bedürfnis übersehen wir oft im hektischen Familienalltag. Unsere Bedürfnisse müssen nicht nur punktuell, sondern andauernd beachtet werden: Selbstfürsorge ist eine Tätigkeit, die uns das ganze Leben über begleiten sollte und die wesentlich zu unserem Wohlbefinden und unserer psychischen Gesundheit beiträgt. Vergessen wir uns und unsere Bedürfnisse, werden wir krank. Zunächst sind es die kleinen Anzeichen, die uns vielleicht ermahnen, dass wir eine Pause einlegen sollten: Kopfschmerzen, innerliche Unruhe, das Gefühl von Gehetztsein, Schlafprobleme, Ungeduld und übermäßiges Schimpfen mit den Kindern. Oft übergehen wir diese Symptome. Manchmal zieht der Körper dann die Reißleine, und wir werden wirklich zum Ausruhen gezwungen: durch Migräne, einen Unfall durch Unachtsamkeit oder eine chronische Erkrankung. In Japan gibt es ein eigenes Wort für den Tod, der durch Überarbeitung auftritt: Karōshi[1]. Glücklicherweise haben wir hierzulande noch keine eigene Bezeichnung dafür finden müssen, aber der Burn-out ist auf dem Vormarsch. Stellen wir uns die Bedürfnisbefriedigung doch einmal vor wie den Akkuladestandsanzeiger auf unserem Handy: Noch im grünen Bereich geht es uns gut, gelb wird es langsam kritisch und rot ist dann kurz vor dem Aus.

Aber wie können wir nun auf uns achten? Leider haben wir ja keinen Akkuladestandsanzeiger an unserem Körper, der hektisch zu piepen beginnt, wenn wir uns selbst vergessen. Der Weg zur Selbstfürsorge geht nur über mehrere Stufen: Zunächst müssen wir unsere Bedürfnisse erst einmal wieder spüren: Wann haben wir Hunger, wann haben wir Durst? Wie wir schon gesehen haben, ist diese Wahrnehmung unserer Bedürfnisse uns oft in der Kindheit aberzogen worden. Deswegen ist es gar nicht so einfach, sie zu erkennen. In einem Tagebuch oder Journal können wir für den Anfang all unsere Bedürfnisse festhalten, ob wir sie beachtet haben, vielleicht wirklich wie mit einem kleinen Akkuladestand für jeden Tag.[2] Beobachten wir, wie wir für uns gesorgt haben, und nehmen wir uns bewusst vor, am nächsten Tag Fehlendem mehr Beachtung zu schenken: Heute habe ich nur Müsli gegessen, morgen koche ich wirklich. Im nächsten Schritt sehen wir vielleicht, dass wir einigen Bedürfnissen nicht nachkommen können. Wir müssen aber dafür sorgen, dass wir den Freiraum dafür bekommen. Deswegen ist der nächste Punkt, die Bedürfnisse anderen gegenüber zu formulieren, insbesondere gegenüber dem Partner und der Familie: »Ich brauche Zeit mit meinen Freundinnen allein, weil das Reden nur mit meinem Kind mich mürbe im Kopf macht!« Das zu denken und zu sagen ist absolut in Ordnung! Auch sozialer Austausch und Zugehörigkeit zu einer Gruppe gehören zu unseren Bedürfnissen. Wir brauchen auch als Eltern andere erwachsene Menschen um uns herum. Im nächsten Schritt müssen wir sehen, wie diese wichtigen

Bedürfnisse berücksichtigt werden können: Machen Sie sich einen Plan, wie Sie Ihre Bedürfnisse in den Alltag integrieren können.

Meine eigenen Bedürfnisse wahrnehmen und beachten

⇉ Essen

Esse ich regelmäßig und gesund? Oder habe ich nur Zeit, um schnell mal nebenher etwas zu essen?

Wenn ich dieses Bedürfnis zu wenig berücksichtige:
Kann ich mich mit anderen gemeinsam zum Essen verabreden? Können wir am Wochenende vorkochen für die Woche (Mealprep)? Kann ich mir eine Liste einfacher Rezepte zulegen, die ich nutzen kann?

⇉ Trinken

Trinke ich ausreichend und auch, bevor ich großen Durst verspüre?

Wenn ich dieses Bedürfnis zu wenig berücksichtige:
Bewusste Pausen machen, immer Getränke (Wasser) auf dem Tisch stehen haben, notfalls erst einmal mit einer Trink-App wieder Zugang zum regelmäßigen Trinken bekommen, bestimmte Situationen zum Trinken nutzen: zum Beispiel Still- oder Fütterungszeiten des Babys.

⇉ Schlafen

Schlafe ich ausreichend? »Haha!«, denken Sie vielleicht als Mutter eines Babys. Aber Schlaf ist auch für Babyeltern wichtig. Und ganz besonders für jene, die ein Familienbett nutzen. Wussten Sie, dass zu großer Schlafmangel auch ein Sicherheitsrisiko im Familienbett sein kann, weil wir uns mit zu großem Schlafmangel in einem ähnlichen Zustand wie unter Medikamenteneinfluss befinden? Es herrscht beinahe ein Konsens darüber, dass Schlafmangel völlig normal sei, und manchmal scheint es sogar, als sei der Schlafmangel auch eine Art Wettbewerb, denn schließlich scheint er zu beweisen: Je weniger ich nachts schlafe, desto mehr kümmere ich mich um mein Kind, und deswegen bin ich eine gute Mutter. Tatsächlich aber hat der Schlafmangel nicht nur negative Auswirkungen auf unser allgemeines Empfinden, sondern auch auf Interaktionen: Schlafen wir zu wenig, wird der Hirnbereich inaktiver, der uns Intentionen und Handlungen anderer verstehen lässt. Wir können uns weniger gut in andere hineinversetzen.[3] Gerade diese Feinfühligkeit ist aber im Familienleben und auch generell im sozialen Kontext von großer Bedeutung. Schlafmangel führt dazu, dass wir uns eher zurückziehen und andere Menschen als bedrohlich empfinden, wir werden aggressiver, gereizter. Das liegt daran, dass Schlafmangel im Gehirn bewirkt, dass die Amygdala als Teil des limbischen Systems, der für die emotionalen Bewertungen und Analysen von Gefahren zuständig ist, überreagiert.[4] Auch das ist keine gute Basis für eine gelingende Beziehung – weder mit anderen noch mit dem eigenen Kind. Gerade dann nicht, wenn das Kind vielleicht ohnehin gerade nach dem ersten Geburtstag unser Nervenkostüm auf die Probe stellt und uns mit seinem immer deutlicher werdenden eigenen Willen ins Wanken bringt. Gerade dann brauchen wir Ruhe und Ausgeglichenheit, um gut mit der wachsenden Autonomie des Kindes umgehen zu können. Nicht selten berichten Eltern gerade um den ersten Geburtstag des Kindes herum von Zeiten, in denen das Kind wieder weniger oder unruhiger schläft durch die Erfahrungen, die gerade jetzt im heranwachsenden Gehirn nachts verarbeitet werden. Stellt sich nun Schlafmangel bei den Eltern ein, ist es wesentlich schwieriger, tagsüber mit diesen kindlichen Neuerungen umzugehen. Schon unter einem kurzen Schlafmangel leiden auch die kognitiven Fähigkeiten von Menschen – je länger wir zu wenig Schlaf bekommen, desto stärker wird dies. Auch die Reaktionsfähigkeit nimmt ab – wir sind müde und langsam.

Wenn ich dieses Bedürfnis zu wenig berücksichtige:
Schlaf ist eines der Bedürfnisse, das wir als Eltern am meisten zurückstellen. Aber zu wenig Schlaf macht uns mürbe, erschöpft und gestresst. Bei zu wenig Schlaf müssen wir Wege finden, um wieder zum Schlafen zu kommen: Schlafen, wenn das Baby schläft; Anforderungen an den Haushalt zurückschrauben; Schlafzeiten zwischen den Eltern aufteilen, wenn das Baby wenig schläft. Tagsüber Familie oder Freunde fragen, ob sie das Baby beaufsichtigen, während man eine Stunde schläft.

⇶ Bewegung

Habe ich genügend Bewegung? Bei Eltern von Kleinkindern vielleicht weniger ein Risikofaktor, aber prinzipiell ist es wichtig, regelmäßig rauszugehen und den Körper wirklich zu bewegen.

Wenn ich dieses Bedürfnis zu wenig berücksichtige:
In der Babyzeit gibt es Kurse, die wir besuchen können: Rückbildung, Laufgruppen mit Baby, Tanzen mit Tragetuch. Mit größeren Kindern können wir durch Ausflüge regelmäßige Bewegung einplanen. Auch möglich: einfach allein Sport machen, während das Kind von einer anderen Person versorgt wird.

⇶ Atmen

Atmen? Als Bedürfnis? Das funktioniert doch von allein! Ja, aber wie oft atmen Sie ruhig und entspannt? Wenn wir gestresst sind, verändert sich unsere Atmung. Gerade auch Eltern von viel weinenden Babys entwickeln eine flache, ungesunde Atmung. Wir oft atmen Sie gesund durch?

Wenn ich dieses Bedürfnis zu wenig berücksichtige:
Mehrmals täglich bewusst auf die Atmung achten, tief ein- und ausatmen, sich mit Atemübungen beschäftigen, vor dem Schlafengehen oder morgens nach dem Aufstehen bewusst im Bett atmen, Atmung gerade auch in Stresssituationen bewusst einsetzen.

⇥ Sexualität

Also mit Kindern … Ja, mit Kindern ist oft erst einmal weniger Sex angesagt, und je mehr wir gestresst und belastet sind, desto weniger Zeit und Lust haben wir. Aber deswegen ist Sex in der bestehenden Beziehung oft auch ein ganz guter Anzeiger für unser Stresslevel. Hand aufs Herz: Sind Sie einfach nur zu erschöpft für Sex?

Wenn ich dieses Bedürfnis zu wenig berücksichtige:
Zeit dafür einplanen, wenn es durch zu viele Aufgaben nicht spontan passiert, aber eigentlich Lust vorhanden ist

⇥ Sicherheit, zum Beispiel Kontrolle über Situationen

Wie oft denke ich, dass ich wirklich Herrin der Lage bin? Oder fühle ich mich ausgeliefert und kann nichts ändern an meinen Situationen?

Wenn ich dieses Bedürfnis zu wenig berücksichtige:
Das Gefühl von Sicherheit ist wichtig für uns. Sich der Mutterschaft oder dem Kind ausgeliefert zu fühlen bedrückt. Wenn wir merken, dass wir uns nur noch fremdbestimmt fühlen, schauen, woran genau das liegt: In welchen

Situationen? Was kann ich dagegen machen? Oft hängt das auch mit den anderen unerfüllten Bedürfnissen zusammen.

⇨ *Zugehörigkeit*

Wem fühle ich mich zugehörig? Habe ich Gruppen außerhalb der Kernfamilie, denen ich verbunden bin?

Wenn ich dieses Bedürfnis zu wenig berücksichtige:
Wenn wir Eltern werden, müssen wir manchmal neue Kontakte finden, wenn unsere bisherigen Freund*innen noch in anderen Lebensphasen stecken. Daher: Kurse und Gruppen besuchen, Kontakte knüpfen auf Spielplätzen, in der Kita, in Schulen.

⇨ *Liebe*

Gebe ich nicht nur Liebe, sondern bekomme ich auch Liebe? Unsere Kinder sind nicht dafür da, unser Liebesbedürfnis aufzufüllen. Sie sind keine Kuscheltiere oder Puppen, die wir bei Liebesmangel in den Arm nehmen und die uns Zuwendung spenden müssen. Liebe sollten wir von anderen erwachsenen Personen bekommen.

Wenn ich dieses Bedürfnis zu wenig berücksichtige:
Leider können wir Liebe nicht aus dem Regal nehmen oder aus dem Kühlschrank wie etwas zu essen. Aber wir können unser Bedürfnis aussprechen: Ich fühle mich gerade von dir zu wenig geliebt! Und dann können wir sehen, wie wir die Situation gemeinsam ändern können.

⇨ *Sozialer Kontakt*

Mit wem bin ich in Kontakt? Habe ich genügend erwachsene Menschen um mich, mit denen ich reden kann? Oder fühle ich mich als Mutter oft einsam?

Wenn ich dieses Bedürfnis zu wenig berücksichtige:

Hier ist es ähnlich wie bei der Zugehörigkeit. Manchmal merken wir, dass uns der Austausch fehlt. Es ist toll, das Baby zu kuscheln und miteinander Zeit zu verbringen, aber es reicht nicht für die Erfüllung unseres Bedürfnisses nach sozialem Kontakt. Wir brauchen auch Gespräche mit anderen Erwachsenen. Einsamkeit ist ein ganz großes und schweres Thema bei vielen Müttern, die sich in die Häuslichkeit mit Kind gedrängt fühlen. Gerade im Vergleich zum einstigen Clanleben, dem Aufwachsen in einer Gruppe, sind wir heute oft sehr vereinsamt. Deswegen: Banden bilden, sich vernetzen, gemeinsame Kochmittage oder -abende planen, Kurse und Gruppen finden, in denen man sich wohlfühlt.

⇒ Wertschätzung

Fühle ich mich wertgeschätzt für mein Sein und Handeln? Bekomme ich Bestätigung, Liebe, Worte und Anerkennung? Oder fühle ich mich übersehen und denke, dass niemand meine Taten wirklich würdigt?

Wenn ich dieses Bedürfnis zu wenig berücksichtige:

Hier hilft nur Reden. Es ist schwer, einem anderen zu sagen: »Ich fühle mich gar nicht gesehen!« Aber es ist sehr wichtig, dass wir nicht in eine emotionale Schieflage geraten und das Gefühl bekommen, zu viel zu geben und zu wenig zurückzubekommen. Machen Sie einen Plan, was Sie wirklich alles tun, und sprechen Sie gemeinsam darüber. Überlegen Sie, wie Ihnen das Gefühl von Wertschätzung vermittelt werden kann.

⇒ Selbstverwirklichung

Wie sieht es aus mit meinen Hobbys? Gibt es noch Dinge außerhalb des Familienlebens, die ich für mich tue? Was waren eigentlich meine Pläne? Was tut mir wirklich gut?

Eine gute Bindung gelingt nur durch Selbstfürsorge

Das klingt für manche sicher provokant. Besonders dann, wenn wir doch eigentlich immer das Beste wollen für unsere Kinder. Doch der Satz »Die Bedürfnisse meines Kindes haben Vorrang« ist tatsächlich ein Irrglaube. Denn wenn wir unsere eigenen Bedürfnisse nicht erfüllen, fällt es uns schwer, die Bedürfnisse unseres Kindes überhaupt wahrzunehmen beziehungsweise angemessen darauf zu reagieren. Monika, die als Ärztin in der Notaufnahme arbeitet und mit ihrer Familie in Kanada lebt, weiß, wie kräftezehrend Schlafmangel im Familienalltag ist und wie wichtig es ist, auf eine Balance zu achten:

»Die Schichtarbeit belastet mich sehr stark. Arbeiten zu müssen nicht unbedingt, aber die vier Zwölf-Stunden-Schichten, und davon zwei zwölfstündige Nachtdienste, sind es, die zu einem Schlafmangel führen. Dadurch ist meine Ausgeglichenheit nicht immer gegeben. Im Urlaub, wenn ich wieder meinen Tagrhythmus habe, bin ich wie umgewandelt: Ich bin ausgelassen, habe mehr Geduld – ich merke auch den Unterschied im Verhalten meiner Tochter, wenn ich arbeite und sie mehr von mir einfordert, als ich manchmal geben kann nach zwölf Stunden Tag oder Nacht in der Notaufnahme. Im Urlaub ist es dann harmonisch und unkompliziert, und wir finden immer einen Kompromiss.«

Und auch Lolas Beispiel illustriert, wie wichtig es ist, die eigenen Bedürfnisse im Blick zu behalten. Lolas Mutterschaft begann mit 23 Jahren in der 26. Schwangerschaftswoche. Ihr Sohn hat nach Hirnblutungen und anderen Komplikationen Entwicklungsverzögerungen und Epilepsie. Lola und ihr Partner brauchten erst einmal Zeit, um sich an die neue, ungeplante Situation zu gewöhnen und Bindung aufbauen zu können. Diese Zeit hat ihnen gutgetan und dazu geführt, sich dann auch in Sicherheit lösen zu können. Lola nahm ein Jahr Elternzeit, ihr Mann zwei Monate mit anschließenden sechs Monaten Pflegezeit, und er übernahm auch die Eingewöhnung in der Krippe. Beiden war es wichtig, intensive Zeit mit ihrem Kind zu haben, aber zugleich auch auf Auszeiten und Entspannungsmöglichkeiten zu achten:

»Meine Vorstellung vom damaligen Mamasein habe ich über Bord geworfen. Ich fing an, intuitiv zu handeln. Das Babybett wurde direkt nach der Ankunft zu Hause abgebaut, und F. schlief bei uns mit im Bett. Bis heute schläft er dort inklusive Familienzuwachs. Ich habe ihn den ganzen Tag getragen. Nachts schlief er anfangs auf meinem Bauch. Das tat uns beiden gut. Die Flasche bekam er, wann er wollte und soviel er wollte und nicht nach einem ›Plan‹. Ich fing an, mich einzuleben, bzw. wir fingen an. Die Bindung wurde immer inniger. Anfangs blieben wir mit F. noch viel zu Hause. Ich wollte nicht angesprochen werden. Ich wollte kein Mitleid. Irgendwann war ich jedoch an einem Punkt, an dem ich mich selber fragte, wie ich als Mutter in Zukunft sein will. Was ich meinem behinderten Kind bieten möchte bzw. mit ihm erleben möchte. Ich wollte gern wieder arbeiten. Ich wollte nicht nur zu Hause sein. Ich wollte wie eine ›normale‹ Familie sein. F. sollte schließlich auch wie ein normales Kind aufwachsen. Also beschlossen wir, F. in einer integrativen Krippe anzumelden. Es tat mir gut, zu sehen, wie er von den anderen Kindern akzeptiert wird und wie viel Freude er hat, und mir tat es gut, endlich wieder mal ›rauszukommen‹.«

Die Bedürfnisse unserer Kinder sind wichtig – und ebenso unsere erwachsenen Bedürfnisse. Die Bedürfnisse der Kinder immer und über viele Jahre als bedeutsamer anzusehen als die eigenen und sie nicht in Zusammenhang mit unseren erwachsenen Bedürfnissen zu bringen ist falsch. Es ist nicht einfach, sich Freiheiten und Selbstfürsorge selbst zuzugestehen – und es ist auch schwer, dies auch anderen gegenüber auszusprechen und einzufordern.

Unser ganz persönliches Selbstverwirklichungsbedürfnis ist höchst individuell und hängt mit unserer eigenen Sozialisation zusammen: Ist es mir wichtig, Karriere zu machen? Die Gesellschaft zu verändern? Möchte ich mich musisch bilden, oder bedeutet Selbstverwirklichung für mich, ganz besonders frei zu sein? Oder heißt

Selbstverwirklichung, das Glück ausschließlich in der Familie zu finden? Niemand kann beurteilen, welche Art von Selbstverwirklichung erstrebenswert ist oder nicht – außer wir selbst. Wie auch immer Selbstverwirklichung für uns individuell aussieht: Es ist ein Grundbedürfnis. Die Marathonläuferin Sophie Power brachte es mit ihrer Antwort auf die Frage, warum sie sich nicht auf das Elternsein konzentriere, auf den Punkt: »Wenn ich das Laufen nicht als Ausgleich hätte, wäre ich eine sehr viel schlechtere Mutter.«[5]

Wir legen unseren Kindern eine schwere Last auf die Schulter, wenn wir unsere Selbstverwirklichung für sie aufgeben. Ein Opfer, um das sie nie gebeten haben und das sie niemals ausgleichen können. Wenn wir für unsere Kinder unsere Träume aufgeben, dann wird uns das ein Leben lang begleiten, und in den schweren Momenten des Mutterseins werden wir denken: »Was für ein undankbares Kind!« Aber Kinder sind Kinder und gehen ihren eigenen Weg. Wir *können* unsere Kinder nicht zwingen, dankbar zu sein für den Weg, den wir ausgesucht haben. Und wir *sollten* sie auch nicht zwingen, weil dies wieder Kinder hervorbringt, deren Bewusstsein für sich selbst und die Wahrnehmung der eigenen Bedürfnisse gestört sein wird. Im Sinne der Ausbildung eines guten Bindungsmusters steht die bedingungslose Liebe – und diese ist frei von der Erwartung von Dankbarkeit.

Wenn wir unsere Träume für unsere Kinder aufgeben, macht uns das unglücklich, und dieses Unglück, diese innere Unzufriedenheit belastet die Beziehung. Der Zwang, über Jahre zu Hause beim Kind zu sitzen, weil wir glauben, das sei für die kindliche Entwicklung richtig, und dabei unglücklich zu sein, wird uns keine freudigen Zeiten mit dem Kind bescheren. Wer nicht darin aufgeht, mit einem kleinen Kind stundenlang in der Puppenküche zu sitzen, der wird sich daran auch nicht erfreuen, nur weil er denkt, es sei eben richtig so. Wir können ein Glücksempfinden nicht dadurch herstellen, dass die Gesellschaft uns sagt, es sei unsere Pflicht, genau dabei Glück zu empfinden. Kinder brauchen authentische Eltern und geteiltes Glück in wirklichen Glücksmomenten. Für manche mag das Glück darin liegen, jeden Tag von morgens bis abends gemeinsam auszukosten, für andere darin, gemeinsam eine schöne Zeit nach der Arbeit zu haben. Und keines von beiden ist mehr wert als das andere. Gemeinsames Lachen, entspannte Bilderbuchstunden und Spielplatzbesuche, das Zusammensitzen bei einem Tee am Nachmittag und über den Kindergarten- oder Schultag sprechen, am Abend zusammen den Tag reflektieren: Das sind Momente des Glücks und der Verbundenheit. Sie werden nicht in Zeiteinheiten gemessen, sondern in der Intensität des Gefühls.

Schluss mit der Glorifizierung der Überlastung!

Was wir bei aller Selbstfürsorge aber nicht vergessen dürfen: Selbstfürsorge meint nicht Selbstoptimierung! Es geht nicht darum, noch mehr Stress in unseren Alltag zu bringen, indem wir alle Bereiche unseres Selbst optimal versorgen und auch hier in eine Immer-höher-immer-weiter-Schleife kommen: Wir sollten auf gesunde und ausreichende Ernährung achten, aber müssen deswegen nicht zur Ernährungs-Gurvi[6] werden. Gerade heute, wo wir als Mütter am besten sexy, belesene, karrieretüchtige Frauen in Personalunion sein sollen, brauchen wir nicht noch mehr Druck, der uns wieder von unseren eigenen Bedürfnissen entfernt. Selbstfürsorge meint keine To-do-Liste zum Abhaken, sondern ein sicheres Gespür für unsere inneren Bedürfnisse. Wir sollten sie nicht nur berücksichtigen, damit wir wieder funktionieren, und auch nicht, um unseren Kindern ein besseres Vorbild zu sein, sondern einfach für uns. Für das Wohlbefinden ganz ohne vordergründigen Zweck, einfach als Selbstzweck.

Doch ganz ohne Grund oder Veranlassung geht bei uns Müttern wenig. Und das besonders Schlimme daran ist, dass wir den permanenten Stress und die wachsenden Anforderungen mittlerweile glorifizieren: Wer kennt es nicht, mit stolz geschwellter Brust davon zu berichten, wie toll eine stressige Zeit gemeistert wurde? Wir erklären, dass wir müde, aber glücklich sind, Augenringe mit tollem Make-up kaschieren, und übrigens ist »MOM nur eine Spiegelung von WOW«. All das zeigt uns, dass wir als Mütter Superkräfte haben. Die Wahrheit aber ist: Wir haben keine Superkräfte, obwohl sie uns abverlangt werden. Wir geben und arbeiten so viel, dass wir dabei vergessen, uns um uns selbst zu kümmern. Aber anstatt das als Warnzeichen zu sehen, betrachten wir die Erschöpfung als Zeichen der Stärke. Wir schöpfen Wörter wie »Muttitasking« und postulieren damit die Überlastung als völlig normale Fähigkeit: Mütter können alles und sind besonders fähig, vieles gleichzeitig zu tun. Und auch wenn es Unterschiede zwischen den Geschlechtern geben mag, ist es sicherlich keine weibliche Eigenschaft, immer wieder und trotz Erschöpfung über die eigenen Möglichkeiten hinauszugehen. Eine Mutter erträgt nicht alles, nur weil sie Mutter ist. Hören wir auf mit der Glorifizierung der Überbelastung und seien wir ehrlich zu uns selbst und zu anderen: Mutterschaft ist manchmal wirklich anstrengend. Es hilft weder uns noch anderen, wenn wir uns einreden, die Belastungen seien gar nicht so schlimm. So ändern wir nichts an den Rahmenbedingungen.

Denken wir lieber darüber nach, was in unserem Leben wirklich anstrengend ist und an welchen Stellen etwas dagegen unternommen werden kann. Kümmern wir uns lieber um uns, statt uns auszubeuten. Machen wir direkt heute Schluss damit und schreiben ganz ehrlich #stopglorifyingmomstress und warum es total in Ordnung ist, erschöpft zu sein und nicht noch mehr zu leisten. Arbeiten wir in unseren Gedanken ganz bewusst dagegen an, wenn wir mal wieder denken »Aber *als Mutter* muss ich doch …«, und formulieren wir neue Gedanken und Überzeugungen wie »Ich bin ein Mensch mit begrenzten Kräften und muss damit haushalten, statt mich zu verausgaben« oder schlicht und einfach: »Als Mutter muss ich gar nichts, was ich als Mensch nicht auch könnte.«

7 Mein Körper gehört mir – oder nicht?

Kinder im Aufwachsen zu begleiten ist immer auch mit Körperlichkeit verbunden. Zuerst denken wir dabei sicherlich an Schwangerschaft und Geburt, vielleicht auch an das Stillen. Aber auch darüber hinaus ist Elternschaft etwas, das stark mit dem Körper zusammenhängt und nicht nur psychisch viel von uns einfordert, sondern auch physisch: Kinder, die an unseren Körpern Nähe und Schutz suchen, die gewärmt und getragen werden wollen, die auch in späteren Kindheitstagen in den Arm genommen werden möchten. Elternschaft ist eine sehr körperbetonte Aufgabe. Manchmal überfordert das Nähebedürfnis des Kindes unsere eigenen Möglichkeiten, überschreitet unsere persönlichen Grenzen: durchwachte Nächte, Babys, die in ständigem Körperkontakt sein wollen, erschöpfte Elternkörper, die eine Ruhepause brauchen, oder Kinder in der sogenannten Trotzphase, die uns beißen, schlagen oder anspucken. Elternschaft ist auch körperlich manchmal ganz schön anstrengend, und es stellt sich irgendwann die Frage: Gehört dieser Körper noch mir oder muss ich ihn ganz in den Dienst meines Kindes stellen?

Zu den körperlichen Anforderungen durch die Kinder kommen aber auch noch die Anforderungen und Ansichten der Allgemeinheit – und hier nicht nur in Bezug auf die Eltern, sondern ganz besonders auf die Mütter: Wir bekommen von Pädagogen erklärt, welches Maß an Körperlichkeit gegenüber einem Kind in Ordnung ist und wie viel zu viel oder zu wenig wäre. Die Größe oder Form unserer Brüste wird von anderen eingeschätzt, um Aussagen darüber zu machen, ob wir unsere Kinder mit Muttermilch nähren können oder nicht – unabhängig davon, ob wir das wollen. Und wenn wir in der Öffentlichkeit das Kind an die Brust legen, wird auch das gern kritisch beäugt oder gar kommentiert – und dies natürlich auch, wenn wir statt der Brust die Flasche geben.

Die Entwicklung unseres Körpers wird ständig Beurteilungen unterzogen: Sind wir zu nachlässig und geben uns der Lust des Essens in der Schwangerschaft faul hin oder sind wir diszipliniert genug, die Form zu wahren? Und selbst nach der Geburt wird dieser kritische Blick auf die Körperrundungen verstärkt: Neun Monate kommt der Bauch, neun Monate geht er – und wenn nicht? Wer zu schnell wieder die alte Form hat, schadet dem Baby vielleicht mit einer Diät? Oder es wird gemunkelt, die Frau habe sich gleich mit dem Kaiserschnitt auch noch den Bauch straffen lassen. Wer jedenfalls zu lange wartet mit dem Loswerden der Pfunde, ist dem Kind ein schlechtes Vorbild. Und schließlich wird gesagt: »Hauptsache, das Kind ist gesund!« Und die Mutter?

Wir sprechen von Bodypositivity und davon, unseren Körper zu lieben, gerade als Vorbild für unsere Kinder, aber sich angesichts all der Anforderungen zu lieben ist gar nicht so einfach. Wir stehen mit kritischem Auge vor dem Spiegel und fragen uns: Gehört dieser Körper eigentlich mir oder habe ich ihn mit der Geburt an die Mutterrolle abgegeben?

In Bezug auf meinen eigenen Körper habe ich in der Elternschaft wohl so ziemlich alles falsch gemacht, was in den Augen der Gesellschaft als Mutter falsch gemacht werden konnte. Immerhin: Ich habe mich für Kinder entschieden, denn Kinderlosigkeit wird noch immer kritisch betrachtet. Dafür aber habe ich drei Kinder bekommen – stehe also mit einem Fuß schon fast am Rande der Asozialität. Als ich mein erstes Kind im Geburtshaus zur Welt bringen wollte, fragte mich meine damalige Frauenärztin, ob mir das Leben meines Kindes so wenig wert sei. Immerhin zweifelte die Familie bei der anschließenden Hausgeburt nicht mehr an meiner Gebärfähigkeit. Als das dritte Kind im Krankenhaus kam, wurde ich schon auf der Fahrt dorthin vom Rettungssanitäter belehrt, dass Hausgeburten eine schlechte Idee wären, während mich nach der Geburt zahlreiche Kommentare erreichten, dass ich sicherlich unter dem Trauma der Krankenhausgeburt leiden würde. Dass alle drei Geburten jeweils genau richtig waren und mir die Orte die Sicherheit gaben, die ich jeweils brauchte, wurde von den Kommentator*innen kaum berücksichtigt. Ich hatte selbst gewählt und schien es doch auf die eine oder andere Weise falsch gemacht zu haben – immer wieder. Doch nicht nur in Bezug auf die Geburt stellt sich schnell die Frage danach, ob der eigene Körper und das Empfinden die Hoheitsinstanz sind – oder doch die anderen: Nach dem Gebären ging es weiter mit den kritischen Fragen zum Stillen, während meine Freundin unter dem Verdikt der Flaschenverurteilung stand. Stillen macht die Brüste schlaff! Du wirst schon sehen, was du davon hast! Nach achteinhalb Jahren Stillzeit insgesamt sehen meine Brüste tatsächlich mit 39 Jahren nicht mehr aus wie damals mit 29, aber sie sind auch keine leeren Hautschläuche, die am Bauchnabel hängen, wie manche Prophezeiungen vermuten ließen. Das Kind so viel zu tragen werde meinen und den Rücken des Kindes zerstören, aber das hätte ich ja eigentlich schon selbst gemacht mit den vielen Kilos rauf und runter – und wann ich denn eigentlich wieder zu meinem normalen Gewicht zurückkäme?, fragten wahlweise Eltern, Bekannte oder in Bezug auf Tragen, Stillen und Verzärtelung wildfremde Menschen in öffentlichen Verkehrsmitteln. Der Blick in den eigenen Spiegel war nicht immer leicht: die Augenringe, der hängende Bauch in den Wochen nach der Geburt (und den Monaten danach), denn aus dem Spiegel blickte ich mir nicht selbst entgegen, sondern die richtenden Augen der Gesellschaft, durch die ich gelernt hatte, mich selbst zu betrachten. Alle anderen Frauen erschienen so viel sexier und schöner – zumindest die, die mir als Vorbild von überallher entgegenprangten. Und immer wieder musste ich mich selbst ermahnen, dass dies hier mein eigener Weg war, den ich ging und bestimmte. Mit meinem Körper und dem, was ich für ihn als richtig empfand.

Von Anfang an fremdbestimmt

Wenn wir ganz genau hinsehen, beginnt die Frage danach, ob der mütterliche Körper uns selbst gehört oder nicht, aber schon früher. Nämlich mit der Frage, ob wir von der Frau zur biologischen Mutter werden wollen oder nicht, denn diese Frage ist weniger frei und selbstbestimmt, als wir oft denken. Nicht nur, dass all jene Frauen, die sich gegen das Gebären entscheiden und damit gegen die im zweiten Kapitel dargestellte rousseausche Natürlichkeit der Entwicklung von der Frau zur Mutter verstoßen, oft kritisch betrachtet werden, auch jene, die sich für eine bewusste Planung oder den Abbruch einer Schwangerschaft entscheiden, tragen diese Entscheidung nicht wirklich allein und unbeeinflusst.

Wir haben bereits gesehen, dass durch die patriarchale Sozialisation das Bild entstand, eine Frau *müsse* zur Mutter werden und habe sonst keinen Wert. Und auch heute sehen wir die Tendenz, dass kinderlose Frauen in der Gesellschaft unerwünscht sind, in Argumentationen wie dieser: »Das einzelne Individuum mag keine Kinder ›brauchen‹, die Gesellschaft benötigt sie aber. Das Individuum ist ökonomisch nicht auf seine Fortpflanzung angewiesen, wohl aber der Staat bzw. die Gesellschaft, um die negativen ökonomischen Effekte einer Bevölkerungsschrumpfung bezüglich des wirtschaftlichen Wachstums zu vermeiden und die Bestandserhaltung der sozialen Sicherungssysteme zu schützen.«[1] – Weibliche Fortpflanzung steht bei uns also im Dienst des Gemeinwohls und wird in gewisser Weise als Pflicht betrachtet – ungeachtet dessen, dass wir in einer Zeit leben, in der wir die Bevölkerungsentwicklung global statt regional betrachten sollten. Selbst Bundeskanzlerin Angela Merkel, die keine eigenen Kinder geboren, aber Stiefsöhne und Enkelkinder begleitet hat, musste sich im Bundestag der kritischen Nachfrage zu ihrer Kinderlosigkeit stellen.[2] Und wenn wir mal nicht den volkswirtschaftlichen Nutzen des Kinderkriegens im Blick haben, wird kinderlosen Frauen zumindest das Glücksempfinden abgesprochen, obwohl sowohl Studien als auch Einzelfallberichte wie in Sarah Diehls Buch *Die Uhr, die nicht tickt* zeigen: Frauen ohne Kinder sind glücklich, manchmal sogar mehr als mit Kindern.

Die Entscheidung, ein Kind zu gebären – oder nicht

Ich selbst stand nie vor der Entscheidung, ob ich eine bemerkte Schwangerschaft fortsetzen möchte oder nicht. Alle meine drei Kinder habe ich – wenn auch nicht jedes geplant – ohne Bedenken angenommen aus der privilegierten Position heraus, dass ich eine funktionierende und stabile Partnerschaft habe, in der diese Kinder willkommen sind, und ich auch sonst über sozioökonomische Verhältnisse verfüge, die das ermöglichen. Ich stand auch nie vor der Wahl, dass einer der Embryonen in Untersuchungen auffällig gewesen wäre und mir deswegen vonseiten meiner Ärztin der Gedanke an eine Abtreibung nahegelegt wurde. In den Jahren als Familienbegleiterin habe ich aber viele Frauen begleitet, die solche Erlebnisse hatten: Frauen, die sich bewusst dafür entschieden haben, eine

Schwangerschaft nicht fortzusetzen, und später Kinder bekommen haben, über die ich sie dann kennenlernte. Frauen, deren Embryro als auffällig diagnostiziert wurde und die vor die Wahl weiterer Untersuchungen und einer Abtreibung gestellt wurden. Frauen, deren Kindern keine Überlebensmöglichkeiten diagnostiziert wurden und die überlegen mussten, ob sie die Schwangerschaft beenden oder das Kind zur Welt bringen, wo es dann versterben würde.

Gleich, welches dieser Szenarien zutraf, so standen all jene Frauen unter einem immensen Druck. Nicht »nur«, weil sie selber eine Entscheidung treffen mussten, sondern weil auch von außen Druck auf sie ausgeübt wurde. Und weil es Frauen in Deutschland noch immer schwer gemacht wird, sich gegen eine Schwangerschaft zu entscheiden. In einem Erfahrungsbericht über ihre Abtreibung beschreibt die Politikerin und Wirtschaftsinformatikerin Dr. Laura Dornheim so passend[3]:

»Nur wissen von meinem gebrochenen Knöchel viel mehr Menschen als von meiner Abtreibung. Abtreibungen sind hierzulande immer noch strafbar und stigmatisiert. [...] wer in Deutschland abtreiben will, muss davor ein Beratungsgespräch führen. Auf dem Weg dorthin habe ich in der U-Bahn Rotz und Wasser geheult. Ich wollte nicht in dieser Situation sein, ich wollte nicht auf einmal über den weiteren Verlauf meines ganzen Lebens entscheiden müssen, ich wollte nicht mit Unbekannten darüber sprechen müssen. [...] Am Ende des Gespräches habe ich den Beratungsschein bekommen und eine kopierte Liste mit Ärzt*innen in Berlin, die Abtreibungen vornehmen. [...] Ich hatte also diese Liste und kam mir vor, als würde ich versuchen, verbotene Geschäfte zu betreiben, als ich die Nummern abtelefoniert habe. Und in der Tat sind Abtreibungen in Deutschland verboten. Sie sind im Strafgesetzbuch geregelt, genauso wie Körperverletzung und Totschlag. Mit dem einzigen Unterschied, dass Abtreibungen unter gewissen Bedingungen straffrei bleiben. Da Abtreibungen nicht von der Krankenkasse übernommen werden (außer sie sind medizinisch notwendig), dürfen Ärzt*innen den Preis dafür selbst festlegen.«

§ 218 StGB besagt: »Wer eine Schwangerschaft abbricht, wird mit einer Freiheitsstrafe und mit Geldstrafe bestraft.« § 218a bricht diese Rechtsprechung auf und erlaubt die Entscheidung gegen eine Schwangerschaft innerhalb der ersten zwölf Lebenswochen des Fötus. Grundsätzlich ist ein Schwangerschaftsabbruch also rechtswidrig. Auf Grundlage der sogenannten Beratungsregelung bleibt er unter bestimmten Bedingungen straffrei. Rechtswidrig ist er dann nicht, wenn eine medizinische oder kriminologische Indikation besteht. Die Entscheidung zur Abtreibung darf die Frau also nicht allein tragen, sondern sie wird entmündigenderweise mittels § 218a dazu gezwungen, sich beraten zu lassen und nach der Beratung eine dreitägige Bedenkzeit verstreichen zu lassen. Da der Schwangerschaftsabbruch aber eigentlich eine Straftat ist, durften Einrichtungen, die einen Abbruch durchführen, laut § 219a StGB bis vor Kurzem nicht öffentlich sagen, dass sie diese medizinische Dienstleistung anbieten. Mittlerweile wurde das sogenannte »Werbeverbot« gelockert, und Arztpraxen und Krankenhäuser dürfen zwar bekannt geben, dass sie Schwangerschaftsabbrüche vornehmen, aber nicht, mittels welcher Methoden.[4] Zu der emotionalen Notlage einer Frau, die die Schwangerschaft abbrechen möchte, gesellten sich demnach die Zwangsberatung, die Suche nach einer passenden medizinischen Einrichtung und das bedrückende Gefühl, etwas gesetzlich Ungewolltes zu tun. Auf der Suche nach einer passenden Information und Beratung gelangen Frauen im Netz schnell an scheinbar aufklärende Seiten von Abtreibungsgegner*innen, auf denen Schuldgefühle verstärkt und medizinische Informationen verfälscht werden. Fühlen wir uns hinein in diese Frau und ihre Gefühlslage, in die Unsicherheit, Angst, Verunsicherung, Bevormundung. Und vergleichen wir die Situation mit einer Frau, die ebenfalls eine Schwangerschaft beenden möchte, die dies aber legal tun kann, beispielsweise in Kanada, wo die Abtreibung seit 1988 vollständig entkriminalisiert ist. 90 Prozent der Abtreibungen finden dennoch auch dort in den ersten zwölf Wochen der Schwangerschaft statt.[5] Eine ungewollte Schwangerschaft wird – wie so viele andere Dinge in Bezug auf Menschen – nicht mit Zwang und Kontrolle verhindert, sondern durch Aufklärung, Investition in Bildung und gute Aufklärungsmedien. Vor allem aber durch Anerkennung und Ernstnehmen der Belange und Bedürfnisse von Frauen.

Eine Bevormundung und Bestrafung von Frauen verbessern weder ihre psychische noch ihre physische Lage. Die schwierige Situation um die Abtreibung wirkt sich auch auf den konkreten medizinischen Vorgang aus, denn durch die Verankerung im Strafgesetzbuch ist der medizinische Eingriff eine Nebensache im Medizinstudium, und Ärzt*innen müssen das Erlernen der Durchführung an vielen Kliniken selbst organisieren. Sie erlernen es beispielsweise mit Absaugübungen an Papayas.[6] In den medizinischen Leitlinien in Deutschland ist der Eingriff nicht enthalten, ebenso wie in den Weiterbildungsinhalten der Landesärztekammer. Ein medizinisches Thema, das einfach ausgeklammert wird. Keine Seltenheit, denn auch in der Medikamentenforschung wurden jahrzehntelang vorwiegend Männer als Standard betrachtet und Medikamente und Behandlungen an diese angepasst und dann auf Frauen übertragen. Wie jedoch nach und nach bekannt wurde, wirken Medikamente bei den Geschlechtern unterschiedlich, was beispielsweise in Bezug auf die Verwendung von Aspirin bei Thrombosen[7] erkannt wurde. Auch der Umstand, ob Frauen von Ärztinnen oder Ärzten behandelt werden, hat eine gewisse Wirkung: Werden Frauen mit Herzinfarkt von Ärztinnen behandelt, versterben sie seltener.[8] Denn Frauen sind anders als Männer und brauchen in vielen Fällen eine andere Behandlung. In einer vorwiegend durch Männer begründeten Medizin, in der Erkrankungen und Behandlungen auch an Männern erforscht wurden, haben sie einen Nachteil. Auch hier sehen wir also wieder, wie wichtig unsere eigene innere Normenwelt ist und dass Regelungen und Richtlinien für Frauen, die in einer patriarchalen Struktur entwickelt werden, oftmals nicht die Bedürfnisse von Frauen und Müttern berücksichtigen.

»Hauptsache, das Kind ist gesund«

Nicht selten werden Mütter in der Schwangerschaft ermahnt: »Also, das darfst du nicht!«, oder: »Du musst auf jeden Fall …« Es sind manchmal die Kleinigkeiten, die uns zeigen, dass uns andere mit einem Kind im Leib anders wahrnehmen. Ich erinnere mich beispielsweise daran, wie ich mit meinem zweiten Kind schwanger war und in einem Café einen Cappuccino bestellte. Der Kellner nahm die Bestellung auf, blickte auf meinen Bauch und erklärte mir: »Wir haben auch koffeinfreien Kaffee, das ist sicherlich besser für Sie.« Ich bedankte mich für das Angebot, wollte aber lieber den bestellten »normalen« Kaffee trinken. In der Schwangerschaft spüren wir so oft, wie der Wert des in uns wachsenden Menschen nicht nur von uns, sondern auch von der Öffentlichkeit beachtet wird, und wir unterliegen Auflagen und Empfehlungen, die sich zum vermeintlichen Wohl des Kindes direkt auf uns auswirken. Die Kompetenz, eigene Entscheidungen zu treffen, wird hierbei oft übergangen. Dies betrifft nicht nur die vermeintlich »kleine« Entscheidung für Kaffee mit oder ohne Koffein, sondern auch andere Themen in Bezug auf die gesundheitliche Entwicklung des Kindes: Welche Vorsorgeuntersuchungen nehmen Mütter wahr? Welche Untersuchungsmethoden werden dabei eingesetzt? Und was, wenn sie sich trotz »hohen Alters« gegen eine Feindiagnostik entscheiden? Der Pränataltest etwa ermittelt über Blutentnahme, ob ein Fötus das Downsyndrom hat. In jenen Ländern, in denen dieser Test eine Kassenleistung ist, kommen signifikant weniger Kinder mit Downsyndrom zur Welt. Mütter, die dennoch ein Kind mit Downsyndrom oder einer Behinderung zur Welt bringen, werden in der Gesellschaft oft diskriminiert. Auch die Journalistin Mareice Kaiser, die über das Leben mit ihrer mehrfachbehinderten Tochter schrieb, berichtete von der Frage: »›So was gibt's noch?‹ Die rhetorische Frage einer älteren Dame, als sie meine erste Tochter bei einem Familienfest das erste Mal sah. Mit ›so was‹ meinte sie meine mehrfachbehinderte Tochter. Mit ›das‹ meinen die Leute die Behinderung der Kinder. Diese Fragen suggerieren: Muss das denn sein, ein behindertes Kind? Eine Frage, die sich niemand traut zu stellen, aber viele denken: Hätte man da nicht was machen können?«[9]

Familien und besonders die Mütter geraten in einen Rechtfertigungszwang. Nicht selten müssen sie sich Argumente wie diese anhören: »Ein behindertes Kind belastet das Gesundheitssystem und damit uns alle!«, »Behinderte Kinder beeinträchtigen andere Kinder in Kitas und Schulen und verlangsamen den Unterricht.« Die Gesellschaft nimmt sich das Recht heraus, zu bestimmen, welche Art von Kind eine Mutter austragen darf – und ächtet ansonsten die Entscheidung. Es ist nicht einfach, mit behindertem Kind zu leben – wenn die Rahmenbedingungen oft nicht passen, weil es soziale Ausgrenzung und wenig Unterstützung gibt, zu wenig Inklusionsplätze in Kitas und Schulen, wenig wirklich familienunterstützende Alltagsentlastung. Dieser Mangel erscheint fast als Strafe im Sinn von »Tja, warum hast du auch …« Die Beurteilung so einer Entscheidung ist nicht nur übergriffig in Bezug auf die persönliche Entscheidung, sondern auch faktisch nicht haltbar: Die meisten Behinderungen werden nämlich im Lauf des Lebens erworben, und nur vier bis fünf Prozent der Bevölkerung werden mit einer Behinderung geboren.[10] Die Entscheidung darüber, ob ein Kind mit Behinderung geboren wird, sollte allein bei den Eltern liegen, und alle anderen sollten dies achten, annehmen und dann genau dieses Leben und diese Familie willkommen heißen und unterstützen. Dies mag eine schwere Aufgabe sein in einer Zeit, in der die Pränataldiagnostik immer einflussreicher wird, aber durch unser persönliches Gegenwirken können wir ein offenes und warmherziges Klima für solche persönlichen Entscheidungen schaffen.

Der Gedanke um das gesunde Kind wird aber noch in anderer Weise dem der Gesundheit der Mutter vorangestellt. Nämlich dann, wenn es um die Geburt des Kindes geht. »Hauptsache, das Kind ist gesund!« Wie oft hören Mütter nach der Geburt diesen Satz? Nach Dammriss, Notkaiserschnitt, schmerzhaftem Kristeller-Handgriff, erlebter Hilflosigkeit, mangelnder Unterstützung: Hauptsache, dem Kind geht es gut. Das Augenmerk hat sich immer mehr auf das gute Ankommen des Kindes im Leben verlagert und dabei die Mutter aus den Augen verloren: Insbesondere die medizinische Versorgung hat große Sprünge nach vorn gemacht: Das jüngste Frühgeborene hat mit 21 Wochen und fünf Tagen überlebt, dank gut ausgestattetem Perinatalzentrum und einem hervorragendem Team. Und so wunderbar und wichtig der medizinische Fortschritt auch ist, darf auf diesem Weg nicht vergessen werden, dass nicht nur das Überleben des Körpers bei einer Geburt zählt (im Hinblick auf das Kind wie auch die Mutter), sondern auch das Überleben der Psyche.

Was für Bedingungen Gebärende benötigen, kann sich in einzelnen Aspekten je nach Sozialisation und den Erfahrungen unseres Lebens voneinander unterscheiden. Deswegen gilt auch hier: DEN einen Weg gibt es nicht. Niemand kann für eine Schwangere entscheiden, welcher Geburtsort für sie genau richtig ist, weil nur sie die Faktoren zur Erfüllung ihres Bedürfnisses nach Sicherheit bestimmen kann.

Geburt aus allgemeiner Sicht

Das Gebären ist ein Zusammenspiel aus Körper und Psyche, in dem Hormone eine wichtige Rolle spielen. Das schon erwähnte Oxytocin hat unter der Geburt und unmittelbar danach eine wichtige Bedeutung: Es verursacht die Kontraktionen der Gebärmutter, hebt die Schmerzgrenze, gibt Gebärenden Mut.[11] Während das Baby den Geburtskanal passiert, steigt der Oxytocinspiegel an, sodass nach der (vaginalen) Geburt ein sehr hoher Oxytocinspiegel vorliegt[12], der es erleichtert, nun die erste nachgeburtliche Bindung zum Kind aufzubauen, es anzunehmen und auf seine Bedürfnisse einzugehen. Gleichzeitig bewirkt dieses Hormon, dass die Erinnerung an die Schmerzen der Geburt verblasst und Glücksgefühle ausgelöst werden. Kann das Neugeborene zusätzlich an der Brust saugen, wird Oxytocin ausgeschüttet, das nach der Geburt weiterhin für Kontraktionen sorgt, sodass die Plazenta geboren wird und die Blutungen zurückgehen. Aber nicht nur Stillen führt nachgeburtlich zur Oxytocinausschüttung, sondern auch Berührung und warme Temperaturen: Der Körper-an-Körper-Kontakt von Neugeborenem und Eltern ist daher ebenfalls gut für die Ausschüttung des Hormons.

Was für eine Geburt also wichtig ist, sind Rahmenbedingungen, die die Ausschüttung von körpereigenem Oxytocin unterstützen. Da

Oxytocin als ein »scheues« Hormon gilt, sind für die Ausschüttung die schon erwähnte Wärme und zusätzlich Ruhe und Abgeschiedenheit gut. Wir brauchen das Gefühl, geschützt zu sein. Haben wir nämlich Angst, wird der Gegenspieler des Oxytocins ausgeschüttet, das Adrenalin, und unser Körper stellt sich auf eine Fluchtreaktion ein, die Geburt steht still, die (Beckenboden-)Muskulatur ist angespannt. Wirken dann Wehen gegen die angespannte Muskulatur, werden die Schmerzen stärker, es wird mehr Adrenalin ausgeschüttet, und ein Teufelskreis entsteht, der oft zu Interventionen führt.[13]

Wärme, Schutz, Geborgenheit sind also gute Umgebungsfaktoren für eine Geburt. Die Realität in Deutschland sieht aber anders aus: Frauen erleben unter Druck traumatische Geburten mit sowohl körperlich als auch psychisch negativen Auswirkungen. In einer Studie des Picker-Instituts wurden 9 600 Wöchnerinnen befragt, die zwischen 2014 und 2017 an 77 deutschen Krankenhäusern verschiedener Größe Kinder geboren haben: Neun Prozent der Mütter, die in Kliniken mit mehr als 2 000 Geburten jährlich entbunden hatten, berichteten von mittelmäßigen bis schlechten Erfahrungen im Kreißsaal, in kleineren Kliniken waren es nur fünf Prozent. 34 Prozent der Wöchnerinnen gaben zudem an, in großen Kliniken unzureichende Möglichkeiten gehabt zu haben, mit Hebammen über ihre Ängste zu sprechen. Auch waren Hebammen nicht immer anwesend, wenn sie gebraucht wurden, und die Gebärenden wurden mit steigender Größe der Klinik unzureichend in Entscheidungen einbezogen. Doch gerade die Anwesenheit der Hebammen kann einen wichtigen Einfluss auf die Geburt nehmen: Die Eins-zu-eins-Betreuung ist es, die Geburten besonders sicher macht. In ihrem Buch *Gewalt unter der Geburt – der alltägliche Skandal* kritisiert Christina Mundlos die Zustände in deutschen Kliniken: »Die Körperverletzungen und der Psychoterror, den Frauen tagtäglich in deutschen Kreißsälen erleben, müssen endlich gesellschaftlich thematisiert werden.«[14] In ihrem Buch kommen Frauen zu Wort, die genau dies erlebt haben. Das Trauma durch die Geburt entsteht nicht durch den Schmerz oder die Wucht des Geburtsvorgangs, sondern durch einen respektlosen und gewaltvollen Umgang mit den Gebärenden, durch das Gefühl des Ausgeliefertseins. Der Roses Revolution Day spricht jedes Jahr davon, wie viele Frauen dies wirklich betrifft, und erinnert daran, wie viele es vielleicht nicht schaffen, darüber zu sprechen, oder nicht erkennen, dass ihre postpartalen Probleme Folgen eines Traumas sind.

Fatal ist in diesem Zusammenhang die anhaltende Tendenz der Zentralisierung der Geburten, denn kleine Geburtskliniken werden zunehmend geschlossen und Geburten in große Kliniken verlagert. Dadurch haben Frauen lange Anfahrtswege, die Personalbesetzung in den Kliniken ist dennoch unzureichend und die Gebärenden fühlen sich nicht ausreichend unterstützt und umsorgt. Eine Hebamme muss zeitgleich mehrere Geburten begleiten, Interventionen werden dort, wo sie verfügbar sind und vielleicht auch in ein berechenbares Dienstleistungsangebot eingepasst werden, schneller durchgeführt, auch wenn sie nicht notwendig wären. Dies kann nicht nur in der aktuellen Geburtssituation zu Problemen führen, sondern Frauen auch nachhaltig beeinträchtigen. Claudia litt noch lange nach der Geburt an Selbstzweifeln und suchte die Schuld für die Rahmenbedingungen bei sich:

»Problematisch an unserer Geburt war die schwere Neugeborenensepsis. Insgesamt dreimal wäre unsere Tochter fast gestorben. Ich weiß nicht, ob man das alles hätte verhindern können durch eine ›häusliche‹ Geburt im Krankenhaus. Eine Hausgeburt oder Geburtshaus kam für mich nicht infrage, aber ich hätte mir mehr ›häusliche‹ Unterstüztung gewünscht, also typische Aspekte aus Hausgeburten: 1:1-Betreuung, mehr Hilfestellungen, mehr Mobilität, z. B. dass ich mit PDA nicht liegen muss, weniger Liege-CTGs etc. Diese Fragen stelle ich mir zum Glück nicht mehr, das hat mich in den ersten Wochen meiner Mutterschaft aber noch geplagt. Hätte ich uns das ersparen können? Wäre es anders gewesen, hätte ich eine Vorsorgehebamme bekommen? Ist doch was dran an der Interventionskaskade? Und ähnliche Fragen. Übrig geblieben vom schweren Start in die Mutterschaft sind diese Szenen der totalen Hilflosigkeit.«

Natürlich haben auch bei einer Geburt unsere inneren Bilder einen Einfluss auf unsere Vorstellungen. Sie schöpfen aus dem, was wir gelesen, gesehen, gehört haben. Die Berichte von Frauen darüber, dass »man da eben so durchmüsse«, »Hauptsache, das Kind ist gesund«, bilden in unseren Köpfen eine Vorstellung von Geburt, zusammen mit Bildern aus dem Fernsehen oder anderen Medien. In den großen Serien wird in Kliniken immer in Rückenlage entbunden, und selbst Grey's-Anatomy-Star Meredith muss nicht nur einen Kaiserschnitt haben, sondern auch noch einen Stromausfall unter der Geburt über sich ergehen lassen. Eine Untersuchung zu Repräsentationen von Geburt in den Medien, bei der TV-Dokusoaps wie »Mein Baby« (RTL) und »Babystation« (ZDF) analysiert wurden, stellt fest, »dass ihr Verwendungszweck in erster Linie der Demonstration professioneller Stärke dient. Der [...] fundamentalen Verunsicherung durch die Alterität der menschlichen Geburt wird in ihrer medialen Erfahrung kaum Raum gegeben.«[15] Der Radiosender KISS FM bewarb 2016 ein Radiofeature zum Wehensimulator mit der Überschrift »Der Schmerz bei einer Geburt ist vergleichbar mit 20 Knochenbrüchen«. Wenn wir also denken, der Schmerz, die Übergriffigkeit, die Gewalt wären normal, dann begehren wir nicht auf, sondern tragen die Wunde verschlossen in uns. Wir erkennen das Trauma nicht, das in uns steckt und unseren Alltag und die Gefühlswelt verändert.

Und wir dürfen auch nicht vergessen, dass der physiologische Prozess des Gebärens im Lauf der Zeit pathologisiert und der Verwissenschaftlichung, Professionalisierung und Medikalisierung unterworfen wurde: Im 15. Jahrhundert entstanden die ersten Hebammenordnungen, ab dem 16. Jahrhundert wurde die Geburtshilfe nach und nach aus der alleinigen Zuständigkeit von Frauen herausgelöst, und mit der Ausbildung der ersten Hebammenschulen im 18. Jahrhundert kam es zu einer neuen Aufteilung, nach der Hebammen für komplikationslose Geburten und Ärzte für operative Eingriffe zuständig waren. Und auch wenn es in den 1980er- und 1990er-Jahren Initiativen zur Rückkehr zur Selbstbestimmung im Rahmen von Geburtshausgründungen und freiberuflichen Hebammen kam, hat die »Medikalisierung und Pathologisierung der normalen Schwangerschaft und Geburt in den 90er-Jahren zugenommen und steigt weiter an«[16]. Schwangerschaft und Geburt stehen im Licht der Geburts*medizin,* eingegliedert in ein System der Wirtschaftlichkeit und Krankenhausdienstleistung. Christina Mundlos schreibt hierzu: »Kliniken haben sehr viel mehr Interessen, die denen der werdenden Mutter entgegenstehen, als freiberufliche Hebammen. […] Dass Kliniken rechnen müssen, ist prinzipiell nicht das Problem. Doch die Vergütung von geburtshilflicher Arbeit und medizinischen Interventionen rund um die Geburt ist in eine schwere Schieflage geraten. Kliniken verdienen an interventionsreichen Geburten am meisten. […] Neben den finanziellen Erwägungen geht es Kliniken oft auch um Planbarkeit – was letztlich wiederum auch finanzielle Gründe hat.«[17]

Erst im Alter von 24 Jahren, als ich ein Praktikum im Geburtshaus machte, erfuhr ich selbst, dass Geburten nicht in Rückenlage stattfinden müssen, sondern es sogar oft vorteilhaft für die Geburt ist, eine aufrechte oder hockende Haltung einzunehmen.

Wie wir Geburt denken, ist vielfach beeinflusst und oft weit weg von dem, was Geburt erleichtert. Gerade unter der Geburt erfahren Gebärende oftmals, dass ihr Körper nicht ihnen gehört, sondern zu einem Objekt wird, hinter dem das Subjekt zurückgedrängt wird. Diese Erfahrungen der Ohnmacht und das Gefühl, nicht Herrin der Situation zu sein, führt oft zu langfristigen Problemen, Ängsten, Erkrankungen und kann sich auch auf die Beziehung zu Kind und Partner*in auswirken. Unser Körper gehört uns. Auch – oder besser: gerade – bei einer Geburt.

Geburt aus individueller Sicht

Was wir brauchen, sind also die schon benannten Faktoren Wärme, Schutz, Geborgenheit, damit Geburt erleichtert wird. Wie genau das allerdings aussieht, kann unterschiedlich sein. Während Schutz für eine Gebärende bedeuten kann, dass sie in einem dunklen, ruhigen Raum mit wenigen vertrauten Personen zusammen ist ohne Störung durch andere, die den Raum einfach betreten können (wie es bei Krankenhausroutinen oft vorkommt), bedeutet Schutz für eine andere, dass sie die Geburt nur durch maximale medizinische Intervention überstehen kann. Die Kunst der richtigen Geburtsumgebung ist nicht, eine Umgebung zu schaffen, die für alle gleich ist, sondern eine, in der individuellen Bedürfnissen nachgegangen werden kann.

Wir alle haben unterschiedliche Lebenserfahrungen gemacht. Wir gehen unterschiedlich mit Schmerzen und Kontrollverlust um – je nach Lebensumständen und Erfahrungen. Laut Studie ist jede dritte Frau in der Europäischen Union seit ihrer Jugend Opfer körperlicher oder sexueller Gewalt geworden, fünf Prozent darunter wurden vergewaltigt. Überlebende sexueller Gewalt bringen die Vorgeschichte unter Umständen nicht in Vorgesprächen zur Geburt ein, entwickeln aber unter der Geburt ein besonders starkes Schutzbedürfnis. Die Medikalisierung von Gebärenden, die sexuelle Gewalt erfahren haben, kann als traumatisch erlebt werden, und körperliche Eingriffe können als Wiederholung von Gewalt erfahren werden.[18] In Anbetracht der großen Zahl von Frauen, die im Lauf ihres Lebens Gewalterfahrungen gemacht haben, können wir nicht von einem genormten Geburtsumstand ausgehen, sondern lediglich davon, dass jede Frau individuelle Rahmenbedingungen benötigt. Wir brauchen daher die Möglichkeit, dass sich Frauen selbst für einen passenden Geburtsort entscheiden können, an dem sie in der Weise versorgt werden, wie sie es benötigen. Das kann eine Geburt zu Hause im Schutz der vertrauten Umgebung mit ausgewählten Personen und Fachkräften sein oder eine Geburt in einem Geburts- oder Krankenhaus. Dort ist es wichtig, dass die allgemeinen Rahmenbedingungen für einen geborgenen Geburtsort eingehalten werden. Ein angemessener Personalschlüssel von einer Hebamme für eine Gebärende ist daher wichtig, damit nicht nur eine kontinuierliche Begleitung möglich ist, sondern auch Probleme frühzeitig erkannt, besprochen und nicht übersehen werden.

Die Gesellschaft für Qualität in der außerklinischen Geburtshilfe (QUAG e. V.) dokumentiert seit 1999 die Geburtshilfe außerhalb des Krankenhauses und bestätigt: »Die außerklinische Geburt ist sicher. Seit Beginn der Erhebungen hat sich an den Ergebnissen kaum etwas geändert. Auch die aktuellen Zahlen für 2017 belegen die hohe Qualität der außerklinischen Geburtshilfe.«[19] Gerade für Frauen mit Ängsten vor Ein- oder Übergriffen ist dies eine wichtige Option, aber auch darüber hinaus wünschen sich viele Frauen einen persönlichen und individuellen Rahmen in einem außerklinischen Umfeld.

Auf der anderen Seite gibt es Frauen, die aufgrund ihrer persönlichen Geschichte keine vaginale Geburt wünschen oder die sich eventuellen Schmerzen nicht ausliefern wollen und von Anfang an eine Geburt mit PDA oder Kaiserschnitt planen. Auch hier stehen individuelle Gründe im Hintergrund, die von anderen nicht beurteilt werden können. Wir dürfen gerade im Hinblick auf die Geburt unsere Normwelt nicht zur Normwelt aller Gebärenden erheben. Geburt ist so individuell, wie wir alle es sind. Wir müssen uns einsetzen für unsere ganz persönlichen Geburten, aber auch für das Recht, jeder Frau die Geburt zu ermöglichen, die ihr persönlich guttut.

Im Körperkontakt mit dem Kind

Babys und Säuglinge sind auf die Versorgung durch andere angewiesen, und solange sie noch unselbstständig sind, versorgen wir sie und achten auf ihre Bedürfnisse. Im Körperkontakt können sie dabei sicher sein, dass dieses Umsorgen viele Bereiche abdeckt: Sie werden gewärmt, können nicht vergessen werden, sind (im Falle des Stillens) in der Nähe der Nahrungsquelle. Eltern bietet die enge Verbindung mit ihren Kindern auf der anderen Seite den Vorteil, dass sie die Bedürfnisse des Kindes schnell erkennen und prompt auf seine Signale reagieren können, sodass es sich nicht erst durch Schreien und Weinen äußern muss. Zudem ist ein Baby, das erst einmal schreit, schlechter zu beruhigen, und das zehrt an unserer Kraft. In einigen Kulturen kann durch diesen engen Körperkontakt und die Wahrnehmung von Feinzeichen der Babykommunikation sogar das Ausscheidungsbedürfnis des Babys wahrgenommen werden, sodass Babys keine Windeln tragen müssen und bei entsprechenden Signalen einfach vom Körper abgehalten werden. Körperkontakt zwischen Baby und Erwachsenen ist in Bezug auf Stressreduktion daher für beide Seiten eine gute Sache.

Auch aus dem Bereich der Pflege zu früh geborener Babys wissen wir, dass der Körperkontakt einen unterstützenden Einfluss auf die gesunde Entwicklung des Frühgeborenen hat, denn durch das Känguruen und durch Massagen nehmen zu früh geborene Babys schneller zu und weisen eine bessere neurologische und geistige Entwicklung auf. Auch gibt es Hinweise darauf, dass das Immunsystem durch Hautstimulation gestärkt wird. Das uns schon bekannte Hormon Oxytocin wird durch Körperkontakt ausgeschüttet und unterstützt unter anderem die Bindung. Wir sehen also: Körperkontakt ist wichtig für die Entwicklung des Babys, und auch größere Kinder profitieren von respektvollem Körperkontakt, genießen Kindermassage und werden bei Bedarf zur Beruhigung in den Arm genommen und getröstet, denn schon der Körperkontakt lindert durch Hormonausschüttungen ein wenig den Schmerz und gibt das Gefühl, angenommen zu sein. Wird das Kind mobiler, erkundet es die Umgebung, sucht aber zwischendurch immer wieder den Körperkontakt, um auszuruhen und sich zu entspannen. Dieses Aufsuchen von Nähe zur Beruhigung und zum Schutz begleitet Eltern viele Jahre. Kleinkinder, die auf einmal in vermeintlich fremden Situationen wieder auf den Arm wollen, die sich an Hosenbeinen festhalten, die scheinbar an der Hand kleben, wenn eine Situation neu ist – je nach Temperament ist dieses Verhalten stärker oder schwächer ausgebildet und beeinflusst uns mehr oder weniger.

Aber nicht selten wird der Körperkontakt auch anstrengend. Besonders dann, wenn wir ihn allein anbieten müssen. Denn durch die permanente körperliche Nähe sind wir oft eingeschränkt in unserem Tun und werden an der Versorgung unserer eigenen Bedürfnisse gehindert. Simone hat es folgendermaßen beschrieben:

> »Was mich nach der Geburt meines ersten Kindes total überrascht hat, war die massive Fremdbestimmtheit, die mit dem Alltag mit Baby automatisch einzieht. Wann lackiere ich mir mal wieder die Nägel – wenn das Baby sicher länger als 30 Minuten schläft? Wann esse ich – wenn das Baby fertig gestillt ist?«

Das Baby gibt den Rhythmus vor, und das ist auch richtig und gut, denn es kann sich nicht unseren Rhythmen anpassen. Es versteht nicht, dass es auch im Bett liegend sicher ist, sondern ist aufgeregt, wenn es spürt, dass der Körperkontakt fehlt, da der babyeigene Schutzmechanismus sagt, dass es ohne die Nähe einer schützenden Bindungsperson in Gefahr ist und seine Grundbedürfnisse nicht mehr erfüllt werden können. Viele Mütter berichten immer wieder von Kindern, die im ersten Lebensjahr quasi »auf ihnen gewohnt haben«. Solange dieser andauernde Körperkontakt für alle im Familienleben in Ordnung ist, ist das eine sicherlich gute Lösung. Eine Mutter berichtete hierzu:

> »Ich habe dies als anstrengend, aber auch schön in Erinnerung, weil ich endlich dazu kam, all die Bücher auf meiner Leseliste zu lesen, während das Baby auf mir lag und schlief.«

Wenn wir feststellen, dass uns die Nähe langfristig und andauernd stresst, lohnt sich allerdings ein genauer Blick auf die Umstände und Ursachen: Was ist es an der Nähe, das uns anstrengt? Hier sehen wir wieder das Zusammenspiel der verschiedenen Bedürfnisse: Müssen wir dieses Grundbedürfnis des Babys allein befriedigen, werden unsere Bedürfnisse nicht mehr erfüllt – und das familiäre Bedürfnissystem gerät aus dem Gleichgewicht. Langfristig kann sich unsere mangelnde Bedürfnisbefriedigung auch auf das Kind auswirken: Wir sind angespannt, das Baby merkt dies, kommt schlechter zur Ruhe, wir probieren noch mehr, sind noch erschöpfter … Ein Teufelskreis entsteht. Wenn wir merken, dass das Bedürfnis nach Körperkontakt unsere Möglichkeiten übersteigt, brauchen wir Hilfe. Wir sehen auch hier wieder, dass der andauernde Körperkontakt zwischen Mutter und Kind nicht zwangsweise die natürliche Beantwortung der Frage nach Körperkontakt sein muss. Sarah Blaffer-Hrdy erklärt dies aus anthropologischer Sicht: »Die mütterliche Fürsorge durch kontinuierliche Zuwendung und Körperkontakt ist keineswegs ein durchgängiges Merkmal aller Primaten, sondern der letzte Ausweg für Primatenmütter, denen verlässliche, verfügbare Alternativen fehlen.«[20] Es ist absolut normal, dass wir unsere Kinder auch einmal ablegen wollen, dass wir unseren eigenen körperlichen Bedürfnissen nachgehen möchten. Und es ist vollkommen in Ordnung, wenn das Baby auch auf anderen Körpern »wohnen« darf.

In Berichten junger Mütter ist oft zu lesen, dass sie nicht wissen, wie sie in Ruhe duschen oder auf Toilette gehen können – ganz abgesehen von einem entspannten Bad oder anderen körperlichen Bedürfnissen. Das Baby braucht Körperkontakt, aber Mütter brauchen auch Entspannung und Ruhe. Wir brauchen Menschen, die sich in anderen Zeiten um die Nähe kümmern, in denen wir unseren Bedürfnissen nachgehen. Das ist völlig in Ordnung. Die Babyprodukteindustrie hat das verstanden und eine ganze Reihe von Produkten entwickelt, die scheinbar genau dafür da sind: Federwiegen, in denen Babys abgelegt werden können, Wippen, sich selbst bewegende Wiegen, schwere Seitenlagerungskissen in Handform für Babys … Oft aber funktionieren diese »Ersatzprodukte« nur mäßig. Manchmal hilft es, das Baby in einer Trage auf dem Rücken zu tragen, um etwas mehr Handlungsspielraum im Alltag zu haben. Was wir aber eigentlich bräuchten, sind andere helfende Hände.

Das ganz starke Nähebedürfnis von Kindern nimmt im Laufe der Zeit ab, aber Körperkontakt ist für alle Menschen wichtig – »von der Wiege bis zur Bahre«. Im Kindergarten- und Schulalter benötigen Kinder auch weiterhin respekt- und liebevolle Berührung durch ihre Bezugspersonen, gleichzeitig gewinnt aber auch der Körperkontakt zu Gleichaltrigen immer mehr an Bedeutung im Spiel, beim Kuscheln und später im Jugendalter im Zusammensein mit Freund*innen. Und auch in der Jugend und Adoleszenz tut es gut, sich in die Arme eines anderen Menschen fallen lassen zu können.

Stillen oder nicht?

Eine der großen Fragen rund um Mutterschaft, Bedürfnisse und Körperempfinden betrifft das Stillen. Muss ich mein Kind stillen, um eine gute Mutter zu sein? Und wenn ich es stille, wie lange soll/ kann/muss ich das tun? Um nichts finden so große Diskussionen statt wie um diese Fragen – innerlich, aber auch zwischen Müttern.

Muttermilch ist in ihrer individuellen Zusammensetzung und ihren Inhaltsstoffen industriell nicht reproduzierbar. Die Inhaltsstoffe, die nicht industriell hergestellt werden können, haben einen besonderen Wert für die Gesundheit des Kindes, und es gibt viele Studien dazu, warum die Ernährung mit Muttermilch sich auf die Entwicklung und Gesundheit von Kindern vorteilhaft auswirken kann, insbesondere in Entwicklungsländern, aber auch hierzulande. Die Hebamme und Still- und Laktationsberaterin Regine Gresens erläutert: »Ein Teelöffel Muttermilch enthält 3 000 000 lebende mütterliche Zellen, vor allem Makrophagen, Leukozyten, Lymphozyten und Epithelzellen, die Krankheitserreger bekämpfen. Jeder Tropfen Muttermilch ist also gesundheitlich wertvoll für Ihr Kind. Zusätzlich enthält Muttermilch weitere bioaktive Faktoren, wie zum Beispiel Immunglobuline, Laktoferrin und Lysozyme, die ebenfalls der Krankheitsabwehr dienen.«[21] Auch Stammzellen sind enthalten, die eine Reparaturfunktion übernehmen können und bei der Allergieprophylaxe helfen. Die Epigenetik erforscht, inwieweit Muttermilch die Funktion der Aktivierung bestimmter Gene einnimmt, die ohne Muttermilch nicht aktiviert werden. Gerade in Bezug auf zu früh geborene Babys kommt der Muttermilch eine große Bedeutung zu, weshalb diese auch mit »fremder« Muttermilch aus Muttermilchbanken genährt werden, wenn sie über die eigene Mutter nicht versorgt werden können. Die Weltgesundheitsorganisation (WHO) empfiehlt daher, Babys die ersten sechs Monate lang ausschließlich zu stillen, d. h. ohne weitere Speisen und Getränke außer Muttermilch, und hält darüber hinaus fest: »Stillen ist der normale Weg, um die Kinder mit den Nährstoffen zu versorgen, die sie für ein gesundes Wachstum und eine gesunde Entwicklung brauchen. So gut wie alle Mütter können stillen, wenn sie über ausreichend Informationen sowie die Unterstützung der Familie, des Gesundheitssystems und der Gesellschaft verfügen.«[22] Um die Einflussnahme durch Hersteller künstlicher Säuglingsnahrung zu begrenzen und Frauen nicht vom Stillen abzuhalten, gibt es seit 1981 den Internationalen Kodex zur Vermarktung von Muttermilchersatzprodukten der WHO.[23] Dies ist in Kürze zusammengefasst die eine Seite, die es zur Ernährung mit Muttermilch gibt: die gesundheitlichen Gründe, die für Muttermilch als Nahrungsquelle sprechen.

Stillen um jeden Preis? Nein danke.

Aber wie in allen anderen Familienbereichen auch steht nicht nur das Kind im Fokus einer Entscheidung, sondern auch die Mutter.

Auch aufseiten der Stillenden gibt es positive gesundheitliche Aspekte: Das Stillen unterstützt die Rückbildung der Gebärmutter, stillende Mütter haben ein geringeres Risiko, an Herz-Kreislauf-Problemen, Brustkrebs, Eierstockkrebs, Diabetes mellitus Typ 2, Osteoporose und rheumatoider Arthritis zu erkranken. Zudem leiden stillende Mütter seltener an einer Wochenbettdepression. Und dennoch gibt es individuelle Gründe, die gegen das Stillen sprechen. Neben Erkrankungen oder auch bestimmten Medikamenten sind es ganz individuelle Gründe, die eine Mutter entscheiden lassen, nicht zu stillen: Jede Frau hat ihre Vorgeschichte, und manche Frauen lehnen aus persönlichen oder psychischen Gründen das Stillen ab. In unserer Gesellschaft messen wir psychischen Beweggründen oft nicht dieselbe Bedeutung oder Berechtigung zu wie körperlichen Erkrankungen: Kann eine Mutter aufgrund körperlicher Gegebenheiten nicht stillen, wird dies eher anerkannt, als wenn sie erklärt, sie könne das Stillen an der Brust nicht aushalten. Während wir bei einer körperlichen Erkrankung verständnisvoll nicken, sind wir bei einer psychischen Ursache eher dazu geneigt, zu fordern, die Mutter möge sich nicht so anstellen und müsse da durch.

Die Gründe gegen das Stillen können auch jenseits körperlicher oder psychischer Erkrankung in den individuellen Bedürfnissen der Mutter liegen, die sich aus ihrer Weltsicht, aus ihrer Sozialisation, aus ihrer aktuellen Lebenssituation ergeben. Wir können unsere persönliche Einstellung auch hier nicht als Richtwert nehmen, um zu beurteilen, ob eine Frau stillen sollte oder nicht. Stillen sollte eine Entscheidung sein können, aber kein Zwang. Denn eine stillende Mutter, die nicht stillen möchte oder für die das Stillen eine körperliche Strapaze ist, nährt zwar das Kind mit Immunglobulinen, vermittelt aber gleichzeitig auch Ambivalenz und Widerstreben, die das Kind wahrscheinlich auf die eine oder andere Weise spürt. Stillen um jeden Preis ist weder gesund für die Mutter noch für das

Kind. Maria hat noch heute, viereinhalb Jahre später, unter dem Druck und den Versagensgefühlen zu leiden:

>»Bei meinem ersten Sohn hatte ich permanent furchtbare Schmerzen beim Stillen, sodass ich nächtelang dabei geschrien habe. Die Hebamme sagte, ich solle mir einfach ›ein Stück Schokolade in den Mund schieben, dann wird's schon nicht mehr so wehtun‹. Meine Brustwarzen haben geblutet, und mein Mann konnte mich auch nicht mehr so leiden sehen, und somit haben wir uns entschieden, solange wie möglich abzupumpen und zusätzlich Pre-Nahrung zu geben. Ich fühlte mich furchtbar schuldig mit dieser Entscheidung, und meiner Meinung nach hat meine Hebamme mir auch dieses Gefühl vermittelt. Als hätte ich versagt. Bis heute. Ich war scheinbar nicht in der Lage, die vermeintlich einfachste Sache der Welt zu tun: mein Kind zu ernähren. Die Stillerfahrung war für meinen Sohn und mich so traumatisch, dass unsere Bindung darunter gelitten hat und ich bis heute das Gefühl habe, dass wir das nicht mehr ganz ›aufholen‹ können.«

Was Maria gebraucht hätte, wären Anteilnahme und Verständnis gewesen. Hebammen und Stillberaterinnen können Frauen unterstützen, Hilfe anbieten, beraten – wenn sie dafür die passende Qualifikation haben und das Stillen mit allen möglichen Komplikationen wirklich gut begleiten können. Oft ist diese Unterstützung hilfreich und hierzulande notwendig und kann eine gewünschte Stillbeziehung unterstützen. Stillen um jeden Preis ist nicht Sinn der Stillunterstützung. Stillen, solange es Mutter *und* Kind damit gut geht, ist das Ziel der Stillförderung. Und wenn es trotz Unterstützung nicht geht, dann ist es wichtig und richtig, die Mutter darin zu bestärken, dass auch das Nichtstillen genau der richtige

Weg sein kann. Glücklicherweise verfügen wir hierzulande über ausreichend hygienische und finanziell mögliche Alternativen der Säuglingsernährung.

Stillende Frauen können nicht nachempfinden, wie es für eine Frau, die nicht stillen kann, sein muss, beim Kauf jeder Pre-Milch-Packung lesen zu müssen:»Stillen ist die beste Ernährung für das Kind.« Wobei dieser Verweis zu Aufklärungszwecken gedacht sein sollte, da dem Stillen eine Lobby der gut verdienenden Industrie gegenübersteht, die aus dem Nichtstillen Profite zieht. Theresa beschreibt ihr Erleben folgendermaßen:

> »Für mich stand niemals zur Debatte, ob ich meine Kinder mit Flasche ernähren wolle. Es war das Wichtigste und Natürlichste der Welt für mich, stillen zu wollen. Doch das wurde mir verwehrt. Bei allen Kindern. Ich war so sehr am Boden zerstört. Habe mir als Frau und Mutter Vorwürfe gemacht, dass ich wohl nicht dazu gemacht sei. Doch viel, viel schlimmer und nicht zu umgehen sind die Reaktionen aus der Umwelt! Keiner weiß, was für einen Hexentanz ich jedes Mal aufgeführt habe, damit vielleicht doch der eine oder andere Tropfen für mein Kind entsteht. Keiner kann nachvollziehen, dass es neben ›Ja klar stille ich‹ und ›Nee, lieber mit Flaschennahrung‹ auch ein großes Spektrum dazwischen gibt.«

Der Druck, unter dem Nichtstillende oft stehen, hat 2015 durch eine Kampagne des Onlinemagazins Channel Mum einen Namen bekommen: »bressure« – eine Kombination von breastfeeding und pressure. Insbesondere der Hashtag #stillenistliebe wird von vielen Nichtstillenden als unnötiger Druck wahrgenommen. Wenn wir also ein Baby sehen, das mit Flasche gefüttert wird, kennen wir die Geschichte dahinter nicht – und sie geht uns auch nichts an. Das

Kind, das da gefüttert wird, wird in seinem Bedürfnis nach Nahrung versorgt, und das ist alles, was wir an einer solchen Situation wahrnehmen sollten.

Wer stillen will, braucht Unterstützung

Eine der wesentlichen Ursachen für das Nichtstillen beziehungsweise die schnelle Abnahme der Stillquote nach Alter des Babys ist mangelnde oder falsche Unterstützung und Aufklärung. Die Studie »Stillverhalten in Bayern« gibt an: »Als Hauptgrund für das Abstillen innerhalb der ersten vier Monate nach der Geburt werden von den Müttern Stillprobleme genannt. […] Diese Ergebnisse zeigen deutlich, dass die Vermeidung von Stillproblemen und die qualifizierte Beratung bei auftretenden Problemen ein wichtiges Thema der Stillförderung darstellen.«[24] Stillen ist nicht in der Form natürlich in uns angelegt, dass wir von Anfang an wissen, wie es funktioniert. Wir brauchen Vorbilder hierfür und Anleitung. Diese Funktion nehmen hierzulande, da es an (öffentlichen) Vorbildern in Familie und Freundeskreis oft fehlt, verschiedene Berufsgruppen ein, allerdings mit unterschiedlicher fachlicher Qualifikation. Nicht jede Hebamme ist eine gute Stillberaterin, nicht jede Stillberaterin ausreichend fortgebildet für alle Fragen rund um das Stillen. Marias Hebamme, die bei Schmerzen zu einem Stück Schokolade riet, ist keine gute Begleitung gewesen: weder fachlich noch emotional. Oft führen Frauen Misserfolge beim Stillen auf sich selbst zurück, sie verlieren das Vertrauen in sich und bekommen ein negatives Körperbild vermittelt: »Du und dein Körper waren unfähig.« Doch das ist falsch. Nicht selten treffen diese Schuldgefühle auf offene Ohren bei Müttern, die ohnehin zu Beginn des Elterndaseins verunsichert sind oder ohnehin ein geringes Selbstwertgefühl haben. Unfähig ist jedoch meist die Umgebung, die das Stillen nicht ausreichend unterstützt hat, nicht genügend niedrigschwellige, kostenfreie und gute Angebote zur Verfügung stellt, oder Beraterinnen, die ihre Kompetenz nicht richtig einschätzen konnten.

Oft wird das Stillen als nicht vereinbar mit Erwerbstätigkeit angesehen und deswegen als emanzipationsfeindlich betrachtet. Die französische Feministin Elisabeth Badinter erklärt in einem Interview mit der *Zeit:* »Solange [Mütter] stillen, können sie nicht wirklich arbeiten gehen.«[25] Und tatsächlich ist Stillen schwer vereinbar mit Erwerbstätigkeit, aber Muttermilchernährung ist nicht ganz so schwer. Stillen und Muttermilchernährung werden in der öffentlichen Diskussion oft gleichgesetzt. Natürlich ist es schwierig, wenn eine Mutter während der Arbeitszeit zu ihrem Kind fahren soll oder das Kind zum Arbeitsplatz gebracht werden muss, um gestillt zu werden. Die Möglichkeit der Muttermilchernährung mit Becher oder Flasche ist jedoch wesentlich einfacher umzusetzen – wenn dafür gute Rahmenbedingungen geboten werden und Mütter hierzu aufgeklärt werden. Muttermilch kann über Milchpumpen oder mit der Hand gewonnen und im Kühlschrank oder Gefrierfach aufbewahrt werden.[26] Das Mutterschutzgesetz regelt in § 7, dass stillenden Müttern bei ihrer Erwerbstätigkeit zum Stillen oder Abpumpen Zeiten eingeräumt werden müssen. Wirkliche Unterstützung von Stillen und Erwerbstätigkeit bedeutet aber mehr als dies: Fachpersonen der außerfamilialen Kinderbetreuung sollten informiert sein darüber, wie Muttermilch in Krippen und Tagespflegeeinrichtungen aufbewahrt und gefüttert werden kann. Mütter brauchen kostenfreie Beratung und Unterstützung und – sofern gewünscht – kostenfreie gute Milchpumpen und Aufbewahrungsmöglichkeiten sowie das Wissen um diese Option. Solange Frauen am Flughafen Probleme an der Sicherheitskontrolle haben, weil sie mit Milchpumpe einen Langstreckenflug antreten wollen, wie es einer Freundin von mir erging, sind wir von Stillfreundlichkeit bei Erwerbstätigkeit weit entfernt. Doch es gibt auch positive Berichte und Vorbilder. Katja, die sieben Monate Elternzeit genommen hat und dann wieder erwerbstätig war, während ihr Mann mit Kind weitere sieben Monate zu Hause blieb, berichtet:

> »Natürlich gingen alle davon aus, dass ich nach der Elternzeit nicht weiterstillen könne (habe ich aber dann 28 Monate gemacht). Interessant war, dass mein Arbeitgeber es mir total leichtgemacht hat. Er richtete mir ein kleines Stillzimmer (also eher Abpumpzimmer) ein. Ich fand es in dem Moment schon toll, dass ich so einen modernen Arbeitgeber hatte.«

Wichtig ist auch hier, eine Öffentlichkeit zu schaffen für diese Möglichkeiten und die Frage: Wie machen das andere? Geht das irgendwie? Wir brauchen Vorbilder, öffentliche Beispiele, Austausch und Informationen, damit jene, die stillen wollen, auch so stillen können, wie es zu ihrer jeweiligen Situation passt.

Stillen, bis der Schulbus kommt

»Stillen, bis der Schulbus kommt« – so titelte 2011 eine Reportage des WDR aus der Serie »Menschen hautnah«, die vielfach diskutiert wurde. Sie ist ein Beispiel dafür, wie die persönlichen Entscheidungen der Mütter für das Stillen in der Öffentlichkeit diskutiert und mitunter auch an den Pranger gestellt werden. »Stillen, bis der Schulbus kommt« hat sich seither als Redewendung eingebürgert und als Bezeichnung für all jene Mütter, die länger als der Durchschnitt in Deutschland stillen.[27]

Denn nicht nur das Flaschegeben wird kritisch beäugt, auch das Stillen und insbesondere die Stilldauer sind Gegenstand familiärer und gesellschaftlicher Diskussionen. »Bei jedem Mucks wird die Brust rausgeholt« hören stillende Mütter nicht selten auf Familienfeiern. Und im öffentlichen Raum ist die Babyernährung über die Mutterbrust Anlass für Platzverweise, Zutrittsverbote in Cafés oder die Bedrängnis, zum Stillen mit dem Kind eine öffentliche Toilette aufzusuchen. Gern gepaart mit anzüglichen Kommentaren von Männern wie »Na, da würde ich aber auch entspannt liegen«. Auch das Stillen ist oft kein leichter Weg, und manches Mal fragen sich auch die stillenden Mütter, ob sie über ihren Körper wirklich selbst bestimmen können oder ob sie sich angesichts der Kommentare eher schämen sollten. Während die stillende Mutter die Brust primär als Nahrungsquelle empfindet, sehen Außenstehende darin einen Angriff auf die eigene Intimsphäre und fühlen sich von ihrem Anblick gestört. Dies umso mehr, je älter das Kind wird. Während das Stillen des Säuglings vielleicht noch akzeptiert wird, ist das Stillen eines Kleinkindes ein ungewohnter Anblick, der oft als abstoßend wahrgenommen wird: Kleinkinder, die gestillt werden, sehen wir selten, sie entsprechen nicht unseren Normbildern, und wir werten dies ab – nicht das Kind, sondern die Mutter. Und dies unabhängig davon, dass auch das Stillen eines Kleinkindes eine Berechtigung hat, da es weiterhin den Immunschutz unterstützt[28] und auch ein weiterer Schutz vor Brustkrebs[29] erwiesen ist. Da das Stillen kulturell bestimmt ist, ist eine »natürliche« Stilldauer schwer zu bestimmen. Im kulturellen Vergleich und durch historische Forschung zeigt sich, dass Kinder oftmals durchaus bis ins vierte Lebensjahr gestillt werden[30] – nur ist das hierzulande eben eher die Ausnahme. Und wie die Nichtstillenden sich im Netz unter #bressure Luft machen, stehen die Stillenden auf der anderen Seite und posten #brelfies ganz im Sinne von #normalizebreastfeeding. Nicht selten werden normale Probleme der Baby- und Kleinkindzeit auf das Stillen zurückgeführt und der Mutter wird das Recht abgesprochen, erschöpft zu sein, da sie durch das Stillen ja selber schuld wäre: »Du bist immer müde? Selber schuld, wenn du das Baby nachts andauernd stillst.« Dabei hat der schlechte Schlaf nicht zwangsweise eine Ursache im Stillverhalten.

Macht Stillen nun eine gute Mutter aus?

Wir sehen also: Die Gründe für und gegen das Stillen sind zahlreich und individuell. Sie entziehen sich einer Beurteilung, weil wir zumeist die wirklichen Gründe nicht erfahren – und auch nicht wissen müssen. Denn in Bezug auf Mutterschaft und Bindung ist weder das Stillen noch die Ernährung mit industriell erzeugter Säuglingsmilch wichtig. Bindung entsteht, wie wir schon gesehen haben, über die Wahrnehmung, Interpretation und Beantwortung von Bedürfnissen. Hat das Kind Hunger, beantworten sowohl stillende als auch nicht stillende Mütter dieses Bedürfnis und tragen so zur Bedürfnisbefriedigung bei: Das Kind weiß, dass es sicher umsorgt wird und fürchtet nicht um sein Wohlergehen. Ob das Kind nun gestillt wird, ob abgepumpte Milch gefüttert oder industrielle Säuglingsnahrung mit der Flasche gegeben wird, in all diesen Fällen können sichere Bindungsmuster entstehen. Wichtig ist nicht das Nahrungsmittel, sondern die Form der Darbietung: Der direkte Körperkontakt beim Stillen ist förderlich für die Bindung. Auch hier wird wieder Oxytozin ausgeschüttet. Wird das Baby mit Becher oder Flasche gefüttert, ist es ebenfalls der Körperkontakt, der auch dabei für die Beziehung wichtig ist. Halten wir das Baby im Arm, haben wir genauso die Möglichkeit, eine gesunde und stabile Beziehung zu festigen, während wir unser individuelles Bedürfnis berücksichtigen können.

Diese Überlegungen beziehen sich sowohl auf den Anfang der Babyernährung als auch auf ihr Ende, und sie geben damit auch ganz klar vor, wann eine Stillende die Stillbeziehung ohne Gewissensbisse beenden kann: Genau dann, wenn sie sich nicht mehr stimmig anfühlt. Bei einigen ist dies früher, bei anderen später. Einige Kinder brauchen dann andere Milch, andere können schon sprechen und sich mit fester Nahrung ernähren.

Nur eine schöne Mutter ist eine gute Mutter

Nicht nur mit dem Stillen verbunden, aber ebenfalls ein Teil davon ist die Frage nach dem Aussehen der Mütter. »Stillen macht die Brüste schlaff« – unabhängig vom fehlenden Wahrheitsgehalt der Aussage, da das Bindegewebe schon vor dem Stillen durch die Schwangerschaft in Mitleidenschaft gezogen wird, weist uns diese Aussage auf eine ganz große Körperbildthematik hin: auf die Angst, unsere Brüste könnten nicht mehr gut aussehen – und mit ihnen eigentlich auch alles andere: Bauch, Po und Schenkel mit Schwangerschaftsstreifen oder Pigmentveränderungen in der Schwangerschaft und im Wochenbett. Aber auch Kleidungsstil und Pflegeroutinen werden bei jungen Müttern gern abwertend betrachtet: auf der einen Seite die Funktionsjacken-Muttis, die in der öffentlichen Diskussion jeden Sinn für Ästhetik an der Kreißsaaltür abgegeben haben, auf der anderen Seite die oberflächlichen Highheel-Mütter auf dem Spielplatz, denen nachgesagt wird, dass ihnen ihr Aussehen wichtiger sei, als schnell hinter dem Nachwuchs herrennen zu können. Irgendwo dazwischen bewegt sich das akzeptierte Mutterbild. Dabei gilt im Hinblick auf das Erscheinungsbild der Mutter ein recht ähnlicher Anspruch wie auf die innerlichen Werte: Natürliche

Schönheit ist das Ideal. Der Nude-Look passt zum Bild der natürlichen Mutter: geschminkt sein und dabei strahlend natürlich aussehen. Die Haare frisiert, aber nicht zu exakt. Erst im Mai 2019 berichtet RTL[31] vom neuen Trend, sich im Kreißsaal für die Geburt zu stylen, damit Geburtsvideo und erste Fotos gut aussehen. Schönheit spielt mittlerweile im Gesamtpaket Mutter eine besondere Rolle. Als Mütter sind wir beständig mit Anforderungen konfrontiert – nicht nur an unser Verhalten und Empfinden, sondern auch in Bezug auf unser Erscheinungsbild.

Frauen sollen sich nicht nur naturgemäß um ihre Kinder kümmern, sondern zugleich auch eine Augenweide sein und bleiben. »Neun Monate kommt der Bauch, neun Monate geht er« – aber was, wenn nicht? Warum sollen wir eigentlich nach neun Monaten wieder in unserem alten Körper stecken? Und warum soll sich dieser Körper eigentlich nicht verändern, während sich auch viele andere Bereiche unseres Selbst verändert haben? Auch »schön sein« ist kein neuer Anspruch an das Muttersein, denn blicken wir zurück, finden wir unterschiedliche Schönheitsideale in langer Tradition. Vor Social Media, Kinofilmen und Fernsehen aber war unser Referenzrahmen ein anderer: Es waren die anderen Mütter im unmittelbaren Umkreis. Doch in heutiger Zeit haben das Körperbewusstsein und der Körperkult eine größere Dimension angenommen. Das Schönheitsideal ist allseits präsent. Dokumentationen wie »The Swan – Endlich schön!« zeigen uns nicht nur, was alles möglich ist durch Operationen, Umstyling und Make-up, sondern auch, warum es auch viel glücklicher macht, schön zu sein. Wir messen unseren Körper an all diesen Bildern: Fotografen bearbeiten mit Photoshop, und auch die bewegten Bilder im Fernsehen sind bearbeitet, wie kürzlich die Berichterstattung um das Geheimnis der Faltenfreiheit des Gesichts des DSDS-Juroren Dieter Bohlen zeigte. Aber längst hat das Verschönern von Bildern auch im privaten Rahmen eingesetzt: Apps wie

Facetune ermöglichen es, die Zähne weißer zu machen, die Haut zu glätten und Pickel zu überlagern. Neue Smartphones bringen gleich einen integrierten Beautymodus mit, der die Haut jünger und glatter erscheinen lässt. Schön und jung erscheint nicht zwangsweise, wer es ist, sondern wer sich bestimmte Apps oder Smartphones leistet – auch wenn auf Instagram gern der gesunde Lifestyle für das strahlende Aussehen herangezogen wird. Daneben ist Schönheit heute auch kein biologisches Schicksal mehr, sondern es kann durch Operationen nachgeholfen werden. Dabei sind es nicht mehr nur die für alle sichtbaren Körperteile, die verändert werden, sondern beispielsweise auch die Schamlippen, die in Schönheitsoperationen an ein Idealbild, transportiert über Pornos, angepasst werden.

Wir alle tragen eine ziemlich genaue Vorstellung in uns, was »schön« an Menschen ist und was nicht und wie wir als Frauen aussehen sollen – und wie nicht. Wir orientieren uns an diesen Normen, wir leben sie. Wir lesen, dass schöne Menschen erfolgreicher im Job sind, und gerade das ist für uns Mütter nach Elternzeit und Gender-Pay-Gap natürlich auch ein Argument, das sich zumindest unbewusst in unserem Gehirn verankert. Sexualtherapeutin Katja Grach schreibt in ihrem Buch *Die MILF-Mädchenrechnung* über den heutigen Anspruch an Mütter: Die MILF – »Mother I'd like to fuck – gebärt und zieht Kinder groß, während sie trotzdem das versaute Luder bleibt, das sie schon immer war. Es sieht fast so aus, als bräuchte die Midlife-Crisis des Partners keine jüngere Geliebte mehr, weil die MILF durch ihren Sex-Appeal die Konkurrentinnen aussticht und als Trophäe durchgeht, mit der sich auch Herren mittleren Alters schmücken können. Denn eine richtige MILF will – trotz Alter und Mutterschaft – Sex und sexuell attraktiv bleiben. Sie bringt ihren Körper bereits nach der ersten Geburt schnellstmöglich wieder in Form.«[32] Auch in Bezug auf Partnerschaft ist unser Aussehen in Anbetracht der Scheidungsraten und drohender Altersarmut von Müttern ein wichtiges Argument. Die Selbstoptimierung hat längst auch unseren Körper erreicht und bedrängt unser Körperbild – als Frau, aber ganz besonders auch als Mutter.

Die Realität der Frauenkörper

Viel weniger hingegen sind wir mit den »echten Körpern« konfrontiert, wenn wir nicht gerade einen FKK-Strand, Gemeinschaftsduschen im Schwimmbad oder das Hamam besuchen. Nicht selten atmen wir gedanklich auf, wenn wir uns zwischendurch einmal in einer Umgebung der ganz normalen Körper befinden. Die, die eben auch Dellen an den Oberschenkeln haben, Narben auf der Bauchdecke und wo vielleicht auch die Haut am Oberarm beim Winken im Rhythmus mitschwingt. Hier fühlen wir uns nicht ausgegrenzt, wir gehören dazu. Ein Gefühl, von dem wir schon gelesen haben, wie wichtig es ist. Deswegen ist das Aufsuchen solcher Orte eine Wohltat, um unser Bild wieder ein wenig zurechtzurücken.

Wir messen uns an den allgegenwärtigen Medienbildern mehr als an denen unserer natürlichen Umgebung. Dabei wandelt sich nach und nach aber auch unser Umfeld hin zu einer stärkeren Anpassung an die medialen Bilder, denn es ist heute möglich, solche Anpassungen machen zu lassen: Die Anzahl der Schönheitsoperationen steigt. Im Jahr 2017 wurden 32 647 medizinisch nicht notwendige Eingriffe vorgenommen[33], wobei Oberlidstraffungen die häufigsten Operationen sind, gefolgt von Fettabsaugungen und Brustvergrößerungen. Daneben gibt es die alltäglich möglichen Veränderungen: Haare färben, Wimpern verlängern, Permanent Make-up. Bloggerin und Mutter Henriette Zwick hat sich operieren lassen: Brustverkleinerung und Fettabsaugung. Sie beschreibt ihre Beweggründe so[34]:

»Am Ende des Tages ist es so, dass ich ganz allein in den Spiegel schauen muss. Ich muss mich nicht granatenobermäßig heiß finden, aber ich möchte mich wohlfühlen. Ich möchte sagen: Klar habe ich keine Modelmaße, aber hey, ich bin ganz passabel. Ich mag meine Beine oder meinen Busen oder meinen Bauch. Man sollte sich für sich selbst schön finden. Nicht für den Mann. Nicht für Instagram, nicht weil es mir die Magazine sagen. Und am Ende ist es egal, woher die Vorstellung kommt, wie ich selbst aussehen möchte. Vielleicht bin ich beeinflusst von Medien, von schönen Frauen. Aber ich weiß eben auch, wie ich vor den Schwangerschaften aussah. Ich weiß, dass ich nie eine XS tragen werde, und das möchte ich auch nicht. Ich weiß aber auch, dass es mir nicht reicht, stolz auf meinen Körper zu sein, weil er so viel geleistet hat.«

Woher unsere Ansprüche an uns und unser Aussehen kommen, haben wir schon ausreichend gesehen. Wie sehr wir uns von ihnen leiten lassen, ist verschieden. Manche Frauen setzen diese Ansprüche mehr um, andere weniger. Manche können es sich leisten, andere nicht. Manche wollen die Veränderungen der Zeit annehmen und sie tragen, andere nicht – und letztlich wirkt sich das Alter auch unterschiedlich auf uns aus: Während einige mit 35 noch aussehen wie Mitte 20, sehen andere älter aus, als sie sind. Auch hier treffen wir wieder auf ganz unterschiedliche Ursachen, die es uns schwer machen können, mit unserem Körper umzugehen. Operationen und Anpassungen an Ideale werden unser inneres Selbstwertgefühl nicht stärken oder uns vom Schönheitsdruck befreien. Aber manche mag es in ihrem Alltag für einen bestimmten Zeitraum zufriedener machen. Corinne Luca, Autorin des Buches *Am liebsten sind mir die Problemzonen, die ich noch gar nicht kenne,* formuliert es so: »Das gute Gefühl blieb aber nie lang, es verging mit der gleichen Sicherheit, mit der verlorene Kilos spätestens nach ein paar Jahren wieder zurückkommen. Das gute Gefühl geht zuverlässig wieder weg, weil seine Basis war, dass wir uns nicht mögen, dass wir etwas in uns ablehnen, weil es scheinbar nicht passt. Und uns dann kurz mögen, weil es repariert wurde. Die ganze Grundidee ist falsch, denn das nächste Fragezeichen wartet verlässlich schon um die Ecke. So kann das gute Gefühl nicht von Dauer sein.«[35]

Bodypositivity

Idealerweise sind wir grundlegend zufrieden mit uns. Nicht weil wir ein bestimmtes Aussehen haben, sondern weil wir unseren Körper so akzeptieren, wie er jetzt gerade ist, und dabei wissen, dass dieser Körper ein Teil von uns ist, aber nicht unseren Wert bestimmt. Das ist es, was Bodypositivity meint. Unsere Körper sind nicht makellos, aber wir sollten unseren Blick auf das konzentrieren, was wir an uns mögen. Das bedeutet nicht, dass wir uns ganz und gar lieben müssen. Es bedeutet auch nicht, dass wir uns keine Veränderungen wünschen oder darauf hinarbeiten dürfen. Es bedeutet aber, dass wir unseren Körper anerkennen und die Wandlungsphasen annehmen, denen er unterliegt. Gerade jenen Frauen, die Kinder geboren haben, ist dieses Konzept zuträglich, denn der Körper wandelt sich: Wir nehmen in der Schwangerschaft zu, die Haut dehnt sich, Schwangerschaftsstreifen treten auf, das Brustgewebe verändert sich, wir gebären, der Bauch bildet sich zurück, die Brüste verändern sich nach der Stillzeit; in der Schwangerschaft wird das Kopfhaar voller, nach der Geburt fallen Haare aus, Speckröllchen wölben sich vielleicht (noch eine Zeit) über den Hosenbund. Mutterschaft bedeutet oft, dass der Körper über viele Jahre im Wandel ist – bei einigen ausgeprägter, bei anderen weniger. Wenn der Bauch gegangen ist, kommen vielleicht die Augenringe oder die Falten. Denn wir werden eben auch einfach älter. Unsere Körper wandeln sich sowieso, durch das Kinderkriegen oder -haben aber noch einmal besonders. Wir werden immer wieder Anteile haben, die wir schwierig finden. Einigen können wir begegnen und etwas ändern, anderen vielleicht nicht. Wir können uns messen und anpassen, wenn uns das hilft, aber vor allem müssen wir wissen, dass unser Körper nicht unseren Wert als Mutter (und überhaupt als Mensch) bestimmt. Er begleitet uns, aber er gibt nicht den Weg vor. Wir müssen verstehen, dass uns mehr ausmacht als Schönheit und dass wir weder als Mensch noch als Frau oder Mutter auf Schönheit reduziert werden sollten – und uns auch nicht selbst darauf reduzieren müssen.

Auch hier kann uns der Weg zur Bodypositivity zunächst wieder in die Kindheit führen: Wie haben wir als Kinder erlebt, dass Frauen aussehen müssen? Welche Spielfiguren haben uns geprägt, wie waren Frauen und Mütter in Kinderbüchern beschrieben oder repräsentiert? Wie sahen die Mütter und Frauen in unseren Lieblingsserien aus, und schließlich: Was haben wir selbst in unserer Familie erlebt? Hatten wir Mütter, die sich von einer Diät zur nächsten hangelten, die sich selbst und uns kritisch beäugt haben? Die morgens erklärt haben: »Ich mach mich jetzt mal schön«, statt zu sagen, dass sie sich einfach nur schminken. Hatten wir Väter, die Frauen vor allem nach ihrem Aussehen beurteilt haben? Konnten wir über unseren Körper selbst bestimmen, oder war es eigentlich schon immer so, dass andere bestimmt haben, wie wir aussehen sollen? In ihrem Buch *Hunger: Die Geschichte meines Körpers* beschreibt Roxane Gay, wie sie nach einer Vergewaltigung angefangen hat zu essen, um ihren Körper willentlich zu verändern und vermeintlich unattraktiv zu machen: »Schon als ich jung war, begriff ich, dass Dicksein hieß, von Männern nicht begehrt zu werden, von ihnen verachtet zu werden, und ich wusste schon viel zu viel darüber, was diese Verachtung bedeutete. Das ist es, was den meisten Mädchen beigebracht wird: dass wir schlank und zierlich sein sollen. Wir sollen keinen Raum einnehmen. Wir sollen gesehen und nicht gehört werden, und wenn wir gesehen werden, soll unser Anblick Männern gefallen und der Gesellschaft nicht negativ auffallen.«[36] Auch nach der frühen Kindheit werden wir von Bildern geprägt, erleben Verletzungen aufgrund unseres Aussehens. Wir wissen, dass sich das Schönheitsideal über die Jahrzehnte verändert hat, getragen von den sich ändernden Gesellschaftsbedingungen. Und so sind auch wir einem beständigen Wandel der Definition von Schönheit unterworfen. Die Frage dabei ist aber, ob wir wirklich den Idealen hinterherrennen und uns immer wieder neu anpassen müssen, oder ob wir Zufriedenheit in uns und mit uns finden können, den sogenannten eigenen Stil und die Akzeptanz des Selbst – auch wenn es eben immer wieder Punkte geben wird, die uns von anderen unterscheiden. Mein Körper gehört mir – warum sollte ich ihn so herrichten, wie es anderen gefällt? Neben der Frage nach den Schönheitsbildern, die in unserer Kindheit unser Bild geprägt haben, können wir uns auch den aktuellen Bildern zuwenden und sie hinterfragen: Wo erleben wir welchen Druck? Welche toxischen Gedanken setzen sich in uns fest und auf welche Versprechungen und Schlagzeilen fallen wir herein? Letztlich müssen wir uns vom Bild des perfekten Ich ebenso trennen wie von dem der perfekten Mutter – und dem Zusammenhang zwischen beidem. Das ist nicht einfach, aber letztlich erleichternd.

Sex – wann und wo eigentlich?

Wenn wir über Körper sprechen, ist auch das große Schlagwort »Sexualität« nicht weit. Die schon erwähnte Sexualpädagogin Katja Grach spricht vom »Fuckability-Faktor« von Müttern: Wir sollen nicht nur optisch schön sein, sondern auch sexuell attraktiv. Wir haben ja schon vielfach gesehen, wie wichtig die Fortpflanzung wirtschaftlich ist und wie sehr der Aspekt der Reproduktion das Frauenbild prägt. Passend bekommen wir medial vermittelt, dass alle anderen Paare andauernd Sex haben, während wir Eltern zwischen »Baby ist eingeschlafen« und »Netflix gucken und ausruhen« am Abend vielleicht grade mal ein paar Minuten für Zweisamkeit finden. Laut Studien haben Menschen zwischen 18 und 29 Jahren durchschnittlich 2,15-mal Sex pro Woche, im Alter zwischen 30 und 39 Jahren 1,65-mal. Diese Zahlen können junge Elternpaare verunsichern. Vergleicht man sie aber mit einer Studie an Eltern[37], ergibt sich ein nüchterneres Bild: Ein- bis dreimal im Monat haben Paare nach der Schwangerschaft Sex. Fünf Prozent der befragten Paare hatten auch zwei Jahre nach der Geburt noch keinen Geschlechtsverkehr. Die ständige Müdigkeit, die Erschöpfung, vielleicht auch das Hadern mit dem eigenen Körper aufgrund der überhöhten Schönheitsansprüche unserer Gesellschaft – Lust auf Sex und Zeit dafür sind eher rar. Auch wenn beim Sex Milch aus den Brüsten kommt, ist das für einige Paare eher störend. Im Wochenbett, aber auch in den Monaten danach können Geburtsverletzungen uns vom Sex abhalten ebenso wie traumatisch erlebte Geburten. Betrachten wir hierzu noch einmal die oben dargestellte Situation der Geburtshilfe und die sich daraus ergebenden Komplikationen in Bezug auf den Geburtsverlauf, ist es nicht unwahrscheinlich, dass Frauen keine Lust auf Sex haben. Auch kann die Geburt zu einer Retraumatisierung führen, wenn die Frau Überlebende sexueller Gewalt ist. Auch dies ist in Anbetracht der Zahlen der Opfer sexueller Gewalt nicht unwahrscheinlich. 80 Prozent der Frauen erklären, dass sie auch sechs Monate nach der Geburt weder in Bezug auf Häufigkeit noch Qualität die Sexualität erleben, die sie vor der Geburt hatten. 37,2 Prozent sprechen davon, dass sie seit der Geburt selten oder kein Verlangen nach Sex hätten.[38] Die Hormone, die gerade am Anfang der Babyzeit wirken, spielen auch hier wieder eine wichtige Rolle: Der niedrige Östrogenspiegel vermindert die Lust. Evolutionsbiologisch betrachtet, kann das Fehlen der Lust früher sinnvoll gewesen sein, als es noch keine (verlässlichen) Verhütungsmittel gab und Frauen durch das Fehlen der Lust auch vor einer zu schnellen Schwangerschaftsfolge bewahrt wurden.

Und obwohl wir all das wissen, stehen nicht wenige Frauen unter Druck. Schließlich lesen wir auch hier wieder, wie wichtig Sex für die Männer und das Erhalten der Partnerschaft sei. Und wieder sind wir geneigt, zu tun, was von uns erwartet wird, damit wir die Rolle erfüllen, die wir als Mütter eben einnehmen sollen. Die Initiative zum ersten Geschlechtsverkehr nach der Geburt geht in 60,3 Prozent der Fälle vom Partner aus, in 33,1 Prozent von der Frau, und die restlichen 8,6 Prozent haben sich gemeinsam zusammengefunden. Dabei ist es doch eigentlich das, worum es beim Sex geht: sich gemeinsam finden, gemeinsam Lust haben und dieser nachgehen. Als Eltern ist das nicht immer einfach. Wegen der Erschöpfung, des Körperempfindens und nicht selten auch wegen einer neuen Frage, die plötzlich auftaucht: Wo eigentlich? Denn nun liegt das Kind im Schlafzimmer. In dieser und allen anderen Sexfragen geht es um kreative Lösungen: Wir müssen miteinander ins Gespräch kommen über Gefühle und Bedürfnisse auf beiden Seiten und müssen dann gemeinsam Lösungen finden, die für beide passen. Und das kann eben auch bedeuten, sich vom Schlafzimmer und Bett zu verabschieden und andere Orte zu nutzen. Vor allem aber geht es um Selbstbestimmung: Keine Statistik, kein Vergleich kann angeben, wann genau Sie sich wieder wohlfühlen und bereit sind zum Sex. Das können Sie selbst herausfinden und sollten es auch dürfen – ob nun bald nach der Geburt oder erst später, Hauptsache es fühlt sich gut an.

8 Wie viel Pädagogik braucht mein Kind?

Gehen wir durch die Elternbereiche von Bibliotheken und Buchhandlungen, sehen wir meterweise Ratgeberliteratur. Das Geschäft rund um die Elternberatung boomt – von Babykursen mit pädagogischen Inhalten über Schlafberater*innen, die nach Hause kommen, bis zu Beratungs- und Coachingangeboten für Eltern. Auf Facebook und Instagram lesen wir Abhandlungen über Bindung, Beziehung, Elternschaft, und manchmal sind wir zu Recht verwirrt und fragen uns, ob das nun ein Elternteil geschrieben hat oder ob die Abhandlung über den richtigen Ablauf einer Eingewöhnung aus der Feder einer pädagogischen Fachkraft kommt. Denn: Wir alle wissen unglaublich viel. Nicht nur in Bezug auf die Pädagogik ist das der Fall, auch prinzipiell: Der Flynn-Effekt zeigt, dass wir von Generation zu Generation an Intelligenz zunehmen. Auch unser Wissen wächst. Haben Sie ältere Kinder, haben Sie das wahrscheinlich selbst bereits festgestellt, denn heute wissen nicht selten schon Vorschulkinder zum Beispiel über die Planeten und die Zeit, die ein Lichtstrahl von der Sonne zur Erde benötigt, Bescheid. Bildung, Ernährung, Gesundheitsversorgung, Massenmedien, Urbanisierung und Globalisierung: Wir erfahren mehr, lernen mehr, verinnerlichen mehr.

Auch die Pädagogik hat in diesen Bildungskanon Einzug gehalten, und Eltern bekommen nicht mehr nur ein Kind, kuscheln, versorgen es und halten es am Leben, sondern sie kümmern sich in besonderer Weise um seine Entwicklung. Mit der Erkenntnis der

Bedeutung der Pädagogik, dem Wissen um Zeitfenster der Entwicklung und dem hohen Bildungsanspruch an Kinder im Sinn einer guten Entwicklung in der Zukunft sind Eltern zu eigenen Hauspädagogen und -pädagoginnen geworden – und erwarten einen pädagogisch wertvollen Umgang auch von den anderen Menschen ihres sozialen Umfeldes. Die Soziologin Christine Henry-Huthmacher umschreibt die heutige Elterngeneration mit den Worten: »Wohl noch nie gab es so viele reflektierende, bewusst erziehende und in ihrer Erziehung selbstkritische Eltern, die alles darauf ausrichten, dass ihr Kind keinen Schaden nimmt, und die es gezielt fördern.«[1] Der pädagogische Anspruch schwingt bei allem mit: dem Essen, der Pflege, dem Spiel und Sozialleben. Sich auszukennen wird nicht selten zum Druck, wie Mina beschreibt:

> »Was mir das Muttersein schwer macht, ist besonders das beständige Erzählen von der Schwere des Mutterseins und all dem, was man falsch machen könnte. Denn bei mir kam an: ›Du machst XY falsch, denn darüber hast du ja noch nie nachgedacht‹, ›Mach nicht den gleichen Fehler wie ich, hol dir mehr Informationen über XY‹. Durch solche und ähnliche Aussagen meinte ich, mir ALLE Informationen über JEDES Thema einholen zu müssen, um friedvolle Elternschaft, glückliche Paarbeziehung und ausreichend Zeit für mich – als Person und nicht nur als Mama – leben zu können. Ständig kam bei mir an: ›Ich weiß immer noch zu wenig‹, und so sah ich mich irgendwann völlig überfordert damit, wo ich nun welche Information herbekomme und wie ich mir am besten Wissen zu welchem Thema aneignen kann. Ständig irgendetwas hinterherhetzend, das Gefühl habend, dass ich einfach nicht genug weiß.«

Die Suche nach einem entspannteren, besseren und vor allem »richtigen« Alltag wird letztlich zum Stress – genau das Gegenteil von dem, was wir eigentlich wollen. Und nicht selten wird auch die Pädagogik zu einem Problem zwischen den Eltern oder der gesamten Familie, wenn verschiedene pädagogische Vorstellungen aufeinandertreffen. Die großen Fragen, die wir uns stellen können und müssen, sind deswegen: Wie viel Pädagogik müssen wir in unseren Alltag einbauen? Und müssen wir es überhaupt? Sollten die pädagogischen Einstellungen zwischen Eltern und dem Rest der Familie übereinstimmen oder machen wir uns diesbezüglich unnötigen Stress? Und warum sind es eigentlich immer noch die Mütter, von denen besonders pädagogisches Verhalten eingefordert wird und an die sich die meisten Ratgeber wenden?

Der Bildungsanspruch an Mütter

Die Flut der Ratgeber, der wir uns heute ausgesetzt sehen, steht in einer langen Tradition. Mit der Aufklärung im 18. Jahrhundert nahmen das Lese- und Bildungsbedürfnis zu, es wurden nicht mehr nur Bücher für die gelehrte Fachwelt, sondern auch für die breite Masse geschrieben, und ganz besonders geriet dabei die Pädagogik in den Blick. Rousseaus Roman *Émile oder über die Erziehung* bildet den Auftakt für eine Sichtweise, die das Kind mit seiner kindlichen Natur und eigenen Bedürfnissen in den Mittelpunkt der Betrachtung zu stellen begann. Nach Rousseau wird das Kind in den ersten Jahren von der Mutter gebildet, später vom Vater. Während Kinder früher einfach da waren und im Alltag mitliefen, wurde all das nun verschriftlicht und zur Wissenschaft erklärt. Seither gibt es eine Vielzahl an Büchern, die sowohl die kindliche Entwicklung als auch das mütterliche Verhalten betreffen. Und mittlerweile ist der Zuständigkeitsbereich der Mutter nicht mehr nur die frühe Kindheit, sondern erstreckt sich auch auf die Begleitung der schulischen Laufbahn. Der Bereich, in dem eine Mutter sich auskennen sollte, ist somit größer geworden und wird in Bezug auf die gesellschaftlichen Bedürfnisse immer wieder neu definiert und differenziert. Denn die Förderung des Kindes ist nicht nur individuell bedeutsam, sondern auch im Hinblick auf den Fortbestand und die Entwicklung der Gesellschaft. Die wenigen Kinder, die heute geboren werden, sollen optimale Chancen haben. Der Druck, nichts zu verpassen und alles »richtig« zu machen, ist daher hoch.

Und auch wenn es im Lauf der Jahrhunderte immer wieder Schriften von Frauen zu Erziehungsthemen gab, nicht zu vergessen die großen Einflüsse von Ellen Key, Emmi Pikler, Maria Montessori, Mary Ainsworth und Alice Miller, waren die *Ratgeber* in der Mehrzahl Männerwerke – worauf ja auch schon der Name verweist. Zwar hat sich nun, im 21. Jahrhundert, das Blatt ein wenig gewendet, und es gibt mittlerweile auch viele bekannte Ratgeberbestsellerautorinnen, doch die Ratschläge der »Erziehungspäpste«, wie die *Süddeutsche Zeitung* sie 2018 einmal nannte, sind noch immer prominent und männliche Speaker auf Pädagogikkonferenzen und anderen Veranstaltungen besonders gern gesehen. Bestsellerautor Herbert Renz-Polster erklärt im Zeitungsinterview: »Die meisten von uns so genannten Erziehungsexperten haben sogar erstaunlich wenig mit Kindern zu tun. Ich als vierfacher Vater und Kinderarzt bin da noch die Ausnahme. Und ich muss ehrlich sagen: Ich glaube, dass Frauen noch immer am liebsten Männern zuhören. Ich weiß nicht, warum, aber mir scheint, das hat noch immer etwas mit Autorität zu tun. Männer haben einen besseren Status.«[2] Wir haben über Jahrhunderte hinweg verinnerlicht, dass Mütter die Erziehung zwar durchführen, Männer aber die Inhalte bestimmen.

Einfach auf das Bauchgefühl vertrauen?

Unabhängig davon, ob Experte oder Expertin, der Grundtenor ist oftmals gleich: Mütter, bildet euch! Diese Stimme schlägt uns aus Social Media, Zeitschriften und von Buchcovern entgegen. Mehr als 10 000 Eltern- und Erziehungsratgeber[3] gibt es aktuell auf dem deutschen Buchmarkt, die sich fast ausschließlich an Mütter richten.

Die große Frage bei der Flut der Tipps, Tricks, Ratgeber und Onlinekurse ist: Brauchen Mütter das alles wirklich? Wie es scheint, war nie zuvor die Verunsicherung so groß, wie genau nun erzogen werden soll – und ob man überhaupt erzieht oder nicht. Und nie war der Gedanke so verbreitet, dass wir mit unseren Kindern etwas verpassen oder ihnen zu wenig Zeit widmen könnten. Dabei verbringen wir in den Industrienationen heute durchschnittlich doppelt so viel zugewandte Zeit mit unseren Kindern wie im Jahr 1965[4] – und haben dennoch das Gefühl, uns nicht ausreichend oder gut genug zu kümmern. Dabei wäre auch das gar nicht so schlimm, denn laut Studie ist nicht der Zeitfaktor ausschlaggebend für die Entwicklung des Verhaltens, der schulischen Laufbahn oder des emotionalen Wohlbefindens, sondern die Qualität der Zuwendung. Und beim Thema Qualität lohnt sich doch wieder ein Blick auf die Pädagogik, denn sie bestimmt schließlich, wie wir die Zeit füllen, die wir haben. Die einen sagen: »Hör auf dein Bauchgefühl!«, die anderen: »Lies Ratgeber, damit du keine Fehler machst!« Was ist denn nun richtig?, fragen wir uns. Die Antwort ist: Beides.

Wer mit sicheren Bindungen aufgewachsen ist, wer ein gutes Selbstwertgefühl entwickeln konnte und eigene Bedürfnisse sicher anmelden und dafür einstehen kann, optimalerweise sogar Vorbilder hatte und hat, der braucht in den meisten Fällen keine Ratgeber. Die meisten Probleme im Alltag mit Kindern lassen sich durch die Reduzierung von Stress und mehr Unterstützung regeln. Denn dann haben wir die Gelassenheit, entspannt mit allen Situationen umzugehen – von nächtlichen Wachphasen des Babys über Wutanfälle des Kleinkindes, Selbstständigkeitsforderungen des Vorschulkindes, Freundschaftsstress in der Grundschule bis hin zu den Auseinandersetzungen in der Pubertät. Wenn sich nicht ständig unser eigenes inneres Kind zu Wort meldet und negative Stimmen unserer eigenen Kindheit uns mitreißen, kann Elternschaft zwar kein Spaziergang, aber immerhin ein spannendes Abenteuer sein. Wenn wir selbstsicher sind, fällt es uns auch leichter, Hilfen anzunehmen, von Partnern Engagement einzufordern und Aufgaben abzugeben.

Wer aber weiß oder merkt, dass da im Hintergrund eine ziemlich große Baustelle lauert mit Verletzungen, Vernachlässigungen und einem geringen Selbstwertgefühl, der braucht möglicherweise Hilfe und Unterstützung in Form von Literatur, aber nicht selten auch persönliche Begleitung und psychologische Beratung. Stressvermeidung, konkrete Unterstützung und Reflexion sind dann die richtigen Hilfen.

Menschen, die diese Probleme nicht kennen, denken vielleicht nur verwundert: »Warum kann sie nicht einfach die Arschbacken zusammenkneifen und es so machen wie ich?« Weil sie es eben nicht kann. Das hat nichts mit Willensstärke zu tun, sondern mit Erziehung und unseren Reaktionsmustern im Gehirn. Das so oft beschworene Bauchgefühl ist eben nur dann einsetzbar, wenn wir auch Handlungsmuster verinnerlicht haben, die gut sind.[5] Das »Bauchgefühl« kann nämlich auch erklären: »Sperr den tobenden Jungen mal ruhig im Zimmer ein, der beruhigt sich schon«, wenn wir das als innere Norm abgespeichert haben. Und selbst wenn wir wissen, dass es nicht gut ist, fehlen uns passende Lösungsstrategien. Wer nie gelernt hat, einen anderen Ausweg als Wut oder Ohnmacht aus Konfliktsituationen zu finden, findet ihn auch nicht in stressigen Familiensituationen. Das »Bauchgefühl« rät dann in solchen Situationen entweder zum Kampf (Wut) oder zur Flucht (Ohnmachtsgefühl, Rückzug) – beides keine sinnvollen Methoden, um den Alltag mit einem Kind zu meistern und Zugang zu den eigenen Bedürfnissen zu finden. Maria schreibt über ihren Weg zu einem eigenen Bauchgefühl:

> »Ich selbst habe keinerlei Erinnerung an meine Kindheit. Aus Erzählungen weiß ich aber, dass ich sehr viel allein, bei Nachbarn oder Verwandten war. Meine Eltern haben immerzu gearbeitet und waren danach so gestresst, dass ich zum Spielball ihrer Gefühle wurde. Mit 22 war ich in psychiatrischer Behandlung. Diagnose: generalisierte Angststörung und Platzangst. Mit 24 war ich dann schwanger. Unser Glück war, dass mein Mann fern von unseren Herkunftsfamilien sein Studium begonnen hatte und wir unsere kleine Familie abseits von familiären Einflüssen gründen konnten. Ich las sehr viel und eignete mir Techniken an, nicht in Stress zu geraten und auf mein Bauchgefühl zu hören, denn das, was ich hatte, war wirklich keine Hilfe.«

Wir können unser »Bauchgefühl« ändern, aber das braucht eben Unterstützung und viel eigene Kraft. Die verlässlichen Vorbilder, die Mütter mit guten und sicheren Erfahrungen hatten und haben, werden bei den Müttern, denen dies fehlte, ersetzt durch Bücher, Blogs, Instagram, Hebammen, Elterncoaches und Therapieangeboten. Leben wir in einer Beziehung, haben wir zudem im besten Fall einen Sparringspartner, mit dem wir gemeinsam unseren Weg finden können: Wir können uns gegenseitig bestärken. Erkennen wir im anderen, welche Problemfelder er oder sie hat, können wir in einzelnen Situationen einspringen oder uns vom anderen Handlungs- und Verhaltensmöglichkeiten abschauen. Wir können Aufgaben teilen und abgeben, die uns persönlich schwerfallen. Oft können wir so in eine Balance kommen: Ich kümmere mich um deine roten Tücher, du dich um meine. Fehlt uns ein solcher Partner im Alltag und haben wir zudem an der Last der eigenen Erfahrungen zu tragen, geraten wir schneller in eine Überforderung und es fällt besonders schwer, den Alltag zu meistern. Einige finden dann Unterstützung in Foren, auf Twitter oder in Facebookgruppen – dem so genannten Online-Clan.[6]

Ob das Bauchgefühl also ausreicht oder nicht, können wir bei anderen nicht beurteilen. Und was es noch schwerer macht: Wir können es auch bei uns selbst nicht beurteilen ohne einen Abgleich, ohne Referenzrahmen. Ich weiß nicht, ob mein Bauchgefühl aus Sicht der modernen Pädagogik »gut« oder »schlecht« ist, solange ich nicht weiß, wie »gut« oder »schlecht« sich äußert. Und genau dafür sind Ratgeber in der einen oder anderen Richtung durchaus sinnvoll: ob nun als Zeitschrift, als Buch oder als Blog – oder der Austausch mit anderen in einer Krabbelgruppe oder im Netz. Und jeder von uns entscheidet dann selbst, ob das eigene Bauchgefühl überarbeitet werden muss oder nicht. In der Beratung gibt es die Richtlinie: »Keine Beratung ohne Auftrag.« Das können wir uns zu Herzen nehmen, wenn wir glauben, anderen Eltern erklären zu müssen, ob sie mehr oder weniger Informationen brauchen. Erst dann, wenn jemand sich einen Abgleich wünscht, sollte dieser auch hergestellt werden. Ratschläge wie »Du musst nur auf dein Bauchgefühl hören!« helfen nicht weiter und können sogar verunsichern, denn jemand, der nach einem Rat sucht, scheint ja in sich keine Antwort zu finden.

Müssen Eltern alles ähnlich machen?

Anders als vor einigen Jahrzehnten sind aber heute nicht mehr nur die Mütter zuständig für die Erziehung – oder sollten es zumindest nicht sein. Die schon erwähnte Studie über die Zeit, die wir mit unseren Kindern verbringen, zeigt nicht nur, dass Mütter ihren Kindern mehr Aufmerksamkeit schenken als früher. Auch bei den Vätern gibt es eine Zunahme der mit dem Kind verbrachten Zeit: Von 16 Minuten am Tag im Jahr 1965 stieg die Zeit auf 59 Minuten am Tag an – damit ist sie noch immer nur fast halb so groß wie bei den Müttern, dennoch zeigt sich ein signifikanter Zuwachs. Und auch wenn der Buchmarkt an Elternliteratur noch immer die Zielgruppe der Mütter im Blick hat, gibt es mittlerweile einige Bücher, die sich ausschließlich an Väter wenden oder an Eltern allgemein gerichtet sind. Auch im Netz treten Männer in ihrer Vaterrolle in Erscheinung. Anne-Luise Kitzerow, Mitgründerin der Blogfamilia, einem Netzwerk für Elternblogger*innen, erklärt auf der jährlich stattfindenden Fachkonferenz 2019: »Es gibt rund 3 000 sogenannte Mamablogs in Deutschland und vielleicht 100 Väterblogs.« Elternschaft und Erziehung sind ein Thema, das sich mehr und mehr auf beide Elternteile ausdehnt. Erziehungsstile und gesellschaftliche Veränderungen stehen in einem Wechselspiel.[7]

Wenn wir Eltern werden, treffen verschiedene Erziehungsvorstellungen aufeinander und wir müssen einen gemeinsamen Weg für die Familie finden. Ebenso wie Mütter tragen Väter ebenfalls ihre Päckchen aus der Vergangenheit. Auch sie haben unterschiedliche Bauchgefühle in Bezug auf Erziehung, und es gibt Themen, die ihnen besser oder schlechter liegen. Auch ihnen kann die Erziehung es schwer gemacht haben, sensibel auf Bedürfnisse einzugehen und sie wahrnehmen zu können, wenn sie in typisch männlichen Geschlechterklischees erzogen wurden: »Ein Indianer kennt keinen

Schmerz!«, »Jungen weinen nicht!«. Mit solchen Glaubenssätzen können schnell Konflikte im Hinblick auf den Erziehungsstil entstehen.

Ganz besonders schwierig wird es bisweilen in ohnehin schon angespannten Situationen: Das Kind ist wütend – eine oftmals anstrengende Situation für Eltern. Vielleicht kann ein Elternteil mit der Wut des Kindes nicht gut umgehen, das belastet den anderen Elternteil und auch die Beziehung. Oder sie haben gleiche oder unterschiedliche Lösungsstrategien (Wut und/oder Ohnmacht) und behindern sich dadurch im Umgang, sind also keine Sparringspartner in schwierigen Situationen. Die große Frage, die sich daraus ergibt, heißt also: Wann sollten Eltern übereinstimmen, und müssen sie es in Hinblick auf die Erziehung überhaupt – oder ist es egal? Und auch hier lautet die Antwort: Beides.

Hierzu können wir uns zwei verschiedene Situationen ansehen. Mein Mann und ich haben in Bezug auf das Insbettbringen unserer Kinder unterschiedliche Strategien. Während ich mich immer zum jeweils kleinsten Kind ins Bett gelegt habe, bis es eingeschlafen war, hat mein Mann die Kinder im Kleinkindalter auf den Schoß genommen und mit ihnen so lange Elmo-YouTube-Videos gesehen, bis sie eingeschlafen sind. Ich empfand diese Lösung als nicht besonders pädagogisch, er empfand sie als praktisch. Der eigentliche Konfliktpunkt ist also nicht das Einschlafen (auf beide Arten schlafen die Kinder gleich schnell ein), sondern die pädagogische Haltung dahinter beziehungsweise mein Anspruch an ihn, es anders zu machen, »pädagogischer«. Tatsächlich werden unsere Kinder aber keinen Schaden davon bekommen, weil sie mit ihrem Vater dieses Ritual hatten, und sie haben auch nie eingefordert, dass einer das Ritual des anderen übernehmen müsse. Wir sind unterschiedlich, und das verstehen Kinder. Daher können wir auch unterschiedliche Wege gehen. Eltern müssen in ihrem Verhalten nicht immer übereinstimmen, denn Kinder gehen unterschiedliche Beziehungen ein und lernen aus der Unterschiedlichkeit der Menschen.

Anders verhält es sich jedoch in einem anderen Beispiel: Unser Kleinkind buddelt gern in der Erde unserer Zimmerpflanze. Ich möchte nicht, dass die Erde immer wieder ausgeräumt wird, weil ich dann immer kehren muss; mein Mann dagegen lässt das Kind damit spielen und fegt anschließend auf. In dieser Situation ist es für das Kind schwerer, zu differenzieren, wann es etwas machen darf und wann nicht – besonders, wenn beide anwesend sind. Hier mussten wir eine übereinstimmende Handlungsweise finden, weil diese Situation immer wieder zu Konflikten führte (»Du lässt das Kind einfach machen!« vs. »Ist doch nicht schlimm, es kann ja wieder aufgeräumt werden«). Unsere Lösung war, den Topf mit einer Strumpfhose zu sichern, sodass keine Erde mehr herausgenommen werden konnte. Die Situation hätte, wenn wir keine Übereinstimmung gefunden hätten, zu einem Dauerkonflikt werden können. Wir haben uns auf eine Regel geeinigt, die seit dem ersten Kind bestehen blieb.

Treffen bedürfnisorientierter Erziehungsstil und autoritärer Erziehungsstil zusammen, führt das langfristig zu Konflikten nicht nur in Bezug auf die Erziehung der Kinder, sondern auch zu Konflikten zwischen den Eltern. Kinder bevorzugen dann den bedürfnisorientierten Elternteil, die Aufgabenteilung gerät in eine Schieflage, weil das Kind natürlicherweise einen Partner mehr beansprucht. Unsere prinzipielle pädagogische Ausrichtung sollte also schon zusammenpassen.

Lisas Beispiel ist eines von vielen, bei denen es innerhalb der Familie zur Überforderung kommt, weil unterschiedliche Ansätze das Miteinander schwer machen und Aufgaben nicht gerecht verteilt sind. Sie ist Mutter von drei Kindern und erlebt ihre Partnerschaft folgendermaßen:

»Mein Mann fordert oder kritisiert, er kommt einfach nicht mit dem bedürfnisorientierten Weg klar. Durch ihn bin ich dauergestresst, da das Essen fertig sein muss, wenn er um 14 Uhr heimkommt. Wenn er was will oder braucht, muss es sofort funktionieren, sonst herrscht schlechte Laune … Die Kinder spüren, dass ich dann angespannt bin, und spiegeln es in ihrem Verhalten wider. Er ist auch nicht in der Lage, nach den Kindern zu gucken. Das schafft und will er nicht, und die Kinder auch nicht, und da von der Familie auch keine Unterstützung da ist, bleibe ich leider auf der Strecke. Dadurch die Überforderung, die es mir leider schwer macht.«

Ein System funktioniert dann, wenn die einzelnen Teile miteinander im Einklang stehen. Bei Lisa treffen gleich mehrere Problemfelder aufeinander, die das Familienleben erschweren: ein gegensätzlicher Erziehungsstil und auch eine ungleiche Verteilung von Aufgaben. Hieraus ergeben sich zahlreiche Konfliktfelder. Lisa versucht, das allein auszugleichen, was aber kaum möglich ist, und ihr Wohlergehen leidet darunter. Wenn sich die Belastungen als besonders groß erweisen, braucht es manchmal beziehungstherapeutische Unterstützung, um gemeinsame Wege zu finden. Weniger unterschiedliche Erziehungsstile sind hingegen leichter zu vereinbaren.

Maternal Gatekeeping

Wie wir sehen konnten, besteht noch immer der gesellschaftliche Anspruch, dass Mütter sich mit Pädagogik auseinandersetzen, gleichzeitig ist die gelebte Realität aber, dass auch Väter mehr Zeit mit ihren Kindern verbringen. In dieser Situation tendieren Mütter oft dazu, sich als kompetenter einzuschätzen, und es fällt ihnen schwer, (pädagogische) Verantwortung abzugeben – dieses Phänomen wird »Maternal Gatekeeping« genannt. Dass wir gesellschaftlich dazu gedrängt werden, die Selbsterfüllung im Kinderumsorgen zu finden, macht es uns auch im ganz konkreten Alltag manchmal schwer. Denn wir denken ja – und bekommen es andauernd erklärt –, dass wir als Mütter eine bessere Intuition hätten, die Bedürfnisse des Kindes besser einschätzen könnten und deswegen auch quasi dazu gezwungen seien, alles richtig zu machen. Wie das Helikoptern wird auch das Maternal Gatekeeping oft in den Medien verhöhnt. Grotesk daran sind mehrere Dinge: Dass Mütter von Natur aus kompetenter seien, wird ihnen beständig durch den Mythos der natürlichen Mutter vermittelt. Dass Mütter dem anderen Elternteil die Kompetenz absprechen, liegt aber auch daran, dass die Aufgaben ungleich verteilt sind und – wie wir ja schon gesehen haben – selbst am Wochenende die Väter zwar mit ihren Kindern spielen, aber nicht unbedingt pflegerische Tätigkeiten übernehmen. Es ist folglich nicht verwunderlich, wenn Mütter dazu tendieren, Aufgaben selbst zu übernehmen, und dem anderen Elternteil damit die Kompetenz absprechen: »Lass das mal, ich mach das schnell!« Doch gerade hier wird deutlich, wie wichtig eine gleichmäßige Verteilung der Familienaufgaben ist, damit beide Elternteile von Anfang an eingebunden sind und Mütter auch wirklich Entspannung darin finden, wenn Aufgaben von ihren Schultern genommen werden.

Es ist nicht einfach, diesem Gatekeeping entgegenzuwirken. Einerseits ist es die Aufgabe von uns Müttern, von unseren tief sitzenden Überzeugungen Abstand zu gewinnen, es ist aber auch die Aufgabe der Partner, hier eine aktive Rolle zu übernehmen und sich nicht auf der Bequemlichkeit des Maternal Gatekeeping auszuruhen. Wir müssen auf verschiedenen Ebenen daran arbeiten. Ich erinnere mich hierzu immer an eine Situation mit unserem ersten Kind, bei der ich selbst noch in diesen Gedanken gefangen war, das Kind besser umsorgen zu können:

»Ich bin wieder arbeiten gegangen, als das Kind neun Monate alt war, und habe Kurse für Eltern und Kinder gegeben. Mein Mann hat mich mit dem Baby oft begleitet, war in der Nähe und kam zum Stillen vorbei. Einmal habe ich einen Wochenendworkshop gegeben, es war schlechtes Wetter, er konnte nicht vorbeikommen. Das wussten wir schon vorher, und ich fragte ihn immer wieder: ›Schaffst du das wirklich oder soll ich meine Arbeit absagen?‹ Er beruhigte mich jedes Mal und erklärte, dass er das schon schaffen werde. Als ich abends nach Hause kam, war er deutlich erschöpft vom Tag und erklärte, dass das Kind zwar nicht die abgepumpte Milch getrunken habe, dafür aber Apfelschorle. Ich selber wäre nie auf die Idee gekommen, meinem Baby Apfelsaftschorle zu geben, aber er ist einfach seinen Weg gegangen, das Kind war zufrieden und er auch. Bis heute hat sich das ›Schaffst du das wirklich?‹ bei uns als Redewendung eingebürgert, wenn ich arbeiten gehe und er über längere Zeit mit den Kindern allein ist. Und wir beide wissen: Wie auch immer, er macht das schon. Seine Antwort ist mittlerweile immer die gleiche: ›Ich bin der Vater.‹«

Aber natürlich kann eine solche Situation auch anders ablaufen: Wenn ein Partner die Wahl hat, einen entspannten Tag allein zu haben oder einen anstrengenden mit weinendem Baby, ist die Verlockung hoch, sich für die entspannte Variante zu entscheiden. Einerseits müssen Mütter loslassen und die Väter ihr Ding machen lassen, andererseits müssen Väter auch bewusst in die Verantwortung genommen werden und selbst bereitwillig ab und zu in den

»sauren Apfel« beißen. Wenn das Baby nachts weint und die Mutter zum x-ten Mal aufstehen will, dann kann sie ruhig auch mal sagen: »Jetzt kümmerst du dich um die Kleine!« Schafft sie das nicht und erklärt aufopfernd: »Nein, schlaf du mal, du brauchst den Schlaf!«, dann sollte der andere Elternteil so emanzipiert sein, trotzdem aufzustehen und fair seine Aufgabe zu übernehmen. Denn – wie wir ja schon gesehen haben – Schlaf ist nicht nur für einen Elternteil wichtig.

Auch Maternal Gatekeeping ist kein Problem der überbehütenden Hausfrauenmütter, sondern ein gesellschaftliches Problem, das nur durch Wandlung unseres generellen Blicks auf Elternschaft und Kinderfürsorge verändert werden kann. Es sind nicht zwangsweise die Mütter, die die Väter ausbremsen, es ist die Gesellschaft mit ihrem Mutterbild, die es uns schwer macht Verantwortung abzugeben, und es sind die Väter, die den einfachen Weg wählen, statt Verantwortung gerecht mitzutragen.

Konfliktfalle Familie

Nicht nur mit dem Partner kann es rund um das Familienleben schwierig werden, da sind auch noch die eigenen Eltern, die Schwiegereltern, die Nachbarn. Vielleicht Freundschaften, die andere Wege gehen und den selbst gewählten Weg nicht tolerieren oder anerkennen. Laut einer Studie der Zeitschriften *Eltern* und *Eltern family* im Jahr 2014, bei der 1 006 Mütter, Väter und Kinder bis zwölf Jahre befragt wurden, fühlen sich Mütter vor allem durch den eigenen Anspruch unter Druck gesetzt (50 %), gefolgt von gesellschaftliche Normen (41 %), aber Verwandtschaft (15 %), eigene Familie (11 %) und Freunde, Bekannte und Nachbarn (13 %) sind auch daran beteiligt.

Die Kritik am jeweils gewählten Weg finden wir in all den Bereichen, in denen wir es vielleicht anders machen: in der Erziehung der Kinder ebenso wie in Bezug darauf, wie wir Familie leben, wie wir Rollen aufteilen und ob wir arbeiten gehen oder nicht. Wenn Familien bedürfnisorientiert mit ihren Kindern leben und dabei auch die Väter diesen »neuen« Erziehungsweg mitgehen, gibt es schnell jede Menge kritische Kommentare. Denn hier endet die Freiheit bei vielen Familien an den Rat-*Schlägen*. Maria (27) beschreibt etwas, was viele Mütter in ihrem Umfeld genauso erleben:

>»Unsere Tochter hat den Großteil des ersten Lebensjahres an und auf Körpern verbracht. Sie wurde getragen und schläft im Familienbett. Ich habe sie dreieinhalb Jahre gestillt, und wir geben ihr viele Freiräume in klaren Grenzen. Für all das bekommen wir seit nunmehr sechs Jahren viel Unverständnis entgegengebracht. Ich werde herablassend angesehen, die Augen werden gerollt, und immer wieder wird mir klargemacht, dass dies der falsche Weg ist. Aber wie kann ein Weg falsch sein, der sich so richtig anfühlt?«

Der Weg ist überhaupt nicht falsch. Es ist der richtige Weg für genau diese Familie, die ihn für sich gewählt hat. Der Weg der anderen war oder ist vielleicht anders. Weil sie es nicht anders wollten oder wussten, weil es in ihrer Zeit anders gemacht wurde. Vielleicht auch, weil sie ein anderes Kind hatten, das vielleicht weniger Körperkontakt zur Beruhigung brauchte. Oder weil sie Nähe anders gelebt haben. Was individuell gut und was individuell schlecht ist, können wir als Außenstehende oft nicht beurteilen.

Jedes Kind ist anders

Kinder kommen mit unterschiedlichen Temperamenten zu uns, und auch wir sind als Individuen natürlicherweise verschieden. In der Begleitung von Kindern kann es daher auch nur unterschiedliche Wege geben: Manche Kinder brauchen mehr Nähe als andere. Manche Babys haben sehr viele Clusterfeeding-Phasen, andere weniger. Solche mit vielen Stillphasen scheinen für Außenstehende oft »nur an der Brust« zu hängen, brauchen aber tatsächlich gerade Nahrung. Manche Kinder beruhigen sich insbesondere und auch lange Zeit noch über das Nuckeln und haben daher lange das Bedürfnis, einen Nuckel oder Daumen zu benutzen – andere brauchen ihn vielleicht gar nicht. Manchen Müttern ist das Nuckeln an der Brust unangenehm, und ein Schnuller ist für sie eine wichtige Lösung. Andere Mütter haben nach schweren Geburten, bei denen sie vielleicht um das Leben des Kindes bangen mussten, das Bedürfnis, ihre Kinder ganz nah und sicher bei sich zu haben. Andere legen es beruhigt auch in andere Arme. Manche Eltern tragen gern, andere empfinden es als anstrengend und im Sommer als zu warm und haben andere Arten der Nähe mit ihrem Kind. Wir alle bringen unsere Geschichte und unser Temperament in das Familiensystem ein, und allein auf dieser Grundlage können Entscheidungen getroffen werden.

Lange Zeit wurde angenommen, Kinder seien wie zu füllende Gefäße: Wir könnten sie einfach mit den für uns wichtigen Inhalten füllen und sie nähmen diese bereitwillig auf. Aus diesem Gedanken leiten sich generalisierte Empfehlungen zum Umgang mit Kindern her: Kinder dürfen nicht zu viel getragen werden! Babys dürfen nur alle vier Stunden Nahrung erhalten, denn häufigeres Füttern führt zu Bauchschmerzen! Alle Kinder sind gleich und alle müssen gleich behandelt werden. Heute allerdings wissen wir durch die Forschung und durch einen anderen Blick auf Kinder, dass Temperamente angeboren sind und es beispielsweise auch Unterschiede in der Empfindsamkeit gibt. Wir sind von Anfang an nicht alle gleich, und deswegen müssen wir auch alle unterschiedlich umsorgt werden – schon kleine Kinder haben unterschiedlich ausgebildete Bedürfnisse.

»Ich mache es anders als du«

Wenn wir also heute die Individualität leben und vielleicht ganz andere Entscheidungen treffen als Familie und Freunde, kann das an der einen oder anderen Stelle anecken. Unsere Freiheit endet oft da, wo sich andere von ihr verletzt fühlen. Das ist eigentlich ein guter Richtwert für das Handeln im sozialen Kontext. Aber in der Erziehung und Begleitung von Kindern ist es auch ganz schön schwierig: Ein »Ich mache es anders als du« enthält für manche Menschen die Botschaft: »Du hast es (damals) falsch gemacht!« – und das betrifft gerade jene (Groß-)Mütter, die gelernt haben, sich als Frau besonders über die Mutterschaft zu definieren. Das »Andersmachen« in der Erziehung scheint den Kern ihres Selbst infrage zu stellen. Eine schwierige Situation für Großmütter, aber nicht nur für sie: Es ist auch für uns nicht leicht, der eigenen Mutter zu verstehen zu geben, dass die Vergangenheit ruhen sollte.

Gerade in den Familien, in denen sich Mütter von einer belastenden inneren Stimme befreien müssen, die ihnen sagt, dass sie nicht gut genug sind, die immerzu kritisiert und verunsichert oder die in emotionalen Situationen das Ruder an sich reißt und tief verwurzelte Handlungsmuster freisetzen will, sind Mütter oft zusätzlich mit äußeren kritischen Stimmen konfrontiert. Solche Mütter haben es doppelt schwer, sich wirklich von alten Erziehungsvorstellungen zu befreien.

Um unserer Familie zu verdeutlichen, dass wir es heute anders machen, müssen wir mit den Erlebnissen unserer Vergangenheit im Reinen sein und uns selbst erklären: »Ja, das war damals anders und vielleicht nicht schön. Sie haben so gehandelt, weil sie es für einen guten Weg hielten. Heute machen wir es anders, und ich umsorge mich mit Liebe und auch mein eigenes Kind.« Wenn wir innerlich eine Distanz zu den eigenen Erfahrungen erlangt und den Schmerz überwunden haben, ohne ihn »nur« vorübergehend auszublenden, können wir auch mit kritischen Kommentaren der Familie selbstbewusster umgehen und zum Beispiel unaufgeregt erklären: »Heute machen wir es so, weil wir Kinder für eine andere Zukunft erziehen.« Sind wir aber selber noch sehr verletzt durch die Reflexion über die eigene Kindheit, können wir nur schwer in ein ruhiges Gespräch kommen und reagieren schnell so emotional, dass eine wirkliche Auseinandersetzung nicht möglich ist. Es ist – besonders bei eigenen schmerzhaften Kindheitserfahrungen – wichtig, dass wir die Vergangenheit überwinden und uns auf die Gegenwart fokussieren. Dann sind wir nicht mehr in Verteidigungsposition gegenüber unseren eigenen Wünschen, sondern selbstbewusst in der Bestimmung des Umgangs mit unseren Kindern. Der Weg, für den Sie sich entscheiden, ist Ihr persönlich richtiger Weg. Es ist wichtig, zu diesem persönlichen Weg stehen zu können. Besonders dann, wenn wir aus Überzeugung einen anderen Weg gehen als unser Gegenüber, denn wenn wir uns verstecken, unsere Überzeugungen immer wieder zurückstellen und gegenüber den anderen »Ja« sagen, wo wir »Nein« meinen, verletzen wir uns in unserem eigenen Bedürfnis selbst immer wieder.

Wir werden die eigenen (Kindheits-)Erfahrungen nicht rückgängig machen können, müssen sie nicht beschönigen oder verdrängen, aber wir können sie akzeptieren. Tatjana Reichhart schreibt in ihrem Buch *Das Prinzip Selbstfürsorge* über Akzeptanz: »Akzeptanz bedeutet [...], die Bereitschaft aufzubringen, etwas so anzunehmen, wie es ist, ohne es zwingenderweise gutzuheißen. Toleranz hingegen wäre ein passiver Akt des Erduldens oder Ertragens, so als könnte man sich nicht wehren. Im Sinne unserer Selbstfürsorge geht es um den aktiven Vorgang des Akzeptierens.«[8] Für aktuell nicht veränderbare Situationen schlägt sie eine Art Selbstregulation in Form von Durchatmen oder Rückwärtszählen vor. Darüber hinaus erklärt die Fachärztin für Psychotherapie aber auch, wie wichtig es ist, sich im »Nein« zu üben und den Mut zu haben, zu den eigenen Bedürfnissen zu stehen. Wir müssen kein schlechtes Gewissen haben, weil wir einen anderen Weg gehen als andere. Wir haben gute Gründe, weshalb wir uns für das eine oder andere Modell entscheiden. Kaum ein Elternteil fällt über Nacht Entscheidungen wie »Ich bleibe von nun an für immer zu Hause« oder »Ich gehe ab morgen wieder arbeiten« oder »Mein Kind darf bei mir im Bett schlafen«. Wir überlegen, wägen ab und entschließen uns. Unsere Haltung können wir im Gespräch mit anderen begründen, können auch um andere Lösungsvorschläge bitten und aus unserer Perspektive aufklären. Aber unsere ganz persönliche Entscheidung bleibt unsere ganz persönliche Entscheidung, und wir sagen »Nein« zu den Modellen, die wir im Kopf durchgegangen sind und für uns abgelehnt haben.

Bindungsstress

Während die ältere Generation oft erklärt, dass wir »zu stark« gebunden sind, werden wir nicht selten von unserem Umfeld in der gegenteiligen Richtung verunsichert. Was sowohl zwischen den Eltern als auch zwischen einzelnen Müttern Druck erzeugt, ist die Angst vor der nicht gelingenden Bindung. Auch sie schlägt uns an vielen Stellen entgegen: »Dein Kind lässt sich schwer in der Kita eingewöhnen? Da stimmt was mit der Bindung nicht!«, »Dein Kind ist immer so offen gegenüber anderen, da stimmt was mit der Bindung nicht!«. Besonders Laien sind schnell in der Urteilsbildung, aber auch pädagogisches Personal in Kitas stellt gern entsprechende Diagnosen. Was Eltern aber oft nicht wissen: Die Beurteilung der Bindungsmuster ist komplex und benötigt eine spezielle Schulung. Weder Nachbar*innen, Familie noch Erzieher*innen können die Bindungsqualität einfach so bestimmen. Wie unsere Kinder sich verhalten, ob sie offen und kontaktfreudig sind oder eher zurückhaltend und vorsichtig, wird wesentlich durch ihr Temperament bestimmt[9], nicht nur durch das Bindungsmuster. Fabienne Becker-Stoll, Direktorin am Staatsinstitut für Frühpädagogik, erklärt[10]: »Die Erkenntnis, ob das Kind nun sicher oder unsicher gebunden ist, ist im Alltag mit dem Kind nicht von Nutzen, sondern kann sogar zu vermehrter Unsicherheit führen.« Für unseren Alltag bedeutet das: Unser Fokus sollte nicht darauf liegen, um jeden Preis Bindung herzustellen. Wir sollten uns nicht von anderen verunsichern lassen, die meinen, unsere Bindung beurteilen zu können. Und wir müssen auch nicht allen vermeintlich bindungsfördernden Trends hinterhereilen in der Sorge, unserer Bindung zum Kind sonst zu schaden: Wie wir weiter oben schon gesehen haben, kann Stillen Bindung unterstützen, aber auch das körpernahe Füttern mit einer Flasche. Das Tragen in Tuch oder Tragehilfe ist gut für das Baby, weil es viele Grundbedürfnisse befriedigt, aber es ist nicht die einzige Möglichkeit, um Sicherheit und Nähe zu vermitteln. Windelfrei mag den Blick auf die Signale des Babys schärfen, aber wir können auch ohne das Abhalten des Kindes in guter Interaktion sein. Wenn wir spüren, dass wir in Stress geraten, um Bindung herzustellen, sollten wir innehalten. Bindung entwickelt sich im Alltag durch Feinfühligkeit, nicht durch bestimmte Maßnahmen oder einen Anforderungskatalog. Daran können wir uns immer wieder erinnern, wenn wir vom nächsten Trend hören, der besonders bindungsunterstützend sein soll. Denn auch hier gilt wieder: Qualität vor Quantität.

Wie viel Bildung braucht mein Kind?

Qualität in unserem familiären Alltag meint nicht die Art oder Anzahl der Aktivitäten, sondern die Gestaltung des Miteinanders. Und diese Interaktionen sind es, die heute in den Ratgebern im Vordergrund stehen. Denn sichere Bindung bereitet den Weg für gute Bildungsmöglichkeiten – und diese müssen nicht ausschließlich wir Eltern anbieten. Eine gute Förderung des Kindes bedeutet nicht, dass wir uns stundenlang hinsetzen müssen, um mit unserem Baby Klassik zu hören, mit Kleinkindern Farben zu üben oder im Grundschulalter Vokabeln abzufragen. Wenn wir Kindern ermöglichen, eine sichere Basis auszubilden und Beziehungen einzugehen, geben wir ihnen die Chance, selbst zu lernen und wirksam zu werden. Natürlich gibt es daneben auch andere Faktoren, die den Bildungsweg mitbestimmen, und Kinderarmut beeinflusst auch hierzulande die Bildungschancen: Armut in Familien ist heute weiterhin ein Risikofaktor in verschiedenen Bereichen, und die Gleichung »Werden Kinder von Eltern geliebt und liebevoll umsorgt, dann können sie alles werden, was sie wollen« geht nicht auf. Dennoch zeigt sich, dass Kinder durch sichere Bindungserfahrungen beim Lernen profitieren und durch sichere Bindungsmuster nicht nur leichter Sozialkontakte knüpfen, sondern auch eher positiv auf Lehrer*innen zugehen und von deren Lernangeboten profitieren. Auch die Bindung, die Lehrer*in und Schüler*in zueinander aufbauen, bestimmt den Lernerfolg. Wir sehen: Die Ausbildung der Basis, eines gesunden Fundaments ist wichtig, um darauf aufbauend Bildung zu erlangen. Die Aufgabe der Eltern ist dabei lediglich, diese Basis auszubilden, und nicht, eine eigene Hausschule (am Nachmittag) anbieten zu müssen. Im Gegenteil: Die Forschung zeigt uns, wie wichtig das Spiel, unterschiedliche Lernformen und Lernen aus Interesse sind. Auch die Unterrichtsdidaktik entwickelt sich in diese Richtung. Wir können also aufatmen: Wir müssen unseren Kindern gar nicht so viel Wissen beibringen, wie wir manchmal denken. Die wesentlichen Dinge lernen sie in der Interaktion mit uns: sichere Beziehungen eingehen, Umgang mit Wut und stressigen Situationen, Sozialkompetenz durch unser Vorbild. Auch wenn wir aus dem Arbeitsleben an Effizienz und Transparenz gewöhnt sind, ist das für unsere Kinder nicht der passende Weg. Darauf müssen wir uns erst einmal einstellen, was manchmal gar nicht so einfach ist.[11]

Das »gute« Kind

Eng verknüpft mit dem Gedanken der guten Mutter ist natürlich auch die Gegenseite: das gute Kind. Auch hier die Frage: Woran misst sich Gutsein? Wir haben dabei meistens nicht unser Wohlbefinden im Auge, sondern die erfolgreiche kindliche Entwicklung. Damit legen wir eine sehr hohe Messlatte an unser Kind an und drängen ihm auf, unsere Erwartungen erfüllen zu müssen – eine schwere Last für kleine Schultern.

In unseren Köpfen ist nach wie vor unser humanistisches Bildungserbe verankert, und wir wollen unseren Kindern eine umfassende Allgemeinbildung von Anfang an zukommen lassen. Heute in den Zoo, morgen ins Museum, übermorgen in den Kletterpark. Doch auch hier können wir entspannen: Lassen wir dem Kind die Möglichkeit, erst einmal Freude am Lernen zu entwickeln mit den Themen, die diesem Kind wirklich Freude bereiten. Geben wir ihm die Möglichkeit, dieser Freude auf verschiedenen Wegen nachzugehen: Dinos können in Büchern angeschaut, gemalt, mit Knete geformt und im Museum angesehen werden. Wir müssen, wie gesagt, nicht alle Schulfächer mitlernen, um unsere Kinder zu fördern. Wir sollten ihnen nur die Chance geben, kreativ mit der Wissensaneignung umgehen zu können. Geben wir den Kindern an die Hand, wie sie sicher im Internet nach Informationen suchen können und wo die nächste Bibliothek ist, anstatt selbst zur Alma Mater zu werden. Frei nach dem Prinzip Maria Montessoris: »Hilf deinem Kind, sich selbst zu helfen« und »Hab Geduld, meine Wege zu begreifen«.

Und letztlich können wir uns auch auf einer Sache ausruhen, die ein wenig außer Mode gekommen ist in einer Zeit, in der wir selber ständig unter Zeitdruck sind: Langeweile. Denn auch Langeweile ist wichtig für Kinder, und wir tun ihnen Gutes, wenn wir sie nicht ständig unterhalten. Wenn Kinder sich ausruhen und einfach mal »nichts machen«, ist nämlich das sogenannte Default-Mode-Netzwerk[12] im Gehirn aktiv: Gedanken, Wünsche und Erfahrungen werden im Gehirn verarbeitet und sortiert, das kann zu neuen Ideen und Anregungen führen. Entspannung ist deswegen auch für das Lernen ein wichtiger Faktor. Für uns Erwachsene ist das übrigens ebenso wertvoll. Und weil es uns so schwerfällt, uns das Ausruhen »einfach so« zu erlauben, nutzen Erwachsene oft die Meditation, um in den Default-Mode ihres Gehirns zu kommen.

Eltern dürfen Fehler machen

Eltern machen Fehler, jeden Tag – auch die mit gutem Bauchgefühl. Jesper Juul schreibt, auch gute Eltern würden 20 Fehler am Tag machen. Lange vor ihm hat bereits der 1886 geborene Kinderpsychoanalytiker Donald W. Winnicott[13] erklärt, dass Kinder keine zu guten Mütter (»too good mothers«), sondern lediglich ausreichend gute Mütter (»good enough mothers«) brauchen. Letztere lesen den Kindern nicht jeden Wunsch von den Augen ab, sondern lassen sie selbstwirksam. Das können wir sicherlich auch auf Eltern allgemein übertragen.

Wir alle sind Menschen. Auch wir Mütter. Wir sind eben nicht die von Natur aus sanften, immerzu liebevollen und dauerentspannten Wesen. Wir haben Emotionen, haben unsere eigenen Päckchen zu tragen, sind an manchen Tagen entspannter und an anderen weniger. Kinder brauchen auch diese Vielfalt und lernen von unseren unterschiedlichen Emotionen. Sie dürfen nicht nur, sondern sollten erleben dürfen, dass wir Fehler machen und wie wir mit Fehlern umgehen. Sie lernen durch unser Vorbild, dass wir bei einem Fehler nach einer Lösung suchen und uns nach einem Streit entschuldigen – auch bei ihnen. Sie erfahren, dass wir wütend sein können und wie wir mit Wut umgehen. Sie sehen, dass wir manchmal weinen und wie wir uns entweder selbst beruhigen oder getröstet werden. Sie erfahren, dass wir manchmal auch unvernünftige oder verbotene Dinge tun und wie wir mit den Konsequenzen umgehen und daraus lernen. All das gehört zum Muttersein dazu und ist vollkommen normal und richtig.

Wir dürfen also aufatmen: Die Zeiten der Erwartung, dass Mütter perfekte Menschen sein müssen, die ihre Kinder perfekt umsorgen und bilden, sind vorbei. Wir tun das sicher im Alltag: bilden und umsorgen, aber ohne den hohen Anspruch, ohne den Druck, der oftmals dahintersteht.

9 Distanz und Nähe zwischen Müttern und Kindern

Nähe ist immer wieder ein großes Thema in der Elternschaft, ganz besonders aber bei den Müttern. Und dabei zeichnet sich ein merkwürdiges Bild ab: Während Müttern die Aufgabe der Versorgung und der Bildung des Kindes zugeschrieben wird, wird gleichzeitig auch davor gewarnt, bloß nicht zu viel Nähe zum eigenen Kind aufzubauen. Ein Dilemma, das viele Mütter verzweifeln lässt: Wie viel Nähe und wie viel Distanz sind gut und wann mache ich etwas falsch? Und was ist eigentlich mit den Vätern? Können sie auch zu viel Nähe geben?

»Kinder brauchen Wurzeln und Flügel« lautet ein berühmter Satz. Aber wie tief sollen diese Wurzeln gehen, und ab wann sind Kinder eigentlich flügge? Loslassen hat auch mit Vertrauen zu tun und mit der Bereitschaft, die Kinder der Umwelt anzuvertrauen. Aber sind unsere Kinder heutzutage nicht überall und ständig Gefahren ausgesetzt? Kindheit hat sich verändert: Straßenverkehr, Urbanisierung, ständig Meldungen über Missbrauch und Amokläufe. Außerdem erscheinen in der öffentlichen Berichterstattung Kitas als reine Bewahranstalten und Schulen als schlecht ausgestattet und unterbesetzt. Wie sollen wir da unsere Kinder überhaupt loslassen bei all den Problemen, die auf sie lauern?

Wir schauen beständig auf den Zustand der Nähe und haben dabei ein wenig aus den Augen verloren, dass es für Bindung und Beziehung nicht nur wichtig ist, Nähe herzustellen, sondern dass der Gegenpol, die Freiheit, ein ganz wesentliches Element einer Beziehung ist. Gesunde Bindung funktioniert nicht ohne Freiheit – weder für das Kind noch für die Eltern. Das Konzept Bindung übt aber einen so großen Druck auf uns aus, dass wir uns kaum trauen, irgendwann auch mal wieder loszulassen. Dabei funktioniert die »Bindungstheorie« nur mit beidem. Und gerade als Mütter werden wir entlastet, wenn wir wissen, dass Nähe und Freiheit zusammengehören.

Nicht zu nah, aber auch nicht ohne Mutter!

Als sich in der Zeit der Industrialisierung das Mutterbild änderte, änderte sich auch die Versorgung des Kindes. Durch die neuen Erkenntnisse, insbesondere im Bereich der Medizin, wurde Kindheit zu etwas, das kontrolliert und gemessen werden konnte und musste: Vorschriften und Richtlinien ermöglichten, Krankheiten endlich bewusst zu vermeiden, strenge Pflegerituale dienten der Gesunderhaltung des Kindes, das auch für den Fortbestand des Volkes wichtig war. So bildete sich mit der Industrialisierung unter anderem der Grundstein für das Erziehungsbild der Nazi-Zeit, das uns bis heute als Schatten verfolgt. Nicht erst die bekannte Nationalsozialistin und Ärztin Johanna Haarer mit ihrem bis in die 1980er-Jahre aufgelegten Buch *Die deutsche Mutter und ihr erstes Kind*[1] postulierte, dass Kinder nicht verzärtelt werden dürften, um sich nicht zu Tyrannen zu entwickeln. Schon vorher gab es Erziehungsratgeber, vorwiegend von Ärzten geschrieben, die sich gegen das Verwöhnen aussprachen. Der Nationalsozialismus, der unter anderem auch mithilfe dieser Erziehungsideale[2] wachsen konnte, nahm diese zum nationalsozialistischen Weltbild passende Pädagogik auf, um Kinder zu formen, politisch zu instrumentalisieren und eine Jugend auszubilden, die »flink wie Windhunde, zäh wie Leder und hart wie Kruppstahl«[3] sein sollte. Mütter sollten möglichst viele Kinder gebären und damit die Ausbreitung der »arischen Rasse« voranbringen. »Die Frau hat die Aufgabe, schön zu sein und Kinder zur Welt zu bringen. Dafür sorgt der Mann für die Nahrung und wehrt den Feind ab.«[4] Aus dieser Zeit und der Erziehungslehre Haarers ist bis heute der Gedanke wirksam, Kinder gehörten zwar zur Mutter, dürften dabei aber auf keinen Fall verwöhnt werden. Nähe, aber nicht zu nah! Oder, wie Johanna Haarer es noch in der Ausgabe von 1957 beschreibt: »Versagt auch der Schnuller, dann, liebe Mutter, werde hart! Fange nur ja nicht an, das Kind aus dem Bett herauszunehmen, es zu tragen, zu wiegen, zu fahren oder es auf dem Schoß zu halten.«[5] Eine Ambivalenz, die uns noch heute quasi ins Wochenbett gelegt wird und es insbesondere uns Müttern schwer macht. Der Anspruch des Nichtverwöhnens durch Vorenthaltung von Bedürfnisbefriedigung und Zuwendung ist in unserer Kultur tief verwurzelt mit allen Folgen, die das für die folgenden Generationen hat.

Aber auch, wenn Kinder in der traditionellen Erziehung nicht verzärtelt werden sollen, gibt es dennoch den Anspruch, dass die Mutter ständig verfügbar ist und sich kümmert. Handeln wir als Mutter diesem gesellschaftlichen Anspruch entgegen, wird das vom nahen Umfeld oft nicht gern gesehen oder auch gar nicht erst verstanden und in Betracht gezogen, wie bei Elisa, die nach sieben Monaten Elternzeit wieder in ihren Job einsteigen wollte. Als sie ihrem Vater davon berichtete, konnte er zunächst nicht verstehen, was sie meinte:

> »Ich hatte ihm erzählt, dass ich dann wieder arbeiten werde und mein Mann mit dem Baby zu Hause bleibt. Er sprach dann davon, dass er uns mal besuchen würde, um mich zu entlasten. Es war gar nicht in seinen Kopf reinzukriegen, dass ich überhaupt gar nichts damit zu tun haben werde, was tagsüber mit dem Baby ist, weil ich nicht da und zuständig sein werde. Ich musste es mehrfach erläutern, weil er es gar nicht zu hören schien.«

Elisas Geschichte illustriert sehr gut, wie gefangen noch viele Menschen in tradierten Vorstellungen sind und dass sie gar nicht auf die Idee kommen, dass es andere Wege geben könnte. Verantwortlich dafür sind logische Schlussfolgerungen, die wir aufgrund unserer bisherigen Annahmen machen und die sich als sogenannte Denkfallen entpuppen. Nicht nur in Bezug auf Rollenvorstellungen passiert es schnell, dass unser Gehirn Einzelfakten zu einem für uns logischen Szenario verbindet: Unsere bisher gemachten Erfahrungen bestimmen, wie wir scheinbar folgerichtig weiterdenken. Wir halten eher das für wahr, was unserem Gehirn keine große Anstrengung abverlangt, und nehmen als Wahrheit an, was wir selbst erlebt haben, und nicht, was andere uns berichtet oder was wir gelesen haben.[6] In einer Gesellschaft, in der es über Jahrzehnte ganz traditionelle Rollenbilder gab, scheinen neue, andere Wege und Gedanken tatsächlich abwegig. So kommt es, dass Elisas Vater überhaupt nicht wahrzunehmen scheint, dass es auch eine andere Möglichkeit geben könnte als die, dass sie als Mutter selbstverständlich zu Hause bleiben würde. Und seien wir ehrlich: Wie oft passieren uns selbst solche Denkfehler, bei denen wir aufgrund bisheriger Erfahrungen einfach etwas annehmen, was scheinbar logisch zu sein scheint? Das kleine Kind mit dem Zopf auf dem Spielplatz, zu dem wir sagen: »Oh, Kleine, geh bitte mal zur Seite.« Und dessen Eltern uns dann aufklären, dass es ein Junge ist. Oder die grauhaarige Frau mit Kind, dem wir etwas über seine nette Oma sagen, bis sich herausstellt, dass es doch die Mutter ist. In einer Zeit, in der es viel mehr Wege gibt als früher und in der Familie anders gelebt werden kann, müssen wir unser Gehirn manchmal ein wenig anstrengen, um nicht pauschal in Fallen und Vorverurteilungen zu tappen. Wir müssen lernen, nicht mehr in Klischees zu denken, sondern wirklich erst einmal ein umfassendes Bild von einer Situation zu bekommen. Für uns selbst, aber auch für unser Gegenüber, um dieses nicht zu beschämen oder etwas falsch zu interpretieren. Das fällt uns als Elterngeneration schon schwer, obwohl wir gerade in diese Pluralität hineinwachsen. Noch viel schwerer fällt es jenen Erwachsenen, die lange in tradierten Formen gelebt haben.

Wurzeln und Flügel

Schauen wir uns noch einmal an, wie Bindung funktioniert. Wir haben gesehen: Wichtig für den Aufbau sind die Feinfühligkeit und die Beachtung der kindlichen Signale. Das Kind gibt ein Signal, und wir reagieren. Dabei gibt es nicht nur Signale für Nähe, sondern auch für Distanz: Das Baby wendet sich ab, wenn es müde ist. Es dreht den Kopf zur Seite. Folgen wir ihm und geben dem Baby nicht die Chance, sich zu erholen, weint es irgendwann. Ist das Baby größer, wendet oder schüttelt es den Kopf, wenn es satt ist. Es bestimmt über den eigenen Körper. Unsere Aufgabe als Eltern ist es, diese Selbstbestimmung anzunehmen. Wenn es sich fortzubewegen beginnt, blickt es zurück, wenn es weit gekrabbelt ist. Vielleicht reicht ein Blick auf uns, damit es sich sicher fühlt, dass es noch in notfalls umsorgender Nähe ist. Vielleicht kommt es auch zurück, um dann wieder neu aufzubrechen. Die Neugierde und der Impuls, die Welt kennenzulernen, sind Motoren der kindlichen Entwicklung, die wir nicht bremsen sollten. Aus der Sicherheit, die das Kind bei uns erfahren hat – es weiß, dass es umsorgt und geliebt wird, Schutz hat –, bricht es zu Abenteuern auf. Weil das Kind sich sicher fühlt, kann es die Aufmerksamkeit auf seine Umgebung lenken, sie erkunden und Neues lernen. Das gilt für jedes Alter, nicht nur für die frühe Kindheit. Später gehen wir mit dem Kind in den Park, es rennt zum Spielen weg, während wir auf der Bank sitzen, und es kommt zurück, wenn es etwas von uns braucht: Nahrung, Getränk, Nähe, Trost. Und irgendwann werden wir es nicht mehr in den Park begleiten. Die Distanzen werden größer, die Zeit der Abwesenheit wird länger. Aber das Kind weiß, dass es einen sicheren Hafen bei den Eltern hat, von dem aus es die Welt erkunden kann. Und wenn es viel später einmal allein im Ausland unterwegs ist und ein Problem hat: Visa-Karte verloren, Bargeld geklaut, Rückflug verpasst, dann wird es sich wieder melden. Nicht aus Selbstsucht, sondern weil es weiß, dass es sich im Problemfall an die sichere Basis wenden kann. Um dann weiterzufliegen.

Lebensinhalt Kind?

Viele meinen, dass Mutter und Kind zumindest im ersten Jahr permanent zusammengehören. Für andere sind es aber auch die ersten drei Jahre, in denen die ständige Nähe der Mutter zum Kind für die Bindung notwendig sei. Und wir denken dann schnell: »Es ist ja nur eine so kurze Zeit, in der es mich braucht, im Vergleich zur Länge meines Lebens.« Realität ist aber, dass die meisten Frauen wieder in ihre Erwerbstätigkeit zurückgehen, wenn auch nicht voll, und die Hauptlast der Erziehung weiterhin bei ihnen liegt. Um eine Rückkehr in die Erwerbstätigkeit zu erleichtern, wurde deswegen mit Beginn 2019 das Recht auf Brückenteilzeit eingeräumt, also die Rückkehr zur Vollzeit nach ein bis fünf Jahren Reduzierung. Es bleibt abzuwarten, ob dieses Recht eine Unterstützung darin ist, Frauen gleichermaßen eine volle Erwerbstätigkeit zu ermöglichen und auch das Ansehen von erwerbstätigen Müttern zu normalisieren. Denn dabei geht es ja nicht nur um die Frage nach der gerechten Aufteilung von Familien- und Haushaltsaufgaben, sondern auch um die Frage nach der Absicherung im Alter und um die berufliche Selbstverwirklichung. Denn wie sehr diese Selbstverwirklichung noch immer eher in Bezug auf die Väter gedacht wird, kann Sonja berichten, die ihre Erwerbstätigkeit wieder aufnahm, als ihr Baby acht Monate alt war:

»Einer der Großväter ist total Sturm gelaufen und schrieb einen Brandbrief an mich, meinen Partner und die anderen Großeltern. Grund seiner Sorge war allerdings nur sekundär das Wohl seines Enkels, obwohl das Kind selbstverständlich zur Mutter gehört, sondern die Karriere seines Sohnes, die unwägbaren Schaden nehmen würde, wenn er länger als üblich Elternzeit nähme.«

Dass genau diese Gründe natürlich auch für die Mutter gelten und auch ihre Karriere Schaden nehmen könnte, wird in der Regel nicht berücksichtigt. Die Zahlen sprechen für sich, dass es insbesondere die Mütter sind, die ihre berufliche Selbstverwirklichung zugunsten des Umsorgens der Kinder aufgeben. Um berufliche Möglichkeiten und Aufgaben besser zu verteilen, wird deswegen häufig auch die 30-Stunden-Woche diskutiert: Wir sind zwar acht Stunden Arbeitszeit am Tag gewohnt, aber Studien zeigen, dass wir dabei nicht die ganze Arbeitszeit über produktiv sind und dass gerade Menschen über 40 am produktivsten sind, wenn sie nur drei Tage in der Woche arbeiten.[7] Stress und Erschöpfung wird laut Studie dadurch vorgebeugt – also genau das, was Mütter wie auch Väter benötigen, denken wir an die Angaben des Müttergenesungswerkes. Andere Versuche mit dem Sechs-Stunden-Tag zeigen, dass nicht nur die Zufriedenheit steigt, sondern auch Krankschreibungen weniger werden.[8] Das belegt auch eine Studie der Bundesanstalt für Arbeitsschutz und Arbeitsmedizin: »Psychisch und physisch gesund bleibt der Mensch vor allem dann, wenn er grundsätzlich mit seinem Leben zufrieden ist. Wer den Eindruck hat, dass sich alles der Arbeit unterordnen muss, wird auf Dauer unzufrieden, unproduktiv und letztendlich krank.«[9] 30 Stunden Arbeitszeit pro Woche wären demnach nicht nur gesünder, sondern entsprächen auch eher den Wünschen von Familien, denn sowohl Vollzeit arbeitende Mütter wie auch Väter wünschen sich eine Arbeitszeit, die sich auf zirka 30 Stunden pro Woche beläuft. Damit hätten wir auch die Chance, uns einer Gleichverteilung von Familienaufgaben anzunähern. 30 Stunden Arbeitszeit für alle bei Vollzeitlohn würde bedeuten, Frauen aus der Teilzeitfalle mit Armutsrisiko herauszuhelfen, und die Vereinbarkeit von Familie und Beruf unterstützen. Dies auch ganz besonders in jenen Familien, in denen sich ein Erwachsener allein um die Kinder kümmert und neben einer für den Lebensunterhalt notwendigen Vollzeitstelle nur wenig Zeit für Kinder und all die anderen Aufgaben, die allein gestemmt werden müssen, bleibt. Die Soziologin Frigga Haug spricht sich in ihrer Vier-in-einem-Perspektive für eine Reduzierung der Erwerbsarbeit und die Möglichkeit der Fürsorgearbeit für alle aus und erklärt einen 16-stündigen Arbeitstag für optimal, um Erwerbsarbeit, Familienarbeit, Gemeinwesensarbeit und Entwicklungschancen gleichberechtigt aufzuteilen.[10] Darin enthalten sind lediglich vier Stunden Erwerbsarbeit, um auch unsere anderen Bedürfnisse und Aufgaben ausreichend zu berücksichtigen. Ein Ansatz, der laut Haugg zu einer besseren Verteilung und sogar zur Beseitigung der Arbeitslosigkeit führen könnte. Dieser Ansatz würde auch endlich unserer Bedürfnisbefriedigung und einer besseren Ausbalancierung der Bedürfnisse in der Familie Rechnung tragen.

Bislang werden Mütter auf eine Zukunft nah am Kind festgelegt, während heranwachsende Kinder ihre Zukunft natürlich nicht ausschließlich bei der Mutter sehen. Je größer die Kinder werden, desto wichtiger wird die Peergroup, das Zusammensein mit anderen Kindern. Sind die Kinder in einem Zwischenalter zwischen noch-nicht-allein-in-der-Stadt-unterwegs und jugendlich-selbstbestimmt, wird diese Aufgabe zur Herausforderung für vollzeiterwerbstätige Eltern, wenn Kinder zu Kursen und Freizeitangeboten gebracht werden müssen oder mit anderen Kindern verabredet sind. Mütter jedoch, die auf die Umsorgung der Kinder festgelegt sind, haben es manchmal auch schwerer, loszulassen. In den Medien werden immer wieder Helikoptereltern belächelt oder abgemahnt. Sicherlich gibt es diese stereotypen Helikoptereltern, die uns in den Feuilletons und Comics begegnen und uns zum Schmunzeln bringen, in denen wir überspitzt vielleicht auch die ein oder andere Prise unseres Selbst erkennen. Wir sollten uns aber dennoch die Frage stellen, inwieweit Mütter durch die gesellschaftlichen Ansprüche an Mutterschaft auch in diese Rolle gedrängt werden, indem sie ihre Aufgabe ausschließlich im Behüten und Beschützen des sorgsam geplanten Kindes sehen. Vielleicht ist dieses Helikoptern gar nicht so sehr eine persönliche Eigenschaft der bindungsorientierten Mütter, sondern eine Folge und Ausprägung des gesellschaftlich normierten Mutterbildes, verbunden mit einer gewissen Unsicherheit und medial geschürten Ängsten. Anstatt Mütter abzuwerten, die ihre Kinder von A nach B bringen, mit Lehrer*innen über Noten streiten und Klassenarbeitstermine verschieben wollen, sollten wir uns vielleicht lieber fragen, was die Gesellschaft selbst dazu beiträgt, dass Mütter den Hauptsinn ihres Daseins in den Kindern sehen.

Das Empty-Nest-Syndrom zeigt uns genau dies: Wenn die Kinder ausziehen, kommen viele Eltern in eine Krise, und besonders Mütter leiden darunter, wenn die Kinder ihre eigenen Wege gehen. Jahrelang wurde umsorgt, Wäsche gewaschen, gekocht, die großen und kleinen Krisen des Kindes wurden begleitet, Krankheitszeiten am Kinderbett verbracht, Nächte durchgestanden und viele eigene Bedürfnisse zurückgedrängt. Und dann ist es auf einmal anders, der Lebensmittelpunkt hat sich verschoben, Mutterschaft wird von »aktiv« auf »passiv« umgeschaltet. Auf einmal steht die Frage nach dem Sinn und der Gestaltung des restlichen Lebens im Raum – und vielleicht auch eine kritische Rückschau: Habe ich es als Mutter gut gemacht? Das, was wir als Teil unserer Identität betrachtet haben, was in vielen Fällen sogar den Großteil des Seins ausgemacht hat, ist nun auf einmal nicht mehr der größte Inhalt unseres Lebens. Eine Lücke entsteht da, wo vorher die Mutteridentität ihren Platz hatte. Manchmal kann das leere Nest sogar eine Depression einleiten. Auch die Paarbeziehung kann sich verändern, wenn Paare sich über die aufreibenden Kinderjahre hinweg aus den Augen (und Herzen) verloren haben, Gerlinde Unverzagt beschreibt daher passend: »Worüber sollen wir Eltern nun reden, wenn nicht über die Kinder? Statistisch gesehen werden die meisten Ehen geschieden, wenn die Kinder kommen – und wenn die Kinder gehen.«[11]

So unromantisch es klingen mag: Unsere Kinder sind die Zukunft der Welt, aber nicht unsere persönliche Zukunft. Wenn wir sie zum Inhalt unserer Selbstverwirklichung erklären, bürden wir ihnen eine große Last der Verantwortung auf, die vielleicht sogar ihre Flügel stutzt und sie weniger frei sein lässt. Hiervon müssen wir uns befreien: Einige geraten gar nicht erst in die Helikopter-Laufbahn, andere brauchen vielleicht ein wenig Unterstützung, um daraus wieder hervorzukommen.

Die Angst vor Gefahren

Wir empfinden unsere Welt heutzutage als sehr gefährlich, ganz besonders wenn wir Kinder haben, denen wir kein Leid wünschen, keine Schmerzen, keine Traumata. Die Gefahren beginnen nicht erst, wenn unsere Kinder eigene Wege gehen, sondern schon viel früher, denn Ängste begleiten uns von Anfang an: Wegwerfwindeln, die (abgesehen vom ökologischen Fußabdruck) wegen Wärmestau nicht gut für die Hoden, und deren Zusatzstoffe nicht gut für die Haut sind. Die Farbstoffe in Kleidung, die möglichen Weichmacher in Spielzeug. Ständig erfahren wir durch die Medien, was alles schlecht ist für unsere Kinder. Dazu kommen noch Nachrichten über Missbrauch, Verkehrsunfälle, Drogen und natürlich die beständige Angst vor den Medien und ihrer Suchtgefahr. All diese Meldungen verändern unsere Wahrnehmung. Wir beginnen, die Welt durch eine negative Brille zu sehen und uns hilflos zu fühlen angesichts all der Schrecklichkeiten, denn die klassische Medienberichterstattung basiert auf den Schreckens- und Problemmeldungen, dem sogenannten Negativitätsbias[12]. Schauen Sie sich die heutigen Nachrichten und Schlagzeilen einmal an: Wie viele Nachrichten in Zeitungen oder einem beliebigen Onlinenachrichtenportal finden Sie dort über positive Ereignisse und wie viele über negative? Natürlich gibt es diese schlimmen Ereignisse, aber es gibt eben auch positive Nachrichten und Erlebnisse, über die wir vielleicht nur weniger lesen. In Kombination mit dem erlernten Anspruch, wir Mütter seien für das Wohlergehen unserer Kinder besonders verantwortlich, wird das Loslassen so zu einer Herausforderung, und Schuldgefühle sind vorprogrammiert.

Loslassen ist nicht einfach. Und ich weiß, wovon ich spreche. Aufgrund meiner Arbeit als Familienberaterin lese ich jede Menge Testberichte über Ideen und Produkte, die mit kindlicher Entwicklung zu tun haben. Ich weiß ja Bescheid, dachte ich dann bei meinen Kindern und wägte dermaßen vorsichtig ab, dass das Handeln an sich manchmal anstrengend wurde. Und sie dann wirklich loszulassen fiel mir nicht immer leicht. Ich hatte nicht nur von den schlimmen Dingen, die Kinder erleben müssen, gelesen, sondern ich hatte es erfahren: Im Alter von neun Jahren wurde mein Klassenkamerad missbraucht und ermordet. In diese gefährliche Welt sollte ich meine Kinder gehen lassen? Mit fünf Jahren allein zum Bäcker laufen – schlimm war nicht, dass das Kind beim ersten Mal nur mit Donut, Überraschungsei und einem Brötchen zurückkam. Schlimm waren die fünfzehn Minuten des Wartens. Mein Kind mit öffentlichen Verkehrsmitteln allein zur Schule fahren zu lassen, allein zum Spielplatz gehen zu lassen, allein mit Einkaufszettel einkaufen zu schicken … Aber ich tat es, weil ich wusste, dass es meine Angst ist, die mich leitet, nicht die meines Kindes. Ich lenkte meinen Blick oft ganz bewusst auf die positiven Aspekte, lernte, die eigenen Ängste nicht nur zu überwinden, sondern ihnen auch bewusst mit Fakten entgegenzutreten. In den kleinen Dingen des Alltags zu überlegen: »Wenn es jetzt mit dem Messer abrutscht, schneidet es sich, es wird bluten und ich hole ein Pflaster. Das kriegen wir hin«, anstatt zu denken: »Wenn es das Messer benutzt, könnte es sich schneiden, das lassen wir lieber.« Wir sollten unseren Blick lieber auf die positiven Aspekte der Herausforderungen richten und auf die Dinge, die gut gehen können. Wir müssen uns nicht den schlimmen Nachrichten ausliefern, sondern Kraft aus Ideen schöpfen, kreativ sein und mit Ängsten aktiv umgehen. Mein Kind soll die Welt so entdecken, wie sie für mein Kind ist. Wie sie wirklich ist. Für mich ist sie so, wie ich sie erlebt habe. Aber mein Kind hat die Chance, eine andere Welt kennenzulernen.

Wenn wir unserem Kind eine sichere Basis des Selbstwertgefühls und Selbstvertrauens mitgeben, ist es gestärkt, um sich in der Welt zu bewegen. Es kann eigene Bedürfnisse wahrnehmen, weil es nicht lernen musste, sie zu übergehen. Es kann Bedürfnisse aussprechen, weil es nicht lernen musste, stumm zu sein. Es kann laut und bestimmt sein, weil es das durfte. Es kann um Hilfe bitten, weil es die Erfahrung gemacht hat, dass Hilfe gewährt wird. Es geht respektvoll mit anderen Menschen um, weil ihm selbst Respekt entgegengebracht wurde. Es kann die eigenen Grenzen einschätzen, weil es sie erproben durfte und nicht gesagt bekommen hat, wo sie liegen sollen. Es weiß, dass es sich anderen Menschen und besonders den Bindungspersonen anvertrauen kann, weil Gefühle und Erfahrungen nicht verlacht oder kleingeredet wurden, sondern immer ihren Raum hatten. Es weiß, dass es Situationen verändern kann, weil es in seinem bisherigen Leben aktiv darin eingebunden wurde. Und dieser Umgang mit Kindern gibt ihnen die Kraft, den Herausforderungen der Welt entgegenzutreten.

Das heißt nicht, dass Kinder, die dies alles verinnerlicht haben, nie straucheln und keine negativen Erfahrungen im Leben machen werden. Aber sie haben ein Rüstzeug mitbekommen, damit umzugehen. Wir nennen es auch Resilienz: die Fähigkeit, Krisen zu bewältigen und sich dennoch weiter positiv zu entwickeln. Das ist alles, was wir ihnen mit auf den Weg geben können. Der Rest liegt tatsächlich in vielen Situationen nicht in unserer Hand – zumindest nicht bei den größeren Kindern. Wir müssen darauf vertrauen, dass sie ihren Weg gehen und sich da Hilfe holen, wo sie sie brauchen. Wenn wir weiterhin offen sind, wenn wir Interesse an den Themen unserer Kinder haben und zeigen (ohne sie zu überwachen), dann stehen wir mit ihnen in einem Dialog über das Leben. Und egal ob Computerspiel, Mobbing, Schneeball-Whats-App-Nachrichten: Wenn wir eine gute Basis geschaffen haben, können unsere Kinder damit zu uns kommen und mit uns reden. Sie wissen, dass wir sie ernsthaft begleiten und ihnen zur Seite stehen, denn auch größere

Kinder brauchen Schultern zum Anlehnen, wenn es mal anstrengend ist. Und natürlich können sie auch über all die vielen schönen Dinge mit uns reden, die hoffentlich überwiegen: die Freundschaften, das Herzklopfen, die bewältigten Abenteuer, mutige Momente, Verliebtheit, erfolgreiche Streiche. Und sie werden auch Dinge für sich behalten, die sie ganz für sich bewahren wollen, weil auch das ihr Recht ist.

Selbstständige Kinder

Den Kindern Freiraum zu geben führt zu zweierlei Dingen: dass sie in ihrem Selbst gestärkt werden, aber auch, dass wir entlastet werden. Denn wenn wir über Mental Load und Aufgabenverteilungen in Familien nachdenken, dann vergessen wir dabei manchmal, dass die Kinder auch Teil des Familiensystems sind und ihren Beitrag leisten können und sollten. Auch hier können wir uns wieder fragen, was unser persönliches Mutterbild uns darüber sagt, wie Kinder beteiligt werden sollten oder nicht: Denken wir, dass wir alles für die Kinder erledigen müssen? Bedienen wir mehr oder machen wir mehr in Gemeinschaft? Hotel Mama oder eher Familien-WG?

Wenn wir an den Anfang der Beziehung blicken: Haben schon die kleinen Kinder teil an unserem Alltag? Dürfen sie Socken aus der getrockneten Wäsche wie bei einem Memory zusammensuchen und einrollen? Dürfen sie in der Küche schon im Kleinkindalter mithelfen und mit drei Jahren Gurke klein schneiden und Sachen aus dem Geschirrspüler in den Schrank räumen? Dürfen sie den Müll runterbringen? Haben wir Vertrauen in unsere Kinder und ihre Unterstützung?

Wir haben gesehen: Wir sind soziale Wesen. Wir leben in Gemeinschaft, und auch schon die kleinen Menschen aus dieser Gemeinschaft können und wollen ihren Beitrag leisten. Es ist ihr Wunsch, sich als Teil unseres Familiensystems zu fühlen, sie wollen darin ihren Platz haben und beteiligt werden. Dies sollten wir ihnen von Anfang an ermöglichen, damit sie hineinwachsen in das Gefühl eines sich gegenseitig unterstützenden Systems. Das bedeutet nicht, dass es nicht in der Pubertät trotzdem hier und da mal Gemaule gibt, weil dieses oder jenes nicht erledigt werden will, aber wenn wir Kinder vom Anfang an integrieren, müssen wir mit ihnen mit fünfzehn nicht erst ein Gespräch führen, dass es doch langsam Zeit wäre, etwas mitzuhelfen. Denn unsere Kinder können das. Und gerade in der frühen Kindheit machen sie es auch noch gern und wachsen so hinein. Und noch etwas lässt sich hier gut vermitteln: Durch das gleichmäßige Aufteilen der Aufgaben in der Familie erleben sie von Anfang an, dass es keine Männer- und Frauenaufgaben gibt, sondern dass Familienaufgaben von allen angepackt werden. Jeder da, wo er kann. Und nebenbei haben wir ein wenig Entlastung.

Erdrückende Liebe

Aber manchmal fällt es unglaublich schwer, abzugeben und loszulassen. Wir haben uns am Anfang des Buches damit beschäftigt, dass es auch sein kann, dass mütterliche Liebe fehlt. Oder dass sie Zeit braucht, um sich zu entwickeln. Nun schauen wir auf die Frage: Kann es auch ein Zuviel an Liebe geben?

Nein, es gibt kein Zuviel an Liebe, denn Liebe lässt immer auch Freiheit. Aber es gibt eine Beziehung, die nach Liebe aussieht, die umsorgt und hegt, aber daneben keine Freiheit lässt. Von außen ist dies leicht mit Liebe verwechselbar, innerlich ist sie es aber nicht. Alice Miller beschreibt in ihrem Buch *Das Drama des begabten Kindes*[13] unter anderem, wie die Bedürfnisse des Kindes nach Wärme,

Sicherheit, Geborgenheit und Liebe von Erwachsenen auch zu eigenen Zwecken ausgebeutet werden. Kinder, die nicht geliebt werden um ihrer selbst willen und wegen ihres ganz persönlichen Wesens, sondern weil die »Liebe« gebende Person eigentlich in der Handlung des »Liebegebens« nur selber Liebe entgegennimmt: Das Kind soll Küsse geben, damit die andere Person den Kuss genießt. Das Kind soll mit im Bett schlafen, wenn sich die erwachsene Person allein fühlt. Das Kind muss lieb sein, weil sonst die erwachsene Person traurig ist. All das ist keine echte Liebe. Die Psychologin Bettina Alberti beschreibt diese Umkehr der Eltern-Kind-Rollen als emotionell-missbräuchliche Bindung: »Manchmal brauchen und suchen die Eltern selbst übermäßig Nähe, Wärme und Bestätigung. Besonders wenn sie selbst eine unsichere Bindung als Kind erlebt haben oder in ihrem erwachsenen Leben einsam sind, versuchen sie eventuell, diese Zuwendung von ihrem Kind zu bekommen. Das Kind erlebt dann zwar viele Möglichkeiten des Kontaktes, aber eigentlich soll es die Bedürfnisse der Eltern stillen. [...] Ein in dieser Weise emotionell missbrauchtes Kind erlebt eine Bindung, die vordergründig zu eng ist. Es kann nicht einordnen, ob das Kontaktangebot für die Bedürfnisse der Bezugsperson steht oder die eigenen Bedürfnisse eine Resonanz erfahren.«[14] Kinder können aber natürlich nicht unsere Bedürfnisse erfüllen, denn sie sind Kinder.

Bei allem, was wir in Bezug auf unser Kind tun, sollten wir also prüfen: Was leitet mich wirklich? Nehme ich dieses Kind an, wie es ist, und begleite es auf seinem Weg, oder stehen meine Handlungen im Dienste meiner eigenen (Verlust)ängste und Bedürfnisse? Und auch hier führt uns der Weg zur Entspannung erst einmal wieder in unsere eigene Kindheit und die Erfahrungen, die wir selbst gemacht haben, um letztlich diese Gedanken hinter uns lassen zu können.

Hilfe von anderen

Was uns einen entspannten Umgang mit Nähe und Freiheit oft auch erschwert, ist die Sorge darum, welche Menschen denn nun wichtig oder gut sind für Kinder und wie viel andere Kontakte notwendig sind. Auch in diesem Bereich gibt es viele Ratschläge, die besonders den Müttern aufgebürdet werden.

> »In den ersten Jahren nur die Mutter!«
> »Kinder brauchen andere Kinder, sonst erwerben sie keine Sozial-
> kompetenz!«
> »Kinder brauchen Väter!«

Wir sind soziale Wesen und leben in Gemeinschaft. Diese Gemeinschaft besteht aus Menschen unterschiedlichen Alters, unterschiedlicher Geschlechter mit unterschiedlichen Fähigkeiten, mit Behinderungen oder ohne. Diese Pluralität ist es, die unsere Kinder kennenlernen können und sollten, denn das Zusammensein mit verschiedenen Menschen ermöglicht Sozialkompetenz und Empathie. Je jünger die Kinder sind, desto wichtiger ist dabei, dass auf sie individuell nach Bedarf eingegangen werden kann, weshalb kleine Gruppen günstig sind, in denen eine übersichtliche Anzahl von Kindern mit einer Person zusammen sind, die Gefühle und Konflikte begleiten kann. Doch nicht nur Kinder profitieren: Mütter, die in der Begleitung ihrer Kinder Unterstützung erfahren, sind feinfühliger in der Begleitung ihrer Kinder, und selbst bei Babys mit einem für Eltern anstrengenden Temperament sind sie insgesamt entspannter.[15] Die anderen Menschen sind also sowohl für die Kinder als auch für die Eltern eine gute Ergänzung. Aber wo kommen die anderen her?

Wie wir schon gesehen haben, ist das gemeinsame Aufziehen von Kindern eigentlich unser Ursprung, das heißt, die Unterstützung durch andere ist eigentlich normal. In unserer heutigen Gesellschaftsform gehen wir davon aus, dass sich insbesondere Mütter und Väter zusammen die Fürsorge teilen. Sarah Blaffer-Hrdy führt hingegen aus, dass sich dies zwar in den Industrienationen so entwickelt hat, aber die Kombination Vater-Mutter-Kind deswegen noch lange keine »natürliche« Familienform sei. Denn es kommt nicht nur in der Menschheitsgeschichte, sondern auch heute häufig vor, dass Väter ihre Kinder verlassen oder von der Begleitung der Kinder ausgeschlossen werden. Neben dem Lebenspartner kommen dann häufig Verwandte in den Blick. Laut einer Studie aus dem Jahr 1996 sind es dabei insbesondere die Großeltern mütterlicherseits, die sich in die Betreuung der Enkelkinder einbringen.[16] Da aber diese teilweise selbst noch erwerbstätig sind, stehen sie für die Kinderbetreuung nicht ausschließlich zur Verfügung. Es braucht also ein weiteres Netz aus möglichen Betreuer*innen: Tanten, Onkel, ältere Geschwister, Nachbar*innen, Freund*innen. Kinderbetreuung kann bunt gemischt sein, und es kann mehrere Menschen geben, die Kinder umsorgen können an unterschiedlichen Tagen oder in unterschiedlichen Situationen. Neben diesen privaten Betreuer*innen gibt es natürlich auch die »Dienstleistung Kinderbetreuung« mit Nannys, Babysitter*innen, Erzieher*innen – allerdings oft mit der Frage verbunden: Kann institutionalisierte Betreuung funktionieren?

Kita kann gelingen

Überall da, wo wir loslassen sollen, tauchen unsere Ängste und eigenen Bedürfnisse wie Schreckgespenster aus den Schubladen unseres

Gehirns auf und machen es uns schwer. Und dazu zählt ganz besonders auch die Betreuung der Kinder durch andere.

Es ist ohnehin manchmal nicht leicht, das Kind anderen zu überlassen. Noch schwieriger wird es da, wo wir es Menschen übergeben sollen, die wir gar nicht kennen. Wer das Kind in Krippe oder Kita anmeldet, kennt manchmal bis zur Eingewöhnung weder die anderen Kinder und Eltern noch die dann zuständige Betreuungsperson. »Mein Kind schläft nur beim Tragen oder Stillen ein – wie soll das nur werden?«, »Mein Kind isst nicht gut, ob es dort satt wird?« – diese und andere Ängste tragen wir in uns, wenn die Zeit der Kitaeingewöhnung näher kommt. Die Sorgen erledigen sich zumeist schnell, wenn andere Eltern und die Erzieher*innen berichten, dass in der Gruppensituation Kinder tatsächlich schnell zu anderen Ritualen übergehen und diese auch dann akzeptieren, wenn zu Hause weiterhin das Gewohnte eingefordert wird. Doch oft steht eigentlich eine größere Sorge dahinter: Können es andere so gut wie ich selbst?

Dieser Frage sind wir bereits bei den Vätern nachgegangen, und auch hier können wir wieder festhalten: Andere Menschen sind andere Menschen und dürfen auf ihre Art mit dem Kind umgehen, solange es für das Kind gut ist. Natürlich wünschen wir uns, dass Kindergärten und Schulen bedürfnisorientiert, mit individuellem Blick auf das Kind arbeiten. Zahlreiche Studien belegen mittlerweile, wie sinnvoll und zukunftsweisend das ist. Aber oftmals müssen wir einfach Abstriche machen. Und unsere große Angst dabei ist, dass die Abstriche unwiederbringlich schädigende Spuren an der Kinderseele hinterlassen, weil die Bindung zur primären Bezugsperson leidet. So lesen wir es zumeist in Facebookgruppen und hören es in Diskussionen mit pädagogischen Laien. Diese Sorge ist aber an vielen Stellen unberechtigt, sagt die Forschung: Das National Institute of Child Health and Human Development (NICHD) führte in den USA ab 1991 eine groß angelegte Studie durch, an der über 1 000 Familien teilnahmen. Diese Studie ging vielen Fragen nach wie der nach der gesundheitlichen Entwicklung, der Sprachentwicklung, der schulischen Entwicklung und eben auch der Bindung zur primären Bezugsperson. Hier zeigte sich: Weder die Form der außerfamiliären Betreuung noch deren Qualität wirkten sich negativ auf die Bindungsqualität sicher gebundener Kinder zu ihren Müttern aus. Ungünstig allerdings war es, wenn Kinder mit wenig feinfühligen Müttern auch noch viel Zeit in außerfamiliärer Betreuung schlechter Qualität verbrachten. Eine andere Studie in Deutschland zeigte aber auch: Wird die Eingewöhnung in den Kindergarten sehr hastig innerhalb weniger Tage vorgenommen, kann die Mutter-Kind-Bindung von einem sicheren in ein unsicheres Bindungsmuster kippen.[17] Passend dazu erklärt Prof. Dr. Fabienne Becker-Stoll, Leiterin des Staatsinstitutes für Frühpädagogik, in einem Interview: »Nur wenn sich ein Kind wohlfühlt, kann seine Entwicklung langfristig gefördert werden. Ein Kind, das keinen Trost erfährt, wenn es weint, nicht ab und zu die exklusive Aufmerksamkeit der Erzieherin bekommt, wird nie in der Lage sein, sich frei zu entfalten und seinem Bedürfnis nachzugehen, die Welt zu entdecken. Die Stunden in der Kita verbringt es dann wie in einem emotionalen Panzer, in Angst und purem Stress.«[18]

Die 1993/94 in Deutschland groß angelegte Studie »Wie gut sind unsere Kindergärten?« von Wolfgang Tietze und anderen zeigte, dass die pädagogische Qualität in der Familie einen stärkeren Einfluss auf die kindliche Entwicklung hat als die pädagogische Qualität des Kindergartens. Aber die Qualität des Kindergartens hat insgesamt einen großen Einfluss auf die Entwicklung des Kindes, und Qualitätsunterschiede in Kindergartengruppen können mit Entwicklungsunterschieden von bis zu einem Jahr verbunden sein.[19] Wir müssen also nicht zwangsweise um *unsere* Bindung fürchten, wenn Kinder von anderen Menschen betreut werden, aber die Art der Betreuung wirkt sich durchaus auf ihre Entwicklung aus.

Deswegen ist die Diskussion um die Qualität in Kindertageseinrichtungen so wichtig – und notwendig. Denn an Qualität mangelt es an vielen Orten. Nicht unbedingt an der strukturellen Qualität, denn Raumgrößen, Türbreite etc. werden für die Eröffnung von Kindertageseinrichtungen penibel vorgegeben, aber auf die pädagogische Qualität in den Einrichtungen wird weniger intensiv geschaut. Fachkräftemangel, der die pädagogische Arbeit und das feinfühlige Eingehen auf Kinder erschwert, und mangelhafte Aus- und Weiterbildung der Beschäftigten sind Probleme, mit denen sich Kindertageseinrichtungen bundesweit herumschlagen müssen. Ob Kitas nun tatsächlich Bildungsangebote bereitstellen müssen, ob wir »Forscherhäuser« brauchen oder nicht, lässt sich nach einer grundlegenden Klärung von Qualität des Umgangs zweitrangig diskutieren. Wirklich wichtig sind Feinfühligkeit, Gewaltverzicht auf physischer und psychischer Ebene und eine Reflexion des Handelns – diese stehen auch im Zusammenhang mit dem Erzieher*innen-Kind-Schlüssel. Als ich vor über zehn Jahren in einem Forschungsprojekt von Kuno Beller Weiterbildungen mit Erzieherinnen gemacht habe, gestützt durch Videointeraktionsanalyse[20], war bereits offensichtlich, wie wenig manche Handlungen im Alltag bewusst sind: das Kind am Hinterkopf anstoßen, um es zum Essen aufzufordern, Kinder vor die Tür schicken, weil sie stören, negative Kommentare über Ausscheidungen beim Windelwechseln. Dass die Lage sich nicht wesentlich verbessert hat, ist bekannt: Schon 2012 erklärte die NUBBEK-Studie, die von der Bundesregierung in Auftrag gegeben wurde: »Jeweils über 80 Prozent der außerfamiliären Betreuungsformen liegen hinsichtlich der pädagogischen Prozessqualität in der Zone mittlerer Qualität. Gute pädagogische Prozessqualität kommt dabei in jedem der Betreuungssettings in weniger als 10 Prozent der

Fälle vor; unzureichende Qualität dagegen – mit Ausnahme der Tagespflege – in zum Teil deutlich mehr als 10 Prozent der Fälle.«[21] Eine Umfrage der *ZEIT* im Jahr 2016[22] zeigte weiterhin: Sogar die daran teilnehmenden Mitarbeiter*innen in Kindertageseinrichtungen bemängeln zu 40 Prozent, dass es zu wenig Personal gebe, zu 27 Prozent das ständig wechselnde Personal und zu 24 Prozent das schlecht ausgebildete Personal. Viele Eltern haben zudem im Rahmen dieser Studie erlebte Missstände gemeldet. Mangelnde Qualität, auch durch den Vorrang des quantitativen Ausbaus von Kindertagesbetreuung gegenüber dem qualitativen Ausbau, ist Realität. Ob das 2019 in Kraft getretene Gute-Kita-Gesetz Abhilfe schaffen wird, wird sich zeigen. Denn die Gelder sind für eine lange Liste von möglichen Handlungsfeldern vorgesehen, wie zum Beispiel strukturelle Aspekte und finanzielle Entlastungen der Eltern. Auch diese Aspekte sind natürlich wichtig. Aber wie wir in der Vergangenheit gesehen haben, ist ein weiterer Ausbau auf Kosten der pädagogischen Qualität letztlich nachteilig. Und die Suche nach Qualität ist es, die Eltern vielfach umtreibt und in ein Dilemma führt – zwischen dem Anspruch, erwerbstätig sein zu wollen oder sein zu müssen, und eine Betreuung minderer Qualität annehmen zu müssen. Aus der Sorge heraus sind es dann eher die Mütter, die lieber länger zu Hause bleiben oder in Teilzeit in den Beruf zurückkehren. Dabei könnten qualitativ hochwertige Betreuungsangebote helfen, diese Traditionalisierung zu überwinden.

Die moderne Pädagogik setzt auf freieres Lernen, auf Begleitung – dies ist aber noch nicht in allen Kitas und Schulen angekommen (und die finanziellen und personellen Rahmenbedingungen sind selbst da, wo Lehrer*innen und Erzieher*innen solche Konzepte umsetzen wollen, oft nicht ausreichend). Daher kommt es zu Problemen zwischen elterlichem Anspruch und gesellschaftlicher Realität, die wieder die Eltern unter Druck setzen. Die Suche nach einer passenden Kita oder Schule kann mit diesen Ansprüchen schwierig werden – und auch der Umgang mit schwierigen Situationen, in denen der Mangel deutlich wird. So erzählt Karin:

»Was ich auch sehr schwer finde, jetzt da ich eine Erstklässlerin habe, ist der Umgang mit der Schule, mit den Pädagogen dort und der Lehrerin. Ich fühle mich sehr unsicher, weiß oft nicht, wie ich mich verhalten soll, wie kritisch ich sein soll , damit mein Kind keine Nachteile hat, ab wann man aber dann doch besser mal den Mund aufmacht. Ab wann man sich einschalten sollte oder doch besser zurücknehmen? Ab wann ist man Helikopter, ab wann schlichtweg nachlässig?«

Die Professorin für Erziehungswissenschaften Helen Knauf beschreibt die Situation der Eltern mit hohen pädagogischen Ansprüchen im Umgang mit Schule so: »Die intensive Elternschaft beinhaltet dabei einerseits ein hohes (und von Bildungsinstitutionen oft auch eingefordertes) Engagement für Kinder, bei dem sehr gut informierte Eltern das Bestmögliche für ihre Kinder erreichen möchten. Andererseits kann dies bedeuten, dass mit diesem Einsatz oft auch eine fordernde Einstellung gegenüber Kindertageseinrichtung und Schule einhergeht, bei der die Kompetenz der Fachkräfte weniger akzeptiert wird.«[23] Eltern fordern heute viel. Ein Blick auf die Situation zeigt aber, dass das gar nicht so unpassend ist, auch wenn es natürlich anstrengend ist, dass die Eltern so viel über Pädagogik wissen und entsprechende Ansprüche haben.

Was können wir also tun? Zunächst müssen wir festhalten: Betreuung außerhalb der Familie kann gelingen und gut sein. Und auch wenn Medienberichte vielfach von der tatsächlich oft mangelnden Qualität berichten, gibt es auch gute Kindertageseinrichtungen und Schulen mit engagiertem Personal, das feinfühlig und in kleinen Gruppen angemessen Kinder begleitet. Aber es sind zu wenige solcher Einrichtungen. Wir sind deswegen gezwungen, auch hier wieder Vorbilder als gelungene Beispiele in die Öffentlichkeit zu rücken und öffentlich und laut einzufordern, dass es nicht bei diesen Beispielen bleibt. Nicht nur bei den Kitas, sondern auch in Bezug auf Schulen.

10 Mutterschaft in den (sozialen) Medien

Neben der historischen Entwicklung des Mutterbildes, den Stimmen in uns und den Menschen unseres nahen Umfeldes nehmen Medien einen Einfluss auf die Repräsentation von Mutterschaft und beeinflussen sowohl die öffentliche Darstellung von Mutterschaft als auch unsere individuellen Mutterbilder. Nach dem Aufstehen kurz durch Instagram scrollen, auf dem Weg zur Arbeit in der Bahn Blogartikel auf Elternblogs lesen, auf dem Spielplatz eine Elternzeitschrift durchblättern und am Abend die Lieblingsserie nebst Werbung sehen und kurz in einer Facebookgruppe fragen, ob andere Eltern vielleicht auch gerade genau das gleiche Problem haben oder auf YouTube noch ein DIY für Feuchttücher ansehen: Medien begleiten unseren Alltag.

Mittlerweile sind es nicht mehr nur Zeitschriften, Bücher und Fernsehdokumentationen, sondern vor allem auch das Internet mit seinen vielen Möglichkeiten, die Einfluss auf Elternschaft und Mutterschaft haben: Instamoms, Pinterest-Moms, Mombloggerin – auf verschiedenen Social-Media-Kanälen finden wir eine breite Palette an Inhalten, die von Müttern produziert sind. In den Zeiten, in denen der tatsächliche Clan von Familie und Freunden nicht immer gut erreichbar ist, ist es oft das Internet, das uns das Gefühl gibt, einer Gruppe anzugehören. Prof. Helen Knauf fragt in ihrer Analyse von Elternblogs, ob »das Internet nicht auch als ein neuer Ort für das öffentliche Leben verstanden werden kann [...]. Öffentliches Leben würde dann verstanden werden als die Herstellung von Gemeinschaft in und trotz einer durch Individualisierung und Segmentierung geprägten Gesellschaft. Eltern als eine vielfältige Gruppe, deren Orientierungsverlust verschiedentlich beklagt wurde, scheinen hier eben jene Gemeinschaft und Orientierung finden zu können.«[1] Tatsächlich erleben Mütter gerade dann, wenn sie in ihrem unmittelbaren Umfeld wenig Hilfe durch Familie und Freunde haben, ein Onlinenetzwerk als unterstützend und können Stress durch ein Zugehörigkeitsgefühl und Austausch abbauen.[2] Insbesondere »neue« Mütter nutzen daher das Netz zum Einholen von Informationen und zur Diskussion: Hier gibt es Antworten auf zahlreiche Fragen, die Eltern heute oft nicht mehr im nahen Umfeld beantwortet bekommen, wenn Netzwerke fehlen oder Familien und Freunde andere Wege gehen und der Austausch mit Menschen mit gleichen Werten und Erziehungsvorstellungen fehlt. Über das Internet können Menschen gefunden werden, die in ähnlichen Lebenssituationen sind und daher ähnliche Fragen haben: Wer vor Ort keine passende Gruppe an Stoffwindeleltern findet, findet eine Gemeinschaft im Netz. Wer kindergarten- oder schulfrei leben möchte, kann sich im Netz austauschen und Tipps einholen. Durch den Onlineaustausch können Informationen eingeholt werden, wodurch das Vertrauen in die eigene Elternkompetenz steigt.[3] Eine Studie der Universität Stanford zeigt, dass insbesondere Facebook für Eltern behinderter Kinder ein wichtiger Ort der Vernetzung und des Austausches ist und sie dort weniger Verurteilung erfahren als in ihrem sonstigen Alltag.[4]

Gleichzeitig aber ist das Internet auch ein schwieriger Ort, denn laut Umfrage der Zeitschrift *Eltern family*[5] fühlen sich 17 Prozent der Mütter durch Medien unter Druck gesetzt (allerdings wiegen die eigenen Ansprüche mit 50 Prozent und gesellschaftliche Normen mit 41 Prozent wesentlich schwerer). 34 Prozent der Mütter geben an, dass man sich in sozialen Netzwerken anders darstellt, als man ist, 22 Prozent erklären, dass die anderen immer so perfekt wirken, und 33 Prozent geben an, dass sie das Ganze auch noch Zeit kostet. Auf Instagram sehen wir schöne Bilder mit glücklichen Müttern und Kindern, lesen Beschreibungen voller Liebe, und auch auf Elternblogs wird das hohe Engagement der Eltern in Form von Tagebuchberichten oder Serviceartikeln, begleitet von Werbung, dokumentiert. Man könnte fast meinen, diese Beschreibungen stünden im Gegensatz zu dem Negativitätsbias der Presse: Denn es herrschen die glücklichen Momente und das Schöne von Elternschaft vor. Über solche Beschreibungen werden aber auch hier, wie in anderen Medien, Bilder transportiert – über Familienleben, Mutterschaft, Rollenaufteilung. Da die Mehrzahl der Elternblogs von Müttern geführt wird, wird auch hier das Bild zementiert, dass Elternschaft in Mutterhand liege. In Zusammenhang mit Ergebnissen der MaLisa Stiftung zum Thema »Weibliche Selbstinszenierung in den sozialen Medien«[6] aus dem Jahr 2019 kann der Schluss gezogen werden, dass Mutterbilder über die sozialen Medien tatsächlich normiert werden, anstatt Pluralität abzubilden. Die Studie zeigt, dass Frauen auf Plattformen wie YouTube, Instagram und in Musikvideos unterrepräsentiert sind und, wenn sie denn in Erscheinung treten, vor allem Stereotype bedienen.

Mutterschaft in den Medien

Dass der Gedanke der natürlichen Mutterschaft und der Mutter als der allein verantwortlichen Person für die Kinder noch immer weitergetragen wird, sehen wir an vielen Stellen in unserem Alltag: Wir sehen es daran, wie Babypuppen für Mädchen beworben werden, sehen es an Büchern wie *100 Dinge, die ein Mädchen wissen* *muss*, in denen es um Parfum, Haarbürsten und kurze Röcke geht, während Jungs etwas über Raketen, Autos und Navigation lernen können: Mädchen sollen »schön« sein, Jungs schlau. Bobo Siebenschläfers Mutter umsorgt ihn zu Hause, Barbara Blocksberg ist eine Hausfrauenhexe. Es gibt einige Bücher, die ganz anders sind, aber das sind eher wenige. Kinder lernen, dass Zuwendung hauptsächlich von der Mutter kommt, wenn sie heute noch in der Schule »Muttihefte« führen müssen, in denen die wichtigen Informationen für die Eltern festgehalten werden. (Als meine Tochter 2015 eingeschult wurde, stand das »Muttiheft« noch auf der Materialliste.) Die Rosahellblaufalle[7] schnappt weiterhin an allen Orten zu und presst schon die Kinder in ihre zukünftigen Erwachsenenrollen. Dass Elternschaft eine geteilte Aufgabe ist, findet sich in Spielsachen und Kinderbüchern noch nicht besonders wieder. Oder haben Sie schon einmal Babypuppenwerbung für Jungs gesehen? Wie hoch ist wohl der Anteil an Kinderbüchern, bei denen die Väter ihre Kinder bekochen, im Krankheitsfall versorgen oder zu Bett bringen? Wie viele Kinderbücher gibt es, in denen alternative Familienmodelle und Betreuungsmöglichkeiten angesprochen werden? Eine von vier Figuren im Kinderfernsehen ist weiblich, bei den Tierfiguren sogar nur eine von zehn. Moderator*innen von Kinderfernsehsendungen sind zu zwei Dritteln männlich.[8]

Aber nicht nur in den Kinderprodukten wird das natürliche Mutterbild weitergetragen, auch wir selbst werden von diesen Bildern angesprochen. Eine Analyse des TV-Programms und deutschsprachiger Kinofilme aus dem Jahr 2016[9] zeigt: Frauen sind deutlich unterrepräsentiert, und Frauen ab 30 kommen noch seltener vor, die Handlungsträger sind in der Regel Männer. Frauen im Mutteralter verschwinden fast gänzlich aus den erzählten Geschichten. Sind sie dennoch als Mutter repräsentiert, treten ihre Persönlichkeitsmerkmale und Hobbys oft hinter Schwangerschaft,

Geburt und Mutterschaft zurück. Das Kind wird zum Schwerpunkt der Erzählung oder verleiht in Fantasyserien Müttern ungeahnte Kräfte, was wiederum eine Mythologisierung der Mutterschaft bedeutet.

In Elternzeitschriften sind dagegen insbesondere Mütter abgebildet. Neben den Themen der Elternschaft finden sich dort Anregungen rund um die Optimierung der Mutter: von Beautytrends, Beachoutfit bis Still-BHs. Die Themen sind verquickt mit Anzeigen, um Kaufentscheidungen des kaufkräftigen Elternsegments zu beeinflussen. Immerhin sind verschiedene Familienmodelle sowie die Vereinbarkeit von Beruf und Familie immer wieder Themen in diesen Zeitschriften.

Streifen wir durch die Ratgeberregale einer Buchhandlung und lesen die Titel der dort präsentierten Bücher, bleibt der Eindruck, dass Erziehung eben Frauensache sei. Und auch bei den Kochbüchern geht es uns nicht anders – so zeigt uns das *Yummy Mami Kochbuch für das Essen für Kinder von 0 bis 15 Jahren,* dass Kochen Mutteraufgabe ist. Wenigstens gibt es mittlerweile neben den Mütterratgebern meist auch ein Regalbrett mit der Aufschrift »Väter«!

Der Druck der schönen Bilder und Geschichten

Kommen wir aber zurück auf das, was es den Müttern laut Studie schwer macht: die Diskrepanz zwischen Realität und Darstellung in den sozialen Medien. In Vorbereitung auf dieses Buch fragte ich meine Freundin und Hebamme Anja Gaca, wie sie den medialen Druck auf Mütter wahrnimmt. Sie erklärte mir: »Ich bin dankbar, dass ich vor vierzehn Jahren meine ersten Schritte als Mutter noch unbeobachtet und unbeeinflusst von Social Media machen durfte.

Als Hebamme erlebe ich den daraus resultierenden Druck auf Mütter täglich.«

Die sozialen Elternmedien haben sich im Laufe der Jahre verändert, seit ich selbst vor sieben Jahren mit dem Bloggen anfing. Die erste Welle der deutschen Elternblogs bestand vorwiegend aus Tagebuchberichten über den Familienalltag. In der zweiten Welle stießen weitere Bloggerinnen dazu, die nicht mehr nur den Alltag dokumentierten, sondern zunehmend auch Serviceartikel aus ihren persönlichen Erfahrungen eingebunden haben: »Babys tragen: 2 Dinge, die du unbedingt wissen solltest« oder »Was tun beim Milchstau? 7 hilfreiche Tipps zur Behandlung«. Sowohl optisch als auch inhaltlich fanden in dieser Zeit eine Professionalisierung und auch Kommerzialisierung statt: Werbeartikel werden mit persönlichen Inhalten verbunden – sogenanntes Native Advertising. In der »History of Momblogging« von Elizabeth Kerns[10] ist die amerikanische Entwicklung der Momblogs nachgezeichnet: Zur Jahrtausendwende gab es gerade mal 23 Blogs – seither kam es zu einer regelrechten Explosion, unter anderem im Elternbereich. Bloggen wurde zu einer Möglichkeit, Geld zu verdienen und sich neben der Mutterschaft selbstständig zu machen. Elizabeth Kerns führt auf, dass 2008 das erste amerikanische Momblog eine Summe im sechsstelligen Bereich pro Jahr verdiente. Das wohl reichweitenstärkste Blog im deutschsprachigen Raum babykindundmeer.de erreicht laut eigenen Angaben aktuell monatlich 350 000 Leser*innen bei mehr als 1,5 Mio. Seitenaufrufen und ist zum Vollzeitprojekt der beiden dort bloggenden Eltern geworden, was ihr Familieneinkommen sichert.[11] In der dritten Welle sind nicht nur Mikroblogging-Influencerinnen hinzugekommen, wie die Instamom-Accounts, sondern es zeigt sich auch, dass Elternblogs von Anfang an als professionelle Einnahmequellen eröffnet werden.

Auch mein eigenes Blog geborgen-wachsen.de hat sich im Lauf

der Zeit zu einem wesentlichen Teil meiner Haupterwerbstätigkeit entwickelt: Mehr Zugriffe, mehr Nachfragen, mehr Artikel, mehr technischer Support benötigen mehr Zeitinvestition, die wiederum finanziell ermöglicht werden muss. Ist Social Media der Arbeitgeber, müssen Inhalte und Zielgruppe aufeinander abgestimmt sein. In der schon erwähnten Studie der MaLisa-Stiftung berichten die befragten YouTuberinnen »von engen Zuschauererwartungen und damit verbunden kritischen, mitunter bösartigen Kommentaren, sobald sie den normierten Erwartungen widersprechen«[12]. In einem Post auf Instagram zeigt Maren @kleinliebchen das Instagramprofil einer Mutter, die sich vorwiegend mit Dutt und Letterboard und ohne besondere Weichmacher oder extravagantes Styling ablichten lässt, im Juni 2019 eine kleine Auswahl an Nachrichten, die sie bekommt: »Du bist einfach nur hässlich«, »Wieso machst du dir nicht einen schönen, ordentlichen Dutt?«, »Wieso ziehst du eigentlich deine Stirn immer so weit hoch? Das wirft voll Falten und sieht irgendwie nicht schön aus«. Als Mutter Ende 30 sind auch mir solche Nachrichten nicht unbekannt. Das ist nicht immer so drastisch wie in jenen Zeiten, in denen wir einen Stalker hatten, der tägliche Nachrichten schickte wie: »Die Frau Mierau ist 'ne geile Sau, bestimmt ist sie auch gut beim Ficken, wenn sie schwanger ist«[13], aber auch gemäßigte Mitteilungen beeinflussen das Wohlbefinden der Empfänger: »Du siehst ganz schön fertig aus«, »Neben Liebe sehe ich bei Dir viel Schmerz in Deinen Fotos«, »Stillbilder eines Kleinkindes sind einfach ekelhaft«, »Kein Kind muss so lange getragen werden«. Es wird bewertet und abgewertet, und die Kommentare zeigen, was die Leser*innen sehen wollen und was nicht. Eine eigene Position zu haben und sich gegen den Mainstream zu behaupten kostet Kraft und braucht Selbstvertrauen. Trotz aller Rufe nach #mehrrealitätaufinstagram – ungeschönte Bilder oder zu kritische Meinungen sind nicht erwünscht. Der Algorithmus bestimmt die Sichtbarkeit. Und den bestimmen die Nutzer*innen selbst mit: Werden in der Regel weiße, klare Bilder bevorzugt, werden diese eher angezeigt, und die realitätsnahen Bilder verschwinden. Instagrammerin Anna von @langsam.achtsam.echt berichtet in einer Instastory darüber, warum sie für ihren Instagramfeed Fotos von einer Fotografin nutzt: »Ich denke, dass wir Menschen einfach von schönen Bildern besonders angesprochen werden. Ich möchte Eltern zeigen, dass sie mit vielen Themen nicht allein sind. Dafür braucht es in gewisser Weise Bilder, die ins Herz gehen und ein bisschen die Sehnsucht ansprechen. Wir sind natürlich nicht immer so entspannt wie bei unseren Fotoshootings.« Dazu kommt auch noch das Gefühl, das die Herzchen oder Likes in denen auslösen, die ihre Bilder ins Netz stellen: Anerkennung, Zugehörigkeit, Akzeptanz, Respekt. Das kleine Aktualisierungrädchen macht uns süchtig: Habe ich noch mehr Herzen bekommen? Mögen die Leute das, was ich mache? Es verleitet dazu, Postings zu machen, die noch mehr Zustimmung, noch mehr Bestätigung hervorbringen.

Ein schwieriges Wechselspiel, gerade bei Instagram: Wer trägt nun »die Schuld« am Druck, der durch dieses soziale Netzwerk aufgebaut wird – die Produzentin oder die Konsumentin? Was war zuerst da, die Henne oder das Ei – und wie können wir diesen Teufelskreis beenden? Ist es überhaupt möglich, selbst etwas weitreichend zu verändern, oder bedarf es einer technischen Veränderung der App, um weniger Druck zu erzeugen? Ein Hashtag wie #mehrrealitätaufinstagram wird zwar genutzt, ändert aber aktuell nichts. Aktuell wird über die Abschaffung der Sichtbarkeit von Likes diskutiert, um den Druck des Vergleichens wegzunehmen, und in einigen Ländern wird dies bereits getestet. Doch wir müssen uns bei der Nutzung dieses Netzwerkes bewusst sein, dass die dort geposteten Bilder eben jenen genannten Mechanismen unterliegen und wir auf dieser Plattform nicht den Alltag und die Realität angeboten bekommen, sondern ausgewählte, bearbeitete Bilder, die unsere Aufmerksamkeit auf sich ziehen sollen, um über sie eine Botschaft oder einen Werbeinhalt zu vermitteln. Die bearbeitete Version von Bildern war von Anfang die Idee hinter der App, erklärt Instagram-Co-Gründer Kevin Systrom im Interview: »Die Qualität von mobiler Fotografie war damals ziemlich schlecht. Mit der Einführung von Filtern und zusätzlichen Bearbeitungswerkzeugen ermöglichte Instagram, schöne Bilder mit einer Community zu teilen.«[14]

Was wir weder bei Blogs noch bei Instagram auf den ersten Blick sehen, sind die Hintergründe der reichweitenstarken und Einfluss nehmenden Kanäle. Gerade im amerikanischen Raum, an dem wir uns hierzulande oft ein Vorbild nehmen, wird immer wieder diskutiert, welche Auswirkungen die Mütterblogs und Kanäle der mormonischen Stay-at-Home-Moms haben, die aufgrund ihrer Religion eine andere Rollenverteilung leben, aber über Social Media einen weitreichenden Einfluss ausüben. Sind wir uns dieser Ursprünge von Social-Media-Trends nicht bewusst, unterliegen wir falschen Annahmen und laufen unrealistischen Vorbildern hinterher.

Egal, welche Social-Media-Angebote wir betrachten, sie werden unterschiedlich wahrgenommen und genutzt: Manche Menschen lassen sich von ihren Inhalten inspirieren, andere fühlen sich unter Druck gesetzt: Einige Familien inspirieren mit selbst gemachten Adventskalendern andere, andere fühlen sich von diesem Aufwand gestresst. Einige mögen schön angerichtete Frühstückstische und kaufen sogar das Geschirr nach, andere beschweren sich über den Druck, den sie beim Anblick solcher Bilder fühlen. Auch hier sehen wir wieder: Wir können nicht sagen, was Bilder in anderen Menschen auslösen, und wir sollten es vor allem nicht bewerten. Als Produzenten müssen wir uns aber dessen bewusst sein, dass andere Menschen sich von unseren Bildern unter Druck gesetzt fühlen *können*. Und als Konsumenten sollten wir darauf achten, was es ist, was uns da unter Druck setzt, und woher dieser Druck kommt. Dann können wir entscheiden, ob wir uns dem aussetzen oder ihm lieber aus dem Weg gehen wollen. Niemand sollte einem Profil folgen, das ihm nicht guttut. Auch nicht meinem.

Auch bei den Blogs gibt es vorwiegend die schönen Geschichten der Elternschaft, die wohlgemeinten Tipps und gut fotografierten Werbeartikel. Sowohl bei Instagram als auch auf Blogs und YouTube sind die Produzent*innen im Zwiespalt zwischen Berichterstattung und Privatsphäre. Während jedes Jahr aufs Neue gefordert wird, dass Fotos von Kindern nicht ins Netz gehören, wird den Berichten über Kinder im Netz medial weniger Aufmerksamkeit geschenkt. Aber Kinder sollten später weder Fotos von sich im Netz finden in Situationen, die ihre Privatsphäre verletzen, wie nackte Kinderbilder, Töpfchenbilder oder andere, aber ebenso wenig sollten sie lesen müssen, wie genervt ihre Eltern waren, dass sie immer nur »Terrorzwerg« genannt wurden oder dass die Eltern sich eigentlich ein Kind mit anderem Geschlecht gewünscht hatten. Verbannen wir die Alltagsgeschichten hingegen ganz aus dem Netz, fehlen das Onlinenetz, der Austausch, die Unterstützung in einer Zeit, in der es im privaten Umfeld oft daran mangelt. Familie kann je nach Wohnort wenig öffentlich stattfinden, Kinder sind in Restaurants, auf Grünflächen und Straßen oft ungern gesehen. Verbannen wir sie auch aus dem Netz, findet sich der Austausch über Familie und der Blick auf andere Familienmodelle nur noch im Biedermeierheim wieder. Dabei sind die Dokumentation und das Teilen kindlicher Entwicklung gar keine Erfindung der Blogger*innen, sondern stehen in der Tradition der Entwicklungspsychologie. Nur waren es anfangs eben wieder die Männer, die Väter, die Entwicklungspsychologen, die die Kindheit der eigenen Kinder dokumentierten und daraus Reputation erzielten. Was eigentlich aus den Kindern des Entwicklungspsychologen Jean Piaget geworden ist und wie sie die Arbeit ihres

Vaters und das Dokumentieren und Veröffentlichen ihrer Kindheit fanden, hat jedoch niemand erfragt. Aber die Mütter, die dies heute in Bild und Schrift tun und damit auch Reputation und Geld verdienen, sind natürlich suspekt.

Wir brauchen einen sinnvollen emotionalen Abstand zu Blogs, Instagram, Twitter, TikTok und YouTube. Wir sollten keine Energie in Dinge investieren, die uns nicht guttun. Vielmehr können wir uns an der großen Palette der Angebote im Netz bedienen und das auswählen, was uns wirklich etwas bringt. Setzt uns der Kanal mit Holzspielzeug und Frühstücksbildern unter Druck, dann passt er eben nicht zu uns. Fühlen wir uns in Anbetracht der weiß gekleideten, schlanken Mütter, die ihre gepflegten Kinder im teuren Buggy vor sich herschieben, minderwertig, dann brauchen wir andere Bilder. Wir sind die Gestalterinnen unseres Instagram-, Facebook- und Twitterverhaltens. Wir können andere deabonnieren, muten oder blockieren. Und mit diesen individuellen Entscheidungen können wir selbst gestalten und bestimmen.

»Mommywars«

Aber einfach ist es manchmal nicht, wenn wir dennoch auf andere Gedanken, Geschichten, Bilder oder Meinungen stoßen. Weil die Gesellschaft die Definition der Frau zur Mutter hin verschoben hat, trifft uns die Kritik an unserem Familienleben, am Muttersein in unserem Selbst. Wenn kritisiert wird, dass wir unser Kind »zu lang« oder »zu kurz« stillen, es in unserem Bett schlafen lassen oder das Kind noch im fortgeschrittenen Schulalter morgens zur Schule bringen, ist das nicht nur eine Kritik an unseren Handlungen, sondern sie stellt unser tiefstes Muttersein infrage. Die Frage danach, warum wir das Kind nicht im Reboarder fahren lassen, wird nicht als Sicherheitsfrage wahrgenommen, sondern als Infragestellen unserer Mutterrolle. Selten kommt das Vier-Seiten-Modell Friedemann Schulz von Thuns so gut zum Ausdruck wie in Konflikten unter Eltern. Denn gerade als Frau und Mutter, die wir vielleicht durch die eigene Erziehung wenig Selbstbewusstsein auf unseren Weg mitbekommen und negative Glaubenssätze verinnerlicht haben, können wir schnell Kritik in Äußerungen hineininterpretieren, wo sie vielleicht gar nicht gemeint war. Die Psychologin Stefanie Stahl erklärt: »Je unsicherer ein Mensch sich fühlt, desto schneller ist er geneigt, in die Worte und Handlungen anderer Menschen eine persönliche Kritik oder Ablehnung hineinzudeuten.«[15] Und auch Psychologin Sandra Konrad findet in ihrem Buch *Das beherrschte Geschlecht* die Ursache für dieses Verhalten in unserer Sozialisation als Frau: »Die Frau will gefallen, sie will geliebt und begehrt werden – aber je weniger Wert sie sich selbst beimisst, desto abhängiger wird sie von der Bewertung der anderen. Daher sitzt die Frau in der Falle. Sie sieht auf sich selbst aus einer männlichen Perspektive, die ihre Unterlegenheit immer schon voraussetzt: Die männliche Geringschätzung der Frau ist Teil des weiblichen Selbst geworden.«[16] Wir sind schnell angegriffen, weil wir gelernt haben, uns selbst geringzuschätzen und unsicher zu sein. Während im persönlichen Kontakt die Wahrscheinlichkeit noch recht hoch ist, dass wir die wirkliche Absicht einer Aussage verstehen, fällt es im Netz oft viel schwerer. Uns fehlen Gestik und Mimik, um die wahre Botschaft hinter den geschriebenen Worten zu verstehen. Die Anonymität im Netz führt dazu, dass wir uns aggressiver zur Wehr setzen, weil das reale Gegenüber fehlt. Nicht selten sind Artikel, Werbeclaims und Überschriften auch bewusst provokant, um Leser*innen in unterschiedliche Lager zu spalten und so mehr Aufmerksamkeit im Netz zu erwecken. Clickbaiting auf Kosten der Solidarität. Eine solche Auseinandersetzung wird dann – auf dem Spielplatz, in der Krabbelgruppe oder im Internet – auch nicht als Diskurs bezeichnet, sondern als »Mommywar«.

Betrachten wir allein diese Bezeichnung, offenbart uns das einiges über die Sichtweise auf Mütter. Auch hier können wir wieder an den Begriff »Framing« (vgl. Kapitel 4) denken: Es gibt politische Diskurse, es gibt Streitgespräche, Debatten und Erörterungen. Aber wenn sich Frauen mit Elternschaft auseinandersetzen, sprechen wir gleich von einem »Krieg der Muttis«. Warum das so ist? Wir können es nur vermuten. Sicherlich hängt es mit dem Inhalt der Auseinandersetzungen zusammen: Das Aufwachsen von Kindern, die Pädagogik sind noch immer Themen, denen in der Gesellschaft kein großer Wert beigemessen wird. Doch diese Themen sind absolut relevant: Zum einen, weil sie einen Teil unseres Selbstbildes ausmachen, und zum anderen, weil ohne Diskurs keine Veränderungen entstehen, kein Wissen geteilt wird, keine Ansichten überdacht werden. Auch wenn Kindheit als Thema in unserer Gesellschaft an den Rand gedrängt wird, bedeutet das nicht, dass sie dort hingehört. Aber Kindheit, Mutterschaft und auch frühkindliche Bildung genießen keinen hohen Stellenwert, was auch an der schlechten Entlohnung von Erzieher*innen und der Beurteilung der erzieherischen Tätigkeit offensichtlich wird: Denken wir beispielsweise an den Vorschlag von Ursula von der Leyen und Kristina Schröder 2012, die gerade aus der Insolvenz der Drogeriekette hervorgehenden »Schleckerfrauen« kurzfristig zu Erzieher*innen umzuschulen, oder auch an den Umgang mit dem Lehrer*innenmangel, dem durch Quereinsteiger*innen, Student*innen und bereits pensionierte Lehrer*innen begegnet wird. Kann »man« ja machen, sind ja nur Kinder, was sollen wir da große Ansprüche haben. So wundert es nicht, dass Diskussionen aus diesem Dunstkreis schnell belächelt werden: Das ist doch nicht wirklich wichtig, ob Kinder nun beim Einschlafen begleitet werden oder allein im Zimmer weinen!

Aber die Wortschöpfung »Mommywar« macht uns noch auf etwas anderes aufmerksam und zeichnet ein bestimmtes Bild von uns: das der zänkischen und intriganten Frau – ein beliebtes Bild, das die mangelnde Solidarisierung von Frauen beschreibt und damit auch Verschwesterung verhindert. Die gefährlichen anderen Mütter kennen wir bereits aus dem Märchen: die bösen Stiefschwestern und Stiefmütter, die verführerischen Hexen. Auch diese Geschichten und Märchen, mit denen wir aufwachsen, prägen unser Bild von Müttern. Doch längst hat die Wissenschaft bewiesen, dass wir Menschen gar nicht auf Eigennutz angelegt sind, sondern auf Kooperation. Aber die Sozialisation von Frauen sah lange so aus, dass ihr bewusster Zusammenschluss ausgebremst wurde. Wie so viele andere Bilder wirkt auch dieses in uns nach. Sandra Konrad findet auch hierfür die passende Begründung: »Aber woher kommt dieser Mangel an Zusammenhalt unter Frauen, und wieso haben sich Frauen nicht schon lange zusammengetan und sich gegenseitig unterstützt, wo sie doch seit Tausenden von Jahren benachteiligt werden? Vermutlich, weil Frausein so lange keinen Wert hatte. Weil Töchter von ihren Müttern lernten, was es bedeutete, unfrei zu sein, und dass man sich am besten in die vorgegebene passive Rolle fügte. Weil das Mutter-Tochter-Verhältnis oft von Rivalität geprägt war und Mütter ihren Töchtern kein gutes Vorbild waren, wenn es um eine unabhängige Weiblichkeit und selbstbestimmte Sexualität ging. Weil jede Abweichung vom gängigen Frauenbild Aggressionen und Repressionen bei Männern hervorrief, die Frauen einschüchterten. Weil Frauen zwar private Verbindungen eingehen, aber erst in jüngster Zeit gelernt haben, eigene berufliche Netzwerke zu gründen. Vielerlei Gründe schnurren zusammen auf ein Hauptargument: Weil es Frauen lange Zeit mehr brachte, sich mit Männern als mit Frauen zu verbünden.«[17] In der Bezeichnung »Mommywar« kommen diese Bilder und die Folge der mangelnden

Solidarisierung zum Tragen. Und das Verbünden fällt uns immer noch schwer.

Diese bereits problematischen Grundlagen treffen nun auch noch auf den Stress und die Müdigkeit in uns, hervorgerufen durch die schon benannten überfordernden Strukturen und Ansprüche. Wie wir gesehen haben, machen uns Müdigkeit und Stress überreizt und aggressiver. Unser Gehirn kann im Stresszustand weniger gut analytisch denken, und wir wittern überall Gefahren. Unsere Erregungsschwelle ist wesentlich höher, und wir fahren schneller aus der Haut. Treffen nun all diese schwierigen Situationen zusammen – Müdigkeit, Stress, Sich-angegriffen-Fühlen –, ist der Streit schnell vorprogrammiert. Aber nicht, weil wir als Frauen und Mütter per se eben besonders kampflustig, aggressiv oder zickig wären und um jeden Preis unser Nest verteidigen wollen, sondern weil die Kombination der oben genannten Stressfaktoren ein solches Verhalten hervorrufen kann.

Wir alle tun jeden Tag unser Bestes in Abhängigkeit davon, in welcher Lebenssituation wir uns befinden, welcher Weg und welche inneren Bilder uns geprägt haben. Natürlich gibt es Situationen, die in der Erziehung nicht zu tolerieren sind, und es ist wichtig, andere Menschen darauf aufmerksam zu machen. Das betrifft grundsätzlich den Bereich der physischen oder psychischen Gewalt gegen Kinder. Aber die Frage nach den richtigen Frühstückscerealien, geeignetem Spielzeug (ob Plastik oder Holz) oder die Erwerbstätigkeit oder Nichterwerbstätigkeit der Bezugspersonen des Kindes, sollten kein Schauplatz für irgendwelche Kämpfe sein.

Wie wir gesehen haben, sind wir alle auf verschiedene Weisen in unserem Leben geprägt worden, haben verschiedene Werte und Schwerpunkte und denken in Bahnen, die unseren eigenen Erfahrungen entsprechen. Vielleicht sind wir auch durch unsere eigenen Erfahrungen verunsichert in unserem Weg und haben schon allein deswegen eine große Last an uns selbst abzuarbeiten. Bürden wir uns und anderen deswegen nicht noch mehr auf, sondern gehen wir den entspannten Weg. Brechen wir – auch wenn es oft wirklich nicht einfach ist – aus diesen Bahnen der gegenseitigen Verurteilung aus, und versuchen wir, uns in Konfliktsituationen vor Augen zu führen, warum wir gerade so aggressiv reagieren und woher das Bedürfnis kommt, uns zu schützen. Meistens hängt es nicht so sehr mit dem Gegenüber zusammen, denn wie eine andere Mutter ihr Familienleben lebt, kann uns im Grunde doch egal sein. Meistens sind es unsere eigene Verletzlichkeit und Unsicherheit, und wir haben das Bedürfnis, uns zu schützen und zu rechtfertigen, obwohl das gar nicht notwendig wäre. Anstatt unser Augenmerk in diesen Situationen auf die eigene Verletzlichkeit und den eigenen Schutz zu legen, sollten wir uns lieber fragen, wie wir in diesen Situationen solidarisch mit anderen Meinungen umgehen können. In den Worten der Drehbuchautorin und Produzentin Shonda Rhimes: »Ich befinde mich bereits inmitten eines großen Mütterkrieges, den ich gegen meinen schlimmsten Feind führe – mich selbst. Ich brauche keine weiteren Scharmützel. Und ich wette, dass es Ihnen nicht anders ergeht … Vielleicht hat diese perfekte Mama, die im Lehrer-Eltern-Ausschuss sitzt, nicht einmal bemerkt, dass hausgemachte Brownies eine Zumutung sein können. Statt sich lautstark in Obszönitäten zu ergehen, wäre es besser, aufzustehen und sanft darauf hinzuweisen, dass nicht jeder über die Zeit oder die Fähigkeit verfügt, Brownies zu backen. Und sollten Sie daraufhin mit Verachtung gestraft werden, können Sie sich immer noch in Obszönitäten ergehen.« [18]

Nachwort:
Das Glück des eigenen Wegs

Mutter sein kann so wunderschön sein und manchmal auch so schwer. Diese kleinen Menschen, die wir begleiten dürfen, die sich an uns schmiegen, die uns lieben und bei uns Schutz, Nähe, Geborgenheit suchen. An deren Köpfen wir nachts riechen, deren Hände wir halten, deren Tränen wir wegwischen und über deren Witze wir (manchmal) lachen. Die uns ihre Begeisterung zeigen, ihre Wut in unbändiger Form ausdrücken und die Welt aus anderen Augen sehen. Neben diesen Dingen können sie zugleich auch kräftezehrend, anstrengend und verunsichernd sein. Diese breite Palette an Gefühlen lernen wir im Leben mit Kindern kennen. Nicht selten verändern sie unsere Sicht auf das Leben. Sie machen uns nicht zwangsläufig zu besseren Menschen oder erfüllen unseren Lebenszweck. Aber sie verändern unseren Alltag, bringen neue Aufgaben mit. Manche davon sind wunderbar, andere nicht. Kinder bringen uns an unsere Grenzen: emotional und oft auch physisch. Mit ihnen tauchen in unserem Leben auch die Schatten der Vergangenheit auf, die uns mehr oder weniger belasten und die mehr oder weniger schmerzhaft sein können. Und mit ihnen wird die Organisation des Alltags nicht unbedingt leichter.

Es ist ein Tanz, dieses Muttersein: mit vielen Balanceakten, manchmal wild, dann langsamer, manchmal rhythmisch, und manchmal kommen wir aus dem Takt. Die Melodie für diesen Tanz spielt unser Leben: unsere persönliche Geschichte und die der Ge-

sellschaft, in der wir leben. Diese Melodie bestimmt, ob wir leicht-
füßig tanzen oder schwer. Wenn wir merken, dass der Tanz zu anstrengend wird und nicht zu uns passt, müssen wir an der Melodie
etwas ändern. Darum ging es in diesem Buch: Denn die Melodie
stimmt für sehr viele Mütter heute nicht.

Die Päckchen, die wir als Mütter tragen, sind schwer. Sie sind
es auch deshalb, weil Frauen in unserer Gesellschaft immer noch
einen schweren Stand haben. Wenn wir Mutter werden, wird das
nicht besser und in vielen Fällen sogar schwieriger. Denn neben all
den gesellschaftlich belastenden Rahmenbedingungen tauchen auch
noch die inneren Stimmen unserer Vergangenheit auf, und je nachdem, ob wir selbstsicher sind oder nicht, hadern wir mit den Entscheidungen, die wir treffen.

Die gute Nachricht aber ist: Wir können es ändern! Wir werden vielleicht nicht in dieser Generation das Patriarchat abschaffen
können (und vielleicht auch noch nicht in der nächsten), aber wir
können uns auf den Weg zu mehr gerechter Verteilung machen.
Der erste Schritt für eine wirkliche Veränderung ist das Hinsehen
und Hinterfragen: Woher kommen unsere Ansprüche? Wie hat sich
das Mutterbild in unserer Gesellschaft und bei mir ganz persönlich ausgebildet? Wie war das eigentlich bei mir in der Familie, und
was habe ich davon (vielleicht auch unbewusst) übernommen? In
einem zweiten Schritt können wir dann in uns selbst hineinfühlen:
Woher kommt meine Verunsicherung? Warum lasse ich mich so
leicht unter Druck setzen? Warum denke ich, dass ich als Mutter für
alles verantwortlich bin? Warum denke ich, wenn etwas in der Familie schiefläuft, dass ich, die Mutter, daran schuld bin? Wir müssen
unsere Verhaltensmuster hinterfragen und erkennen, welche Handlungen und Einstellungen wir oft von Kindheit an gelernt haben.
Wir müssen ein Bewusstsein erlangen für das, was uns geschadet
hat. Manchmal ist das kein einfacher Prozess. Es ist wesentlich ein-

facher, alles weiterzumachen, wie wir es immer getan haben und wie es von uns erwartet wird. Aber um wirklich etwas zu ändern, müssen wir aufbegehren. Auch – oder besser gerade – weil es uns aberzogen wurde, rebellisch und wütend zu sein. Diese Rebellion beginnt zunächst einmal in uns selbst: in mir, in Ihnen. Wenn wir wissen, was uns leitet und belastet, können wir beginnen, Dinge zu ändern: neue Bilder in uns erschaffen, offen sein für die Geschichten anderer Mütter und anderer Wege. Und vor allem können wir loslassen, denn wir wissen: Ich bin gar nicht für alles verantwortlich, wofür ich verantwortlich gemacht werde. Wir können endlich die Geschichte hinter uns lassen, dass das Wohl unserer Kinder allein auf unseren Schultern lastet. Wir können annehmen, dass in Mutterschaft nicht nur Liebe ihren Platz hat, sondern auch Ambivalenz, Angst, Sorgen, Überforderung – und dass das auch völlig normal ist und sich niemand dafür schämen muss. Wir können annehmen, dass zu Mutterschaft und Elternschaft auch Fehler gehören. Und wir können den Perfektionsdruck zur Seite legen. Wir können erkennen, dass es immer und immer wieder nur individuelle Wege geben kann und keine Pauschallösungen. Dein Kind geht in den Kindergarten? Das ist okay! Dein Kind ist zu Hause und ihr teilt euch die Betreuung? Das ist okay! Du stillst? Du stillst nicht? Das ist alles okay! Kinder brauchen Liebe, Anteilnahme und respektvollen Umgang. Wie Sie das in Ihrer Familie herstellen, bleibt Ihnen überlassen. Es kann von Familie zu Familie unterschiedlich aussehen.

Wenn diese Rebellion in unseren Köpfen erst einmal stattgefunden hat, dann können wir sie in die Gesellschaft hinaustragen und andere dazu anregen, ebenfalls zu rebellieren: Indem wir selbstbewusst unsere »anderen« Wege gehen, darüber sprechen und sie sichtbar machen. Wie wir gesehen haben, leben schon viele Familien neue Familienmodelle, obwohl die tradierten Rollenbilder noch in unseren Köpfen sind. Oft sprechen sie nicht darüber oder schämen sich sogar für etwas, was für sie selbst doch entlastend ist. Es ist an der Zeit, dass diese Unterschiedlichkeit noch stärker offen gelebt wird, dass wir andere Modelle sehen, davon lesen und hören können. Denn nur so bildet sich Toleranz aus, und nur so erleben wir die notwendigen Vorbilder.

Manchmal ist es nicht leicht, große Schritte zu machen, gerade wenn es noch ein neues Gebiet für uns ist, das wir uns aneignen. Wir können mit ganz kleinen Schritten beginnen: Wann immer Sie denken, als Mutter verantwortlich zu sein, können Sie sich selbst die Frage stellen: Denke ich das, weil ich glaube, dass das die Aufgabe *der* Mutter ist? Oder denke ich das, weil es wirklich *mich* persönlich betrifft? Mit diesen Fragen können wir den Alltagsherausforderungen begegnen und uns langsam vom Druck des Mutterseins befreien. Wenn in unserem Umfeld mal wieder von »Muttiheften«, »Die Mutti macht das« oder »Mutterpflichten« geredet wird, dann können wir freundlich darauf hinweisen, dass sicherlich die Eltern gemeint sind, und wir können uns selbst bemühen, von Eltern zu sprechen statt von Geschlechterrollen. Wir können von »unseren« Kindern statt von »meinem« Kind sprechen und damit die gleichmäßige Verantwortung auch sprachlich sichtbar machen. Es sind kleine Schritte, machbare Schritte, die unser Denken und das Denken anderer Schritt für Schritt ändern.

Allein ist diese Umwertung des Mutterbildes schwer zu schaffen, denn letztlich geht es nicht nur darum, ein überhöhtes *Mutter*bild hinter uns zu lassen, sondern gleichzeitig auch darum, ein neues *Familien*bild zu prägen. Wir müssen das gemeinsam angehen: nicht nur Sie und ich, sondern ganze Familien. Wir brauchen Partner*innen, die diese Vorstellungen mittragen. Während sich das Mutterbild wandelt, muss auch das Vaterbild verändert werden, und auch hier braucht es Prozesse der Bewusstmachung und gelebter anderer Modelle. Wir brauchen gesellschaftliche Rahmenbedingungen, die gleichberechtigte Elternschaft noch besser unterstützen, und diese müssen weit reichen: Wenn Eltern sich aus finanziellen Gründen dafür entscheiden, dass die Mütter mit ihren Kindern zu Hause bleiben, brauchen wir Ausgleichssysteme, die Vätern Elternzeit ermöglichen, und langfristig die Abschaffung des Gender-Pay-Gap. Wie wir gesehen haben, argumentieren und denken wir in unseren gewohnten Denkstrukturen, und es fällt schwer, andere Lebensrealitäten in unsere Vorstellungen einzubeziehen. Das bedeutet, dass wir nicht nur eine Frauenquote benötigen, über die sich ohnehin schon viele Menschen aufregen, sondern auch eine Quote an Menschen in entsprechenden Positionen in Wirtschaft und Politik, die wirklich Familienalltag leben oder gelebt haben und daher verstehen, welche Bedürfnisse Familien haben, wie sich Schlafmangel anfühlt und welche Auswirkungen Unzufriedenheit mit der Betreuungssituation auf das Familienleben und auch die Arbeit hat. Menschen jenseits einer »offensiven Vaterschaft«, die Sigmar Gabriel mit einmal wöchentlich Kitaabholen und Verzicht auf Elternzeit im Wahlkampf umschreibt. Menschen, die wirklich wissen, wie schwierig es ist, einen guten Kitaplatz zu bekommen. Um dies umzusetzen, bedarf es vor allem unserer eigenen Initiative. Das ist ein wenig mit Arbeit verbunden, denn wir müssen bei unseren politischen Entscheidungen wirklich hinsehen, welche Parteien und Menschen ein traditionelles Familienbild befürworten und welche sich dazu aufmachen, wirkliche Gleichwertigkeit auch politisch zu fördern.

Wir brauchen öffentliche Stimmen von Alleinerziehenden und müssen ihre Familiensituationen und -bedürfnisse gleichberechtigt anerkennen und alleinerziehende Eltern oder Einelternfamilien nicht als Mangelausführung eines Familienmodells betrachten, sondern als eine mögliche Familienform von vielen, die aber besondere Unterstützung benötigt. Ebenso wie es eine Vielzahl anderer Familienmodelle gibt jenseits der klassischen Vater-Mutter-Kind-Triade.

Wenn wir Familien mit anderen Konstellationen kennenlernen und spüren, dass wir sie intuitiv bewerten, sollten wir innerlich einen Schritt zurücktreten und unsere Gedanken hinterfragen: Warum denke ich so? Warum sollte in dieser Familie ein Kind weniger geliebt und geachtet werden als in einer anderen? Erinnern wir uns daran, worauf es wirklich in einer Familie ankommt: auf das Gefühl, auf Verbindung und Vertrauen – nicht auf Geschlechterrollen.

Wir brauchen nicht nur den Ausbau des Betreuungssystems, sondern vor allem auch die Herstellung und Sicherung von Qualität und Qualitätsfeststellung an den Orten, die Kinder außerhalb der Familie begleiten. Auch dies kann ein wesentlicher Schritt sein für weitere egalitäre Familienmodelle.

Wir sehen: Das alles ist nicht wenig. Neben ganz individuellen Änderungen brauchen wir auch politische Änderungen. Und dafür müssen wir uns einsetzen – mit Offenheit, Toleranz, aber auch mit Kraft und lauten Stimmen. Wir haben viel vor. Aber wir sind auf dem Weg und dürfen den Mut nicht verlieren. Wir haben in den vergangenen Jahrzehnten dafür gesorgt, dass Kinder gesehen und respektiert werden, dass sie gewaltfrei aufwachsen dürfen. Nun ist es dringend an der Zeit, dass wir auch die Mütter aus falschen, belastenden Vorstellungen herausholen und ein neues, entspanntes Familienbild gestalten. Denn wir müssen uns an kein Ideal anpassen – weder in unserer Lebensweise noch in unseren Gefühlen. Wir dürfen einfach sein. Mutter. Sein. So wie es für Sie persönlich passt.

Danksagung

Nachdem ich lange mit dem Gedanken an dieses Buch schwanger gegangen bin, war es dann eine schwere Geburt. Und das in vielerlei Hinsicht: Weil es mich tief in die Vergangenheit führte und meinen Blick – trotz meines Vorwissens – noch einmal veränderte und schärfte. Weil es mich selbst noch einmal zurück in meine eigene Kindheit führte – zu meinen eigenen inneren Bildern und dem nicht einfachen Weg, dies alles zu überwinden und die Mutter zu werden, die ich sein wollte und heute bin. Es war ein steiniger Weg, und ein Buch wie dieses hätte mir damals vielleicht geholfen. Schwierig war der Weg auch deshalb, weil ich immer wieder mit mir haderte, ob ich selbst dieses Buch schreiben kann und darf und ob ich mit meinem eher kritischen Blick auf die Pädagogik vielleicht meine Profession verraten würde. Aber letztlich bereitet eine Reflexion neue Wege, und dies ist seit jeher der Weg der Pädagogik.

Während ich an dem Buch schrieb, wurde ich krank, musste im Krankenhaus liegen und habe auch danach noch lange gekämpft. Immer wieder musste ich mich daran erinnern, dass ich nicht über Selbstfürsorge schreiben und mich dabei selbst vergessen kann. Auch dies eine Last der eigenen Geschichte, die vielen Müttern bekannt ist. Ich musste langsam gehen.

Letztlich möchte ich deswegen vielen Menschen danken, die mich auf diesem Weg begleitet und gestützt haben. Allen voran meinem Mann Caspar, mit dem ich nun seit zehn Jahren das Abenteuer Elternschaft erlebe und mit dem zusammen ich ein für uns stimmiges Familienmodell gefunden habe, das nicht immer einfach ist in der

Aufteilung von Aufgaben, aber das sehr nahe an eine gleichwertige Verteilung herankommt. Auch für dieses Buch haben wir schieben, jonglieren, hetzen und lachen müssen. Und haben es letztlich irgendwie geschafft, alles unter einen Hut zu bekommen. Manchmal hat unser System hier und da ganz schön geächzt, aber es hat gehalten. Auch wenn wir unsere Aufgaben gleichmäßig verteilen, ist es nicht einfach ohne weitere Unterstützung. Und auch meinen Kindern danke ich, die manchmal von fehlenden gemeinsamen Wochenenden und einer müden Mutter, die bis nachts geschrieben hat, genervt waren. Und die gleichzeitig froh sind, dass wir dafür andere Rituale und Zeiten gefunden haben. Ich danke meinen Freundinnen Patricia und Milena, die mir immer wieder gesagt haben, dass ich dieses Buch zu Ende schreiben soll. Es fühlt sich gut an, es getan zu haben, trotz aller inneren und äußeren Hindernisse.

Seit fünfzehn Jahren arbeite ich in der Elternberatung und habe insbesondere viele Mütter (und wenige Väter) in der Schwangerschaft und den ersten Lebensjahren begleiten dürfen. Ich habe viele Geschichten gehört, Familienmodelle erlebt und von Schwierigkeiten und Glücksmomenten erfahren. Ich danke all jenen Familien, die ich begleiten durfte und die mir ihre Wege anvertraut haben und mich damit eine große Vielfalt an Lebensmodellen haben sehen lassen. Ganz besonders danke ich jenen Familien, die ihre Geschichten hier in dieses Buch eingebracht haben.

Sehr bedanken möchte ich mich auch bei meinen Lektorinnen Carmen Kölz und Katharina Theml, die mir geholfen haben, die vielen Gedanken rund um Mutterschaft und Mutterbilder in eine logische Struktur zu bringen und mit viel Geduld alles Auf und Ab mit mir durchgestanden haben.

Und letztlich danke ich Ihnen: dafür, dass Sie dieses Buches gelesen haben, und dafür, dass Sie den Gedanken, Mutterschaft neu zu definieren, nun in die Welt hinaustragen.

Anmerkungen

1 Auf der Suche nach dem eigenen Mutterbild

1 Badinter, Elisabeth (1991): Die Mutterliebe – Geschichte eines Gefühls vom 17. Jahrhundert bis heute. 5. Auflage. München: Piper, S. 150.

2 https://www.bild.de/politik/kolumnen/franz-josef-wagner/post-von-wagner-lieber-frauentag-60547496.bild.html

3 https://www.duden.de/rechtschreibung/Mutter_Frau_Kinder_Natur

4 https://www.bib.bund.de/Publikation/2015/pdf/Familienleitbilder-in-Deutschland.pdf?__blob=publicationFile&v=3

5 Im Jahr 2018 haben 1,4 Millionen Mütter und 433 000 Väter Elterngeld bezogen. Wie das Statistische Bundesamt (Destatis) weiter mitteilt, waren das insgesamt 4 % mehr Personen als im Jahr 2017. Während die Anzahl der Elterngeld beziehenden Mütter um 3 % zunahm, stieg die Zahl der Väter um knapp 7 %. Insbesondere Frauen nutzen das Elterngeld Plus, um neben der Elternzeit auch in Teilzeit arbeiten zu können, wohingegen die Väter nach der Elternzeit eher nicht in Teilzeit in den Beruf zurückgehen, sondern in Vollzeit. Quelle: https://www.destatis.de/DE/Presse/Pressemit teilungen/2019/04/PD19_145_22922.html

6 https://www1.wdr.de/nachrichten/westfalen-lippe/mestemacher-spitzen vater-des-jahres-guetersloh-100.html

7 https://www.youtube.com/watch?v=h33F7YDqXM4

8 Diabaté, Sabine (2015): »Mutterleitbilder: Spagat zwischen Autonomie und Aufopferung«, in: Schneider, Norbert F.; Diabaté, Sabine; Ruckdeschel, Kerstin (Hrsg.) (2015): *Familienleitbilder in Deutschland. Kulturelle Vorstellungen zu Partnerschaft, Elternschaft und Familienleben.* Beiträge zur Bevölkerungswissenschaft 48. Opladen, Berlin, Toronto: Barbara Budrich, S. 213f. https://www.bib.bund.de/Publikation/2015/pdf/Familienleitbil der-in-Deutschland.pdf?__blob=publicationFile&v=3

9 Ebd., S. 209f.

10 Ahnert, Lieselotte (2010): *Wieviel Mutter braucht ein Kind? Bindung – Bildung – Betreuung: öffentlich und privat.* Heidelberg: Spektrum Akademischer Verlag, S. 82.

11 Blaffer-Hrdy, Sarah (2010): *Mütter und andere. Wie die Evolution uns zu sozialen Wesen gemacht hat.* Berlin: Berlin Verlag, S. 237.

12 Vgl. Ilanit Gordon et al. (2010): »Oxytocin and the Development of Parenting in Humans«, in: *Biol. Psychiatry*, Jg. 68, Nr. 4, S. 377–382, https://www.biologicalpsychiatryjournal.com/article/S0006-3223 (10)00120-4/fulltext

13 https://www.duden.de/rechtschreibung/Vater

14 vgl. Becker-Stoll, Fabienne (2018): *Bindung. Eine sichere Basis fürs Leben.* München: Kösel, S. 74.

2 Die Steinzeitmutter: Geschichte falsch interpretiert

1 Woolf, Virginia (1938): *Three Gunieas* (dt. Drei Guineen), http://www. blackwellpublishing.com/content/BPL_Images/Content_store/Sample_ chapter/9780631177241/woolf.pdf

2 Ausstellungen rund um die Falschannahmen in Bezug auf die Geschlechterrollen in der Archäologie waren zum Beispiel »Frauen, Zeiten, Spuren« (23. Januar – 26. April 1998) im Neandertal-Museum in Mettmann und »Ich Mann. Du Frau, Feste Rollen seit Urzeiten?« im Archäologischen Colombischlössle in Freiburg mit der dazu passenden Veröffentlichung der Kuratorin Brigitte Röder (Hrsg.) (2014): *Ich Mann. Du Frau. Feste Rollen seit Urzeiten?* Rombach Verlag.

3 https://news.nationalgeographic.com/news/2013/10/131008-women-handprints-oldest-neolithic-cave-art/

4 https://onlinelibrary.wiley.com/doi/full/10.1002/ajpa.23308

5 Blaffer-Hrdy, Sarah (2002): *Mutter Natur. Die weibliche Seite der Evolution.* Berlin: Berlin Verlag, S. 210.

6 Keller, Heidi (2019): *Mythos Bindungstheorie. Konzept. Methode. Bilanz.* Weimar: Verlag das Netz.

7 Liedloff, Jean (2005): *Auf der Suche nach dem verlorenen Glück. Gegen die Zerstörung unserer Glücksfähigkeit in der frühen Kindheit.* München: C. H. Beck, S. 52.

8 vgl. Blaffer-Hrdy, Sarah (2010): *Mütter und andere. Wie die Evolution uns zu sozialen Wesen gemacht hat.* Berlin: Berlin Verlag, S. 397.

9 Elisabeth Badinter beschreibt zu Beginn ihres Buches *Mutterliebe* (1991), dass im Jahr 1780 von den 21 000 in Paris geborenen Kindern knapp 1 000 von der Mutter gestillt wurden, 1 000 im Haushalt der Eltern von Säugammen versorgt wurden und die restlichen bei Pflegemüttern untergebracht wurden. »Zahlreiche Kinder sterben, ohne je den Blick der Mutter erlebt zu haben.«

10 Badinter, Elisabeth (1991): *Die Mutterliebe – Geschichte eines Gefühls vom 17. Jahrhundert bis heute.* 5. Auflage. München: Piper, S. 90.

11 https://www.tagesspiegel.de/wirtschaft/berufsgeschichte-die-amme/ 1575480.html

12 vgl. Vinken, Barbara (2011): *Die deutsche Mutter. Der lange Schatten eines Mythos.* 2. Aufl. Frankfurt/Main: Fischer Taschenbuch Verlag.

13 MILF = Mother I'd like to fuck, ein sexistischer Begriff zur Umschreibung von »sexy Müttern«, den wir später noch genauer betrachten.

14 https://bibi-blocksberg.fandom.com/de/wiki/Die_verhexte_Hitparade

15 Kirchhoff, Arthur (Hrsg.) (1898): *Die Akademische Frau. Gutachten hervorragender Universitätsprofessoren, Frauenlehrer und Schriftsteller über die Befähigung der Frau zum wissenschaftlichen Studium und Berufe.* Berlin: Hugo Steinitz Verlag, S. 257 f.

16 Brazelton, T. Berry, zitiert in: Badinter, a. a. O., S. 61.

17 Lühmann, Michael (2016): Meinungskampf von rechts. Über Ideologie, Programmatik und Netzwerke konservativer Christen, neurechter Medien und der AfD https://www.boell.de/sites/default/files/2015-02-meinungs kampf_von_rechts.pdf

18 http://www.antjeschrupp.de/third-wave-feminismus

3 Die Anforderungen einer bindungsorientierten Erziehung

1 vgl. Renz-Polster, Herbert (2019): *Erziehung prägt Gesinnung. Wie der weltweite Rechtsruck entstehen konnte – und wie wir ihn aufhalten können.* München: Kösel.

2 Blaffer-Hrdy, Sarah (2010): *Mütter und andere*, a. a. O., S. 123.

3 Bowlby, John (1988): *A secure base. Clinical appllications of attachment theory.* London: Travistock.

4 Mead, Margaret. (2010): »Cultural Discontinuities and Personality Transformation«, in: *Journal of Social Issues.* https://spssi.onlinelibrary. wiley.com/doi/abs/10.1111/j.1540-4560.1954.tb02179.x

5 Keller, Heidi (2019): *Mythos Bindungstheorie. Konzept. Methode. Bilanz.* Weimar: Verlag das Netz. S. 23.

6 Sears, William (1992): *Creative Parenting: The Complete Guide to Child Care.* Canada: Groundwood Books Ltd.

7 Sears, William; Sears, Martha (1997): *The Complete Book of Christian Parenting & Child Care: A Medical & Moral Guide to Raising Happy, Healthy Children.* Nashville: Broadman & Holman Publishers

8 Sears, William; Sears, Martha (2012): *Das Attachment Parenting Buch. Babys pflegen und verstehen.* Leipzig: Tologo, S. 20.

9 Ahnert, Lieselotte (2010): *Wieviel Mutter braucht ein Kind? Bindung – Bildung – Betreuung: öffentlich und privat.* Heidelberg: Spektrum, S. 60f.

10 Mierau, Susanne (2018): *Rundum geborgen … weil es ein ganzes Dorf braucht, um ein Kind großzuziehen.* München: Kösel, S. 28.

11 Luhmann, Niklas (2012): *Liebe als Passion. Zur Codierung von Intimität.* 12. Aufl. Frankfurt am Main: Suhrkamp.

12 Üvnas-Moberg, Kerstin (1997): »Physiological and Endocrine Effects of Social Contact«, in: *Annals of the New York Academy of Sciences* 807, S. 146–163.

13 https://www.pnas.org/content/early/2013/11/27/1312857110

14 https://www.bild.de/ratgeber/partnerschaft/eckart-von-hirschhausen/interview-maenner-heute-pussys-geworden-26184894.bild.html

15 Kunz, Jürgen (2003): *Die Verhaltensökonomie der Couvade.* Trier: Fokus Kultur, S. 3.

16 www.sciencedirect.com/science/article/pii/S1090513899000422

17 Odent, Michel (2006): *Geburt und Stillen: Über die Natur elementarer Erfahrungen.* München: C. H. Beck, S. 122.

18 Blaffer-Hrdy, Sarah (2002): *Mutter Natur. Die weibliche Seite der Evolution.* Berlin: Bvt, S. 165.

19 https://www.tagesspiegel.de/berlin/berliner-kinder-in-not-unterwegs-mit-dem-krisendienst-des-jugendamts/22852826-all.html

20 Das Ansteigen der Meldungen hat auch, wie weiter unten erklärt wird, mit der besseren Aufklärung über das Recht auf gewaltfreie Erziehung zu tun.

21 »Early experience in humans is associated with changes in neuropeptides critical for regulating social behavior«, siehe: https://www.ncbi.nlm.nih.gov/pmc/articles/PMC1287978/

22 https://beauftragter-missbrauch.de/fileadmin/Content/pdf/Pressemitteilungen/2017/05_Oktober/6_Fact_Sheet_Zahlen_Ausmaß_sex_Gewalt.pdf

23 Brisch, Karl Heinz (2010): *SAFE – Sichere Ausbildung für Eltern.* Stuttgart: Klett-Cotta, S. 21.

24 vgl. Becker-Stoll, Fabienne (2018): *Bindung. Eine sichere Basis fürs Leben.* München: Kösel, S. 66 f.

25 http://hss.ulb.uni-bonn.de/2011/2542/2542.pdf

26 Blaffer-Hrdy, Sarah: *Mutter Natur. Die weibliche Seite der Evolution.* Berlin: Berlin Verlag

27 Hübner-Liebermann, Bettina; Hausner, Helmut; Wittmann, Markus (2012): »Peripartale Depressionen erkennen und behandeln«, in: *Dtsch Ärztebl Int* 2012; 109(24): 419–24; https://doi.org/10.3238/arztebl.2012.0419. Mehr zu den Krankheitsbildern, einem Test zur Selbsteinschätzung und möglichen Behandlungsmethoden unter https://www.schatten-und-licht.de

28 Donath, Orna (2014): »Regretting Motherhood: A Sociopolitical Analysis«, in: *Journal of Women in Culture and Society*, 40/2, S. 343–367.

29 https://www.diw.de/documents/publikationen/73/diw_01.c.596751.de/18-35-1.pdf

30 Mundlos, Christina (2016): *Wenn Mutter Sein nicht glücklich macht. Das Phänomen Regretting Motherhood.* München: mvg Verlag, S. 215 f.

31 https://www.deutsche-depressionshilfe.de/depression-infos-und-hilfe/was-ist-eine-depression/haeufigkeit

32 Nuber, Ursula (2012): *Wer bin ich ohne dich? Warum Frauen depressiv werden – und wie sie zu sich selbst finden.* Frankfurt: Campus Verlag, S. 126f.

4 Die innere Mutterstimme

1 http://renieddolodge.co.uk/why-im-no-longer-talking-to-white-people-about-race/ Mittlerweile ist von Reni Eddo-Lodge ein Buch herausgekommen, das die Diskussion, die auf den Artikel folgte, weiterführt: Eddo-Lodge, Reni (2019): *Warum ich nicht länger mit Weißen über Hautfarbe spreche.* Stuttgart: Klett-Cotta.

2 Alte Fernsehwerbung ist auf Youtube zu finden. Die aufgeführten Beispiele sind beispielsweise hier abrufbar: https://www.youtube.com/watch?v=-54gp_Eiemc

3 Mehr Beispiele und Informationen zum Framing unter http://meike-richter.de/2019/04/05/framing-im-nachrichtenjournalismus-geschlechtergerechte-sprache/

4 Bauer, Joachim (2013): *Schmerzgrenze: Vom Ursprung alltäglicher und globaler Gewalt.* München: Karl Blessing Verlag, S. 77.

5 Lancy, David F. (2015): *The Anthropology of Childhood. Cherubs, Chattel, Changelings.* 2. Aufl., Cambridge: University Press, S. 197f.

6 http://bussmann2.jura.uni-halle.de/FamG/PM-BMJ_okt05.pdf

7 vgl. Miller, Alice (1983): *Am Anfang war Erziehung.* Frankfurt am Main: Suhrkamp, S. 29.

8 De Mause, L. (1994): »Die Geschichte der Kindheit ist ein Alptraum, aus dem wir gerade erst erwachen. Gewalt gegen Kinder«, in: *Ungewollte Kinder. Annäherungen, Beispiele, Hilfen.* Häsing, H.; Janus, L. H. Hamburg: Rohwolt Verlag, S. 236–250.

9 Stefanie Stahl geht auf das Sonnen- und Schattenkind in besonderer Weise in ihrem Buch »Das Kind in dir muss Heimat finden« ein: Stahl, Stefanie (2015): *Das Kind in dir muss Heimat finden. Der Schlüssel zur Lösung (fast) aller Probleme.* 15. Aufl., München: Kailah

10 Stahl, Stefanie; Tomuschat, Julia (2018): *Nestwärme, die Flügel verleiht. Halt geben und Freiheit schenken – wie wir erziehen, ohne zu erziehen.* München: Gräfe und Unzer, S. 50.

11 Stahl, Stefanie (2015): *Das Kind in dir muss Heimat finden. Der Schlüssel zur Lösung (fast) aller Probleme.* 15. Aufl., München: Kailah S. 56.

12 https://www.deutschlandfunkkultur.de/wenn-kinder-ihre-eltern-verlassen-ich-weiss-bis-heute-nicht.976.de.html?dram:article_id=427122

5 Aber wir sind doch so frei!

1 https://www.destatis.de/DE/Methoden/WISTA-Wirtschaft-und-Statis tik/2018/03/realisierte-erwerbstaetigkeit-032018.pdf?__blob=publica tionFile&v=4

2 https://s1.eltern.de/public/mediabrowserplus_root_folder/PDFs/Ergeb nisbericht_Vaeterumfrage_2013.pdf

3 http://www.muettergenesungswerk.de/news/1318/totale-erschoepfung-wenn-familienarbeit-krank-macht.html

4 https://rosa-hellblau-falle.de/2015/05/anne-wizorek-wasanderswaere/

5 https://www.geo.de/magazine/geo-wissen/2323-rtkl-mutterschaft-leseprobe-gesucht-die-neue-mutter

6 https://ze.tt/warum-die-hausarbeit-in-partnerschaften-auch-2018-noch-grossteils-von-frauen-gemacht-wird/

7 Röhler, H.; Steinbach, A. & Huinink, J. (2000): »Hausarbeit in Partnerschaften: zur Erklärung geschlechtstypischer Arbeitsteilung in nichtehelichen und ehelichen Lebensgemeinschaften«, in: *Zeitschrift für Familienforschung*, *12*(2), S. 24; https://www.ssoar.info/ssoar/bitstream/handle/document/29108/ssoar-zff-2000-2-rohler_et_al-hausarbeit_in_partnerschaften.pdf?sequence=1

8 https://www.brigitte.de/aktuell/gesellschaft/neue-brigitte-studie-zeigt--gleichberechtigung-ist-gewollt-wie-nie---10964204.html

9 Emma (2017): *The Mental Load. A Feminist Comic.* New York: Seven Story Press.

10 https://dasnuf.de/aufgaben-wirklich-gleichberechtigt-teilen/

11 https://www.presseportal.de/pm/13483/3622154

12 https://dasnuf.de/aufgaben-wirklich-gleichberechtigt-teilen/

13 https://www.sueddeutsche.de/leben/stillen-ich-werde-mich-nicht-ent schuldigen-1.4130663?reduced=true

14 https://sz-magazin.sueddeutsche.de/liebe-und-partnerschaft/im-gesetz-steht-von-liebe-kein-wort-82190

15 https://www.bertelsmann-stiftung.de/de/themen/aktuelle-meldungen/2018/juni/kinderarmut-haengt-stark-von-berufstaetigkeit-der-muetter-ab/

16 https://www.sueddeutsche.de/leben/berlin-familien-obdachlosigkeit-notunterkunft-1.4311217

17 https://mutterseelesonnig.wordpress.com/das-spiel-des-lebens-einsam-und-alleinerziehend/

18 Destatis 2018.

19 https://www.destatis.de/DE/Themen/Gesellschaft-Umwelt/Einkommen-Konsum-Lebensbedingungen/Konsumausgaben-Lebenshaltungskosten/Publikationen/Downloads-Konsumausgaben/konsumausgaben-familien-kinder-5632202139004.pdf?__blob=publicationFile&v=4

20 Einen Überblick finden Alleinerziehende in: Finke, Christine (2019): *Finanzplaner Alleinerziehende. Geld und Recht: Das steht Ihnen zu.* Berlin: Stiftung Warentest.

21 Blank-Mathieu, Margarete (2001): »Die Bedeutung des Vaters im Leben des Kindes«, https://www.kindergartenpaedagogik.de/fachartikel/paedago gik/181

22 https://www.spiegel.de/karriere/oecd-studie-frauen-in-deutschland-arbeiten-weniger-als-in-anderen-laendern-a-1135137.html

23 Lantermann, Ernst-Dieter (2016): *Die radikalisierte Gesellschaft.* München: Karl Blessing Verlag.

6 Selbstfürsorge – sich Freiheiten erlauben

1 https://de.wikipedia.org/wiki/Karōshi

2 Jan Lennarz und Milena Glimbovski haben hierfür den Begriff »Achtsamkeitsampel« geprägt: »Die Ampel kann dir dabei helfen, ein klares Bild über dein Leben zu zeichnen und ein Bewusstsein für deine Grundbedürfnisse zu schaffen.« https://einguterplan.de/achtsamkeitsampel

3 Simon, Eti Ben; Walker, Matthew P. (2018): »Sleep loss causes social withdrawal and loneliness«, https://www.nature.com/articles/s41467-018-05377-0

4 https://www.spektrum.de/news/was-bei-schlafmangel-im-gehirn-pas siert/1560834

5 https://www.sueddeutsche.de/leben/stillen-ich-werde-mich-nicht-entschul digen-1.4130663?reduced=true

6 weibliche Form von Guru.

7 Mein Körper gehört mir – oder nicht?

1 BMFSJ (2003): »Nachhaltige Familienpolitik im Interesse einer aktiven Bevölkerungsentwicklung«, https://www.bmfsfj.de/blob/93398/99ab881 b95ba13503e19c5baa924a839/broschuere-nachhaltige-familienpolitik-ruerup-data.pdf

2 https://www.merkur.de/politik/kinderlos-fieser-spd-zwischenruf-ueber-angela-merkel-zr-5095054.html

3 https://editionf.com/ich-habe-abgetrieben-1

4 Mehr Informationen zu den rechtlichen Aspekten der Abtreibung und warum diese in der Gesetzgebung rund um Heilberufe einbezogen werden sollte, finden sich bei Anwältin Nina Katrin Straßner unter https://www.juramama.de/2018/12/14/raus-aus-meinem-uterus-der-219a-und-seine-freunde/

5 http://www.arcc-cdac.ca/backrounders/statistics-abortion-in-canada.pdf

6 http://www.taz.de/Thema-Abtreibung-im-Medizinstudium/!5502618/

7 https://www.thrombosisresearch.com/article/0049-3848(83)90134-2/
   fulltext

8 https://www.pnas.org/content/115/34/8569

9 http://kaiserinnenreich.de/2019/02/03/wie-viel-wissen-tut-uns-gut/#
   more-5206

10 https://www.gemeinsam-einfach-machen.de/SharedDocs/Downloads/
   DE/AS/UN_BRK/Zahlen_und_Fakten.pdf?__blob=publicationFile&v=1

11 Baumgartner, T.; Heinrichs, M.; Vonlanthen, A.; Fischbacher, U.; Fehr, E.
   (2008): »Oxytocin Shapes the Neural Circuitry of Trust and Trust
   Adaptation in Humans«, https://www.ncbi.nlm.nih.gov/pubmed/18498743

12 Plothe, C. (2009): *Die perinatale Gabe von Oxytocin und deren mögliche
   Konsequenzen auf die Psyche des Menschen*, S. 242f. http://www.heidelpost.
   de/buecher/praenatale_psychologie/PP_PDF/PP_21_3-4_Plothe2.pdf

13 Gaskin, Ina May (2013): *Birth Matters*. Halle: fidibus Verlag, S. 48.

14 Mundlos, Christina (2015): *Gewalt unter der Geburt. Der alltägliche
   Skandal.* Marburg: Tectum Verlag, S. 18.

15 Althans, Birgit (2008): »Repräsentationen von Geburt in den Medien«, in:
   Wulf, Christoph, et al. (Hrsg.): *Geburt in Familie, Klinik und Medien. Eine
   qualitative Untersuchung.* Opladen & Farmington Hills: Verlag Barbara
   Budrich. S. 227.

16 Szász, Nora; Steifel, Andrea; Tschernko, Monika (2007): »Geschichte des
   Hebammenberufs«, in: Geist, Christine; Harder, Ulrike; Stiefel, Andrea
   (Hrsg.): *Hebammenkunde. Lehrbuch für Schwangerschaft, Geburt,
   Wochenbett und Beruf.* 4. aktualisierte Aufl., Stuttgart: Hippokrates,
   S. 2–14.

17 Mundlos, Christina (2015): *Gewalt unter der Geburt. Der alltägliche
   Skandal.* Marburg: Tectum Verlag, S. 20.

18 Smith, Patricia (1993): *Childhood Sexual Abuse, Sexuality, Pregnancy and
   Birthing. A Life History Study.* New Zealand: Palmerston North.

19 Gesellschaft für Qualität in der außerklinischen Geburtshilfe e. V. (2019):
   »Zu Hause und im Geburtshaus. Informationen zum Geburtsort«, http://
   www.quag.de/downloads/Quag-Zu_Hause_und_im_Geburtshaus.pdf

20 Blaffer-Hrdy, Sarah (2010): *Mütter und andere*, a. a. O., S. 123.

21 Gresens, Regine (2016): *Intuitives Stillen*. München: Kösel, S. 17.

22 https://www.who.int/topics/breastfeeding/en/

23 http://www.reich-schottky.de/pdf_stillen/machensie_ihreumgebung
   stillfr150526.pdf

24 https://www.lgl.bayern.de/gesundheit/arbeitsplatz_umwelt/projekte_a_z/
   mms_stillverhalten_bayern.htm

25 https://www.zeit.de/zeit-wissen/2016/06/frauenbild-frankreich-elisabeth-
   badinter-feminismus-mutter/seite-2

26 Mehr Informationen über die Muttermilchgewinnung bei Erwerbstätigkeit findet sich unter https://www.ausbildung-stillbegleitung.de/index.php/infos-rund-ums-stillen/22-stillen-bei-erwerbstaetigkeit

27 Die durchschnittliche Stilldauer in Deutschland betrug in den Jahren 2003–2006 6,9 Monate, 77,6 % der Mütter stillten weniger als 6 Monate voll.

28 Field, C. J. (2005), »The immunological components of human milk and their effect on immune development in infants«, in: *The Journal of Nutrition*, 135:1–4

29 Beral, V., u. a. (2002): »Breast cancer and breastfeeding: Collaborative reanalysis of individual data from 47 epidemiological studies in 30 countries, including 50 302 women with breast cancer and 96 973 women without the disease«, in: *The Lancet*. 360. 187–195. https://doi.org/10.1016/S0140-6736(02)09454-0

30 Reich-Schottky, Ute (2002): »Das biologische Abstillalter«, http://www.reich-schottky.de/pdf_stillen/biologisches_abstillalter02.pdf

31 https://www.rtl-hessen.de/beitrag/neuer-trend-im-kreisssaal-perfekt-gestylte-muetter

32 Grach, Katja (2018): *Die MILF-Mädchenrechnung. Wie sich Frauen heute zwischen Fuckability-Zwang und Kinderstress aufreiben.* Berlin: Schwarzkopf & Schwarzkopf Verlag.

33 https://www.aerzteblatt.de/nachrichten/94803/Zahl-der-Schoenheitsoperationen-weiter-gestiegen

34 https://supermom-berlin.de/2018/03/21/schwangerschaft-after-baby-body/

35 Luca, Corinna (2017): *Am liebsten sind mir die Problemzonen, die ich noch gar nicht kenne. Schönheitswahn-Detox für die Frau von 0 bis 99.* München: Heyne, S. 194.

36 Gay, Roxane (2019): *Die Geschichte meines Körpers.* München: btb, S. 19.

37 von Sydow, K. (2006): »Sexualität in der Schwangerschaft und nach der Entbindung«, in: *Sexologie* 2006 13 (4), S. 148–153.

38 Berner, M. M.; Wendt, A.; Kriston L.; Rohde, A. (2005): »Erleben der Sexualität nach Schwangerschaft und Entbindung«, in: *Geburtshilfe Frauenheilkunde* (2005) 65 (8), S. 751–760.

8 Wie viel Pädagogik braucht mein Kind?

1 Henry-Huthmacher, Christine (2008): »Eltern unter Druck«, in: C. Henry-Huthmacher, M. Borchard & T. Merkle (Hrsg.), *Eltern unter Druck.* Stuttgart: Lucius & Lucius, S. 2–24.

2 Smechowski, Emilia: »Die Erziehungspäpste«, https://www.sueddeutsche.de/leben/familie-die-erziehungspaepste-1.3867376

3 Eschner, Carmen (2018): »Welche Erziehung ist richtig?« Konrad Adenauer Stiftung Juni 2018, Ausgabe 305, https://www.kas.de/analysen-und-argumente/detail/-/content/welche-erziehung-ist-richtig--v1

4 Für die Studie wurden Daten aus elf westlichen Ländern herangezogen von ca. 122 300 Müttern und Vätern mit mindestens einem Kind unter 13 Jahren in den Jahren 1965 und 2012. Lediglich in Frankreich zeigt sich kein Anstieg der Zeit.

5 vgl. Mierau, Susanne (2017): *Ich! Will! Aber! Nicht! Die Trotzphase verstehen und gelassen meistern.* München: Gräfe und Unzer, S. 72 f.

6 Mierau, Susanne: »Der Online-Elternclan«. Vortrag republica https://www.youtube.com/watch?v=4E-csFklPVA

7 Diesen Ansatz hat wesentlich der amerikanische Entwicklungspsychologe Uri Bronfenbrenner geprägt. Mehr dazu in Bronfenbrenner, U. (1979/1993): *Die Ökologie der menschlichen Entwicklung. Natürliche und geplante Experimente.* Frankfurt/M.: Fischer.

8 Reichhart, Sabine (2019): *Das Prinzip Selbstfürsorge. Wie wir Verantwortung für uns übernehmen und gelassen und frei leben.* München: Kösel, S. 194.

9 Elliot, Lise (2003): *Was geht da drinnen vor? Die Gehirnentwicklung in den ersten fünf Lebensjahren.* Berlin: Berlin Verlag, S. 454.

10 Becker-Stoll, Fabienne (2018): *Bindung. Eine sichere Basis fürs Leben.* München: Kösel, S. 108.

11 Eschner, Carmen (2018): »Welche Erziehung ist richtig?« Konrad-Adenauer-Stiftung Juni 2018 Ausgabe 305, https://www.kas.de/documents/252038/253252/7_dokument_dok_pdf_52836_1.pdf/44cbb753-40be-0844-dacf-77d0a8f86ed1?version=1.0&t=1539647301364

12 Raichle, Marcus E., et al. (2001): »A default mode of brain function«, in: *PNAS,* January 16, 2001 98 (2), S. 676–682.

13 Winnicott, Donald W. (1999): *Kind, Familie und Umwelt.* München: Reinhardt.

9 Distanz und Nähe zwischen Müttern und Kindern

1 Späterer Titel nach der NS-Zeit *Die Mutter und ihr erstes Kind.* Das Buch wurde bis 1988 insgesamt 1,2 Millionen Mal verkauft und bildet damit einen wesentlichen Grundstein der Erziehungsansichten in Deutschland. Es wurde nach 1945 »bereinigt«, aber die Grundhaltung der Kindererziehung wurde beibehalten. Die Autorin Johanna Haarer, die später weiterhin in Gesundheitsämtern arbeitete, war bis zu ihrem Tod überzeugte Nationalsozialistin. Ihre Kinder haben von der Härte von Johanna Haarers Erziehung selbst berichtet.

2 vgl. Renz-Polster, Herbert (2019): *Erziehung prägt Gesinnung.* München: Kösel.

3 Adolf Hitler Reichsparteitag Nürnberg am 14. September 1935.

4 Schneider, Wolfgang (2003): *Frauen unterm Hakenkreuz* Hamburg, S. 15.

5 Haarer, Johanna (1957): *Die Mutter und ihr erstes Kind*. München: Carl Gerber Verlag, S. 143.

6 Kaneman, Daniel (2012): *Schnelles Denken, langsames Denken*. 13. Aufl. München: Siedler Verlag.

7 https://www.melbourneinstitute.com/downloads/working_paper_series/wp2016n07.pdf

8 https://www.handelsblatt.com/politik/international/arbeitszeiten-skandinavien-arbeitszeit-sinkt-umsatz-steigt/13379278-4.html?ticket=ST-1717286-nCWkwCwvdVV35jbe1mtG-ap6

9 https://www.baua.de/DE/Angebote/Publikationen/Praxis/A49.html

10 Haugg, Frigga (2011): »Die Vier-in-Einem-Perspektive – Eine Utopie von Frauen, die eine Utopie für alle ist«, https://www.postwachstum.de/die-vier-in-einem-perspektive-eine-utopie-von-frauen-die-eine-utopie-fur-alle-ist-20110828

11 Unverzagt, Gerlinde (2017): *Generation ziemlich beste Freunde: Warum es heute so schwierig ist, die erwachsenen Kinder loszulassen*, Weinheim, Basel: Beltz, S. 11.

12 Levine, Grace Ferrari (1977): »›Learned Helplessness‹ and the Evening News«, in: *Journal of Communication*, Volume 27, Issue 4, December 1977, Pages 100–105, https://doi.org/10.1111/j.1460-2466.1977.tb01863.x

13 Miller, Alice (2012): *Das Drama des begabten Kindes*. 31. Aufl. Frankfurt/Main: Suhrkamp.

14 Alberti, Bettina (2007): *Die Seele fühlt von Anfang an. Wie pränatale Erfahrungen unsere Beziehungsfähigkeit prägen*. 2. Aufl. München: Kösel, S. 65 f.

15 Crockenberg, Susan B. (1981): »Infant irritability, mother responsiveness and social support influences on the security of infant-mother-attachment«, in: Child Development 52 (3):857-65, https://www.researchgate.net/publication/15912759_Infant_Irritability_Mother_Responsiveness_and_Social_Support_Influences_on_the_Security_of_Infant-Mother_Attachment

16 Euler, Herald A.; Weitzel, Barbara (1996): »Discriminative grandparental solicitude as reproductive strategy«, in: *Human Nature, Volume 7*, Issue 1, pp 39–59 https://doi.org/10.1007/BF02733489

17 Rauh, Hellgard; Ziegenhein, Ute (1996): »Krippenerfahrung und Bindungsentwicklung«, in: Tietze, Wolfgang (Hrsg.): *Früherziehung*. Berlin: Luchterhand, S. 97–111.

18 https://www.zeit.de/2016/28/kita-qualitaet-fabienne-becker-stoll

19 Tietze, Wolfgang; u. a. (1998): *Wie gut sind unsere Kindergärten?* Neuwied: Luchterhand.

20 Mehr zu diesem Projekt hier: https://www.beller-kkp.de/forschung-esia-erzieherfortbildung-sprachlich-interaktive-anregung.html

21 Tietze, W.; Becker-Stoll, F.; Bensel, J.; Eckhardt, A. G.; Haug-Schnabel, G.; Kalicki, B.; Keller, H.; Leyendecker, B. (Hrsg.) (in Vorbereitung). *NUBBEK – Nationale Untersuchung zur Bildung, Betreuung und Erziehung in der frühen Kindheit*. Forschungsbericht. Weimar/Berlin: verlag das netz.

22 https://www.zeit.de/gesellschaft/familie/2016-06/kita-qualitaet-mitarbeiter-fehlverhalten-umfrage

23 Knauf, Helen (2019): »Die intensive Elternschaft als neues Paradigma für die Erziehung in Familien? Eine empirische Studie zu Familienblogs im Internet«, in: *Soziale Passagen*. https://doi.org/10.1007/s12592-019-00315-3

10 Mutterschaft in den (sozialen) Medien

1 Knauf, Helen (2019): »Die intensive Elternschaft als neues Paradigma für die Erziehung in Familien? Eine empirische Studie zu Familienblogs im Internet«, in: *Soziale Passagen*, https://doi.org/10.1007/s12592-019-00315-3

2 Drentea, Patricia; Morgen-Cross, Jennifer (2005): »Social Capital and social support on the web: The case of an internet mother site«, in: *Sociology of Health & Ilness*, 27. Jg. S. 920–943.

3 Gibson, Lorna; Hanson, Vicki L. (2013): »›Digital Motherhood‹: How Does Technology Support NewMothers?«, in: *CHI '13: Proceedings of the SIGCHI Conference on Human Factors in Computing Systems*, pp. 313–322. New York: Association for Computing Machinery. https://doi.org/10.1145/2470654.2470700

4 Ammari, T.; Morris, M. R.; & Schoenebeck, S. Y. (2014): »Accessing social support and overcoming judgment on social media among parents of children with special needs«, https://cs.stanford.edu/~merrie/papers/ammari_ICWSM2014.pdf

5 Lewicki, Marie-Luise; Greiner-Zwarg, Claudia (2015): »Eltern 2015 – wie geht es uns? Und unseren Kindern?«, https://s1.eltern.de/public/media browserplus_root_folder/PDFs/studie2015.pdf

6 https://malisastiftung.org/wp-content/uploads/Selbstinszenierung-in-den-neuen-Medien.pdf

7 mehr dazu unter https://rosa-hellblau-falle.de

8 Prommer, Elisabeth; Linke, Christine (2017): *Audiovisuelle Diversität? Geschlechterdarstellung in Film und Fernsehen in Deutschland*. Rostock: Universität Rostock. https://malisastiftung.org/wp-content/uploads/Bro schuere_din_a4_audiovisuelle_Diversitaet_v06072017_V3.pdf

9 ebd.

10 https://fialakerns.com/research/momblogstudy/history-of-mommy-blogging/
11 Hasel, Verena Frederike (2016): »Heim, Herd, Blog«, https://www.zeit.de/2016/34/mamablog-blogger-geld-verdienen-werbung-influencer-marketing
12 https://malisastiftung.org/wp-content/uploads/Selbstinzenierung-in-den-neuen-Medien.pdf
13 https://www.zeit.de/zeit-magazin/2015/52/cyberstalking-internet-stalker-familie-mierau
14 Schygulla, Julia (2015): »Kevin Systrom: Mr. Instagram«, https://www.instyle.de/stars/instagram-gruender-kevin-systrom-im-interview
15 Stahl, Stefanie (2015): *Das Kind in dir muss Heimat finden. Der Schlüssel zur Lösung (fast) aller Probleme.* 15. Aufl. München: Kailash, S. 170.
16 Konrad, Sandra (2017): *Das beherrschte Geschlecht: Warum sie will, was er will.* München: Piper.
17 Konrad, Sandra (2017): a. a. O.
18 Übersetzt von Ursula Bischoff. https://www.huffpost.com/entry/shonda-rhimes-motherhood-quotes_n_5c302bcce4b0d75a9830d167

Ausgewählte Literatur

Ahnert, Lieselotte (2010): *Wieviel Mutter braucht ein Kind? Bindung – Bildung – Betreuung: öffentlich und privat.* Heidelberg: Spektrum Akademischer Verlag.

Badinter, Elisabeth (1991): *Die Mutterliebe – Geschichte eines Gefühls vom 17. Jahrhundert bis heute.* 5. Auflage. München: Piper.

Bauer, Joachim (2013): *Schmerzgrenze: Vom Ursprung alltäglicher und globaler Gewalt.* München: Karl Blessing Verlag.

Becker-Stoll, Fabienne (2018): *Bindung. Eine sichere Basis fürs Leben.* München: Kösel.

Blaffer-Hrdy, Sarah (2002): *Mutter Natur. Die weibliche Seite der Evolution.* Berlin: Berlin Verlag.

Blaffer-Hrdy, Sarah (2010): *Mütter und andere. Wie die Evolution uns zu sozialen Wesen gemacht hat.* Berlin: Berlin Verlag.

Brisch, Karl Heinz (2010): *SAFE – Sichere Ausbildung für Eltern.* Stuttgart: Klett-Cotta

Finke, Christine (2019): *Finanzplaner Alleinerziehende. Geld und Recht: Das steht Ihnen zu.* Berlin: Stiftung Warentest.

Gaskin, Ina May (2013): *Birth Matters.* Halle: fidibus Verlag.

Grach, Katja (2018): *Die MILF-Mädchenrechnung. Wie sich Frauen heute zwischen Fuckability-Zwang und Kinderstress aufreiben.* Berlin: Schwarzkopf & Schwarzkopf Verlag.

Keller, Heidi (2019): *Mythos Bindungstheorie. Konzept. Methode. Bilanz.* Weimar: Verlag das Netz.

Lancy, David F. (2015): *The Anthropology of Childhood. Cherubs, Chattel, Changelings.* 2. Aufl. Cambridge: University Press.

Liedloff, Jean (2005): *Auf der Suche nach dem verlorenen Glück. Gegen die Zerstörung unserer Glücksfähigkeit in der frühen Kindheit.* München: C. H. Beck.

Luca, Corinna (2017): *Am liebsten sind mir die Problemzonen, die ich noch gar nicht kenne. Schönheitswahn-Detox für die Frau von 0 bis 99.* München: Heyne.

Mierau, Susanne (2018): *Rundum geborgen … weil es ein ganzes Dorf braucht, um ein Kind großzuziehen.* München: Kösel.

Miller, Alice (1983): *Am Anfang war Erziehung.* Frankfurt am Main: Suhrkamp.

Miller, Alice (2012): *Das Drama des begabten Kindes.* 31. Aufl. Frankfurt/Main: Suhrkamp.

Mundlos, Christina (2015): *Gewalt unter der Geburt. Der alltägliche Skandal.* Marburg: Tectum Verlag.

Mundlos, Christina (2016): *Wenn Mutter sein nicht glücklich macht. Das Phänomen Regretting Motherhood.* München: mvg Verlag.

Reichhart, Sabine (2019): *Das Prinzip Selbstfürsorge. Wie wir Verantwortung für uns übernehmen und gelassen und frei leben.* München: Kösel.

Renz-Polster, Herbert (2019): *Erziehung prägt Gesinnung. Wie der weltweite Rechtsruck entstehen konnte – und wie wir ihn aufhalten können.* München: Kösel.

Kinder brauchen
Wurzeln und Flügel

Alleine zum Bäcker gehen, Klettern im Wald – während Kinder wachsen und selbstständig die »Welt da draußen« erkunden, stehen viele Eltern Ängste aus und wollen den Nachwuchs vor Stress und Gefahren behüten. Aber ohne losgelassen zu werden, können Kinder nicht stark und autonom sein.

Julia Dibbern und Nicola Schmidt zeigen Wege, um aus der Geborgenheit der Familie heraus Vertrauen in sich und seine Kinder zu entwickeln. Mit vielen Anregungen und konkreten Tipps ermutigen sie Eltern, ihren Kindern nicht nur Liebe und Halt, sondern auch Freiheit mitzugeben. Mut, Neugier, Charakterstärke und Selbstständigkeit sind für Kinder ebenso wichtig wie Bindung und familiäre Wurzeln. So können Eltern wie Kinder die Herausforderungen der »Wild World« meistern.

Julia Dibbern & Nicola Schmidt
Wild World
Wie Kinder an der Welt
wachsen und Eltern
entspannt bleiben
Gebunden, 240 Seiten
ISBN 978-3-407-86569-4

www.beltz.de **BELTZ**